保険の数学

―生保・損保・年金―

コンサルタント＆アクチュアリー
小暮 雅一 著

〔改装版〕刊行にあたって

　本書の原版である『保険の数学』は『〔改訂第3版〕保険の数理』（1998年損害保険事業総合研究所）をもとに2010年、保険毎日新聞社の故千葉薫子さまのご助力をいただき刊行され、好評を得ました。以後、7年を経てもなお『保険の数学』の復刻を求める要望が強く、今般『改装版 保険の数学』として刊行させていただく運びとなりました。
　本書がアクチュアリー試験に挑まれる皆さまの一助となれば幸甚でございます。

2017年9月

著者　小　暮　雅　一

はじめに

　『保険の数理』（損害保険事業総合研究所）は、1995年6月に初版が発行され、改訂第3版が1998年1月に刊行されました。改訂版を含めて累計7000部が世に出ました。以来、10年あまりを経て、同書の復刊をリクエストしていただく声が耳に届くことが増えてきました。版元にはこの本の原版がすでにありませんでした。

　今般、保険毎日新聞社のご好意により、同書改訂第3版をベースに加筆・修正し、書名を『保険の数学—生保・損保・年金—』として出版していただく運びとなりました。当時、損害保険事業総合研究所で同書を企画した隈崎勇理事の思い入れと、保険毎日新聞社の千葉薫子出版部長の熱意でここまで来ることができました。心より感謝しています。

　さて、私事になりますが、私は大学で「確率論」を専攻し、従兄の山根太郎（ニューヨーク大学元名誉教授・青山学院大学元名誉教授）のすすめでアクチュアリーの道に踏み出しました。三井生命に入社し、数理部、主計部に10年間所属し、新商品開発、決算、システム設計、オンライン導入時のメンバーの一人として働くとともに、日本生命保険協会の死亡率の調査委員、災害特約の調査委員を経験する機会を得ました。その後、大東京火災（現・あいおい損保）に12年間勤務し、経営計画、収益分析を中心とした各種プロジェクトのリーダーとして、地域別自動車保険のロス予測をはじめ、営業店・査定部門の適正要員配置規準の作成、保険種目別原価計算、再保険会計を担当しました。ほかに、米国ハートフォード社において、ビジネスプランを勉強し、アクチュアリー部門、オペレーション・リサーチ部門で研修を受けま

した。このときの経験は、その後の「コンサルタント」業務にとって大きな力となりました。大東京火災時代の最後の4年間は、積立ファミリー保険、家族傷害保険等の営業推進、収益分析を担当。44歳で退職し、その後、コンサルタントとして三井住友海上顧問、損害保険料率算定会数理顧問（現・損保料率機構）、大同火災顧問、琉球大学の講師を経て、現在は、全労済顧問、日本再共済連顧問。コンサルタントとしてアクチュアリーの養成にも携わっています。

　その間、損害保険事業総合研究所の「東京本科講座」および「研究科」の講師として、長年にわたり、各種の保険数理関係の講師をさせていただきました。

　本書は、「保険」全般について、分かりやすく編集されています。アクチュアリーの「数学」「損害保険」の基礎に重点を置き、特に「生命保険数理」の試験対策にも活用できるように、問題の解答は詳細かつ分かりやすいことを第一に心がけ、文系の方をはじめ「アクチュアリー」の資格試験を受験される方に実際に役立つことを目指しました。個人の学習にも最適と思います。既に、多くの方がこの本から学び、合格されたとの吉報に触れてきました。大学のアクチュアリー講座でも活用されています。読者の皆様のお役に立てれば幸甚です。

2010年2月1日

小　暮　雅　一

目次

第1章　損害保険料率算定の仕組み　　1
§1．保険商品の原価計算　　1
§2．適正な保険価格(料率)を決定するために必要な要件　　3
§3．保険料(率)の構成、料率算出方法　　6
§4．保険料率算定の方法　　7
§5．積立保険料率の算定の方法　　16
　　　練習問題　　20

第2章　生命保険料率算定の仕組み　　21
§1．計算基礎　　21
§2．純保険料、付加保険料、営業保険料　　22
§3．収支相等の原則　　22
§4．純保険料率の算定　　23
§5．「計算基礎」の導入　　28
§6．各種生命保険(個人保険)　　32
§7．純保険料の分解　　39
§8．営業保険料の算出　　41
§9．責任準備金(純保険料式)　　44
§10．「計算基数」による保険料および責任準備金の算出　　48
§11．「再帰公式」による保険料および責任準備金の求め方　　63
§12．払済保険、延長保険、保険種類の変更の計算など　　68
　　　練習問題　　74

第3章　年金の数学　　　　　　　　　　　　　　　　　　76

§1．年金　　　　　　　　　　　　　　　　　　　　76
§2．年金の種類　　　　　　　　　　　　　　　　　76
§3．年金計算の記号　　　　　　　　　　　　　　77
§4．年金の公式（Ⅰ）　　　　　　　　　　　　　78
§5．確定年金の現価の算出　　　　　　　　　　79
§6．確定年金の終価の算出　　　　　　　　　　81
§7．据置年金の現価　　　　　　　　　　　　　83
§8．変額年金の現価　　　　　　　　　　　　　84
§9．年金の公式（Ⅱ）　　　　　　　　　　　　85
§10．生命年金の現価の算出　　　　　　　　　　86
§11．定期積金　　　　　　　　　　　　　　　　93
　　　練習問題　　　　　　　　　　　　　　　　96

第4章　損害率の計算方式とその見方　　　　　　　　　　　99

§1．損害率の計算方式　　　　　　　　　　　　99
§2．支払備金の計算方式　　　　　　　　　　115
§3．損害率を使用する際の注意　　　　　　　118
　　　練習問題　　　　　　　　　　　　　　　124

第5章　保険経営に役立つ確率・統計の実例　　　　　　　　128

〔平均値〕、〔分散・標準偏差〕、〔正規分布の標準化〕
〔対数正規分布〕、〔ポアソン分布〕、〔推定〕―母平均の推定、
比率の推定、〔検定〕―母平均の検定、母比率の検定
〔標本比率〕（標本分布）、中心極限定理
　　　練習問題　　　　　　　　　　　　　　　153

第6章 「保険数学」①－アクチュアリー試験用の補講－　156

　　§1．死力　156
　　§2．平均余命　160
　　§3．定常人口　168
　　§4．連生　173
　　§5．連続型　176
　　§6．利力　179
　　　　練習問題　182

第7章 「保険数学」②－アクチュアリー試験用の補講－　186

　　§1．多重脱退①　186
　　§2．多重脱退②　189
　　§3．多重脱退③死亡・就業不能脱退残存表　192
　　§4．チルメル式責任準備金　197
　　§5．計算基礎の変更　203
　　§6．保険設計　208
　　　　練習問題　220

付　録　223

　　（A）　保険数学の記号　223
　　（B）　数学公式集　226
　　（C）　損害保険用語　229
　　（D）　金利表　236
　　（E）　正規分布表　254
　　（F）　常用対数表　255

練習問題　解答　257

索　引　291

第1章

損害保険料率算定の仕組み

§1. 保険商品の原価計算

　損害保険という商品の値段である保険料は、基本的にはどのように計算されるのでしょうか？

　ここでは、とくに補償型（掛捨型）の保険について保険料率の計算方法を概略紹介します。

　一般的な商品として、テレビや電子レンジといった電化製品を例にとって、どのように価格決定が行われるのかを考えてみると、電化製品の価格は次の要素から構成されていると言えます。

　まず、金属・プラスチック・ガラス・部品等の原材料費、製造にかかわる労務費、製造経費、それに製造機械や工場建物の減価償却費などの製造総費用があり、これに販売費および会社の利潤が加わります。つまり、製造にかかわるコストに販売コストおよび利潤を合計したものが一般商品の価格となるわけです。

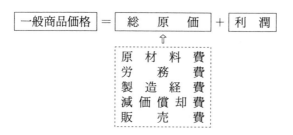

一方、損害保険商品の価格である保険料においても、原材料に相当するのが契約者に対して支払われる保険金で、それに保険会社の要する経費や代理店に支払われる手数料および利潤から構成されているので、原則的な保険料計算の仕組みは一般商品のそれと何ら変わるところがありません。

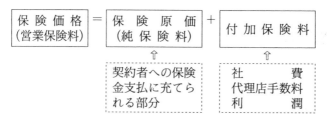

しかしながら、一般商品にあっては、その製造コストや販売コスト等は、最終消費者に引き渡されるまでの比較的早い段階でほとんど判明していますから、販売時点でこれらのコストを十分賄えるだけの価格を決定することができるのに対して、保険会社が負担するコストの大部分は、保険事故に遭った契約者に対して支払われる保険金で、契約者個々に見れば保険事故が発生するかしないか全く分からないし、また、事故に遭った契約者に対しても、中には保険期間終了後数カ月・数年、あるいは場合によっては10年以上も経過した後に保険金が支払われることもあって、保険契約締結時点ではその原価は判明していません。それゆえ、保険商品のコストを適正に賄える価格(料率)を設定するに当たっては、将来コストを推定する方法が採られています。

§2. 適正な保険価格（料率）を決定するために必要な要件

(1) 料率の3原則

料率算定では、まず保険契約でカバーする保険期間内に生じると思われるコスト（保険金と経費）の推定と、当該契約のもとで得られる収入（保険料）との推定を行い、両者（支出と収入）の比較を行うことにより、現行料率が将来の保険事故をカバーするのに"高すぎないか"、"低すぎないか"、あるいは"妥当であるか"をチェックします。こうした収支の適正化は保険商品全体で行う（これを**「収支相等の原則」**（注1）と言います）だけでなく、料率区分毎の同一危険集団に属する個々の契約者からみてもバランスが保たれていること（これを**「給付・反対給付均等の原則」**（注2）と言います）が望ましいのです。

この点については、「損害保険料率算出団体に関する法律」の第9条に『保険料率は、合理的かつ妥当なものでなければならない。また、不当に差別的なものであってはならない。』と規定しており、これを**料率の3原則**と呼んでいます。

(注1) 収支相等の原則

保険会社が保険加入者から収受する保険料の内の「純保険料の総額」が、契約者に対して支払う「保険金の総額」と等しくなければならないという原則です。図示すると以下のとおりです。

$$\underbrace{P_r + P_r + P_r + \cdots\cdots + P_r}_{N 人} = \underbrace{L_1 + L_2 + \cdots + L_n}_{n 人}$$

$$NP_r = \sum_{i=1}^{n} L_i$$

$$\therefore \quad NP_r = n\overline{L} \quad \cdots\cdots\cdots\cdots (1)$$

ここで、N ：保険加入者数（N≧n）

　　　　P_r ：個々の契約の純保険料（同じ保険加入）

　　　　n ：保険金受取者数（支払事故件数）

　　　　L_i ：i 番目の保険金受取者の保険金（$i=1$、2、…、n）

　　　　$\overline{L}$ ：1件当たりの平均支払保険金

（注2） 給付・反対給付均等の原則

個々の保険加入者が払込むべき「純保険料の額」は、保険事故発生に際して、保険加入者が受け取る「保険金の額の数学的期待値」に等しくなければならないという原則です。

(1)式の両辺を N で除して、(2)式が導かれます。

$$P_r = \frac{n}{N} \overline{L} \quad \cdots\cdots\cdots(2)$$

ここで、n/N は保険事故の発生確率を表します。

たとえば、ある保険種目の観察期間中の総支払保険金 L が40億円、契約件数 N が100万件、支払件数 n が2,000件であったとすると、純保険料 P_r は次のとおり計算されます。

純保険料 P_r ＝事故発生頻度 f ×平均支払保険金 $\overline{L}$

$$= \frac{支払件数}{契約件数} \times \frac{総支払保険金}{支払件数} = \frac{n}{N} \times \frac{L}{n}$$

$$= \frac{2,000 \text{件}}{1,000,000 \text{件}} \times \frac{4,000,000 \text{千円}}{2,000 \text{件}} = 2‰ \times 2,000 \text{千円}$$

$$= 4,000 \text{円}$$

(2) 大数の法則に基づく信頼性の高いデータ

料率算定を適正に行うためには、信頼性の高いデータが必要です。このことを可能にしてくれるのが、過去の保険料と支払保険金に代表される統計データの蓄積です。つまり、有効なデータが多くなればなるほど、

そのデータに基づいて予測される結果は、実際の値に限りなく近づくことになります。このような法則を「**大数の法則**」(注3)といい、この法則を利用することによって、ある特定の結果の確率があらかじめ知られていない場合であっても、大量のデータ観察を行うことによって、その結果が本来の確率に対するより信頼性の高い推定値を与えてくれることになります。

(注3) **大数の法則**

これは、数学的には「**ベルヌーイの定理**」と呼ばれているもので、ある確率事象 E の先験的確率を p とし、n 回の試行の中で、この事象 E が r 回生起したとすれば、任意の正数 ε に対して、

$$\lim_{n \to \infty} P_r\left(\left|\frac{r}{n} - p\right| < \varepsilon\right) = 1$$

が成り立つことを言います。

つまり、**大数の法則**とは、ある事象 E が起こる確率が毎回一定であるとき、試行回数を十分大きくとりさえすれば、その事象の起こる相対度数 r/n は、その事象 E が起こる本来の確率に限りなく近づくことを意味しています。このように、一見偶然と思われる事象も、大量観察すればそこに一定の法則がみられるという原理であり、個々人にとっては全くの偶然な事故であっても、大量観察の結果、一定の確率で発生することが分かってはじめて損害保険は成立するのです。したがって、安定的かつ信頼性の高い料率を算出するためには、同一危険集団に属するなるべく多くのデータの蓄積が望ましく、そのためには、各保険会社の有する料率体系や料率区分ができるだけ統一されていることが必要です。

§3. 保険料（率）の構成、料率算出方法

(1) 保険料の構成

§1.保険商品の原価計算で述べたとおり、営業保険料Pは危険保険料（純保険料）と付加保険料から構成されており、**危険保険料**は保険事故発生に際して保険会社が契約者に対して支払う保険金Lの源泉となるものです。また、**付加保険料**は、契約募集行為を行う代理店へ保険会社が支払う手数料C、保険会社の事業活動上必要な経費（人件費および物件費）Eおよび利潤Dから構成されています。以上の関係を式で表すと以下のとおりです。

$$P = L + E + C + D \quad \cdots\cdots(3.1)$$

ここで、両辺を保険料Pで除すと

$$1 = (L+E+C+D)/P = \hat{\lambda} + \hat{\varepsilon} + \hat{\theta} + \hat{\delta} \quad \cdots\cdots(3.2)$$

このように、収入と支出のバランスが保たれているとき、これらの各構成要素のことを予定料率構成割合といいます。

そして、$\hat{\lambda}$を**予定損害率**、$\hat{\varepsilon}$を**予定社費率**、$\hat{\theta}$を**予定代理店手数料**、$\hat{\delta}$を**予定利潤率**と呼んでいます。

(2) 保険料率の構成

保険料率Rは、保険金額Aの1単位（たとえば、千円）に対する保険料Pの値として表示されます。したがって、保険料率Rは以下の式のとおり表せます。

(3.1)式より、

$$R = P/A = (L+E+C+D)/A = r + e + c + d \quad \cdots\cdots(3.3)$$

ここで、rは**純率**、eは**社費原価**、cは**代理店手数料原価**、dは**利潤原価**といいます。

第1章　損害保険料率算定の仕組み

(3) 保険料率の算出式

　保険料 P の構成要素の内、代理店手数料 C および利潤 D は、一般にそれぞれ保険料の所定割合で定められているので、保険料率 R は以下のとおり求められます。

(3.1)式より、

$$P = L + E + C + D = L + E + P\theta + P\delta$$

両辺を保険金額 A で除して、(3.3)式より、

$$R = r + e + (P/A)\theta + (P/A)\delta$$
$$ = r + e + R\theta + R\delta$$

∴　$$R = \frac{r+e}{1-(\theta+\delta)} \quad \cdots\cdots\cdots\cdots\cdots\cdots\cdots\cdots\cdots\cdots (3.4)$$

となります。

　以上に用いた保険料（率）構成要素を一覧表にまとめると、図表1のとおりです。

図表1　保険料（率）構成要素

		実　額	原価（対保険金額）	構成割合
純保険料 （危険保険料）		L：保険金	r：純率 （L/A）	$\hat{\lambda}$：損害率 （L/P）
付加保険料	B：事業費	E：社費 C：代理店手数料	e：社費原価 c：代理店手数料原価	$\hat{\varepsilon}$：社費率 $\hat{\theta}$：代理店手数料
	利　潤	D：利潤	d：利潤原価	$\hat{\delta}$：利潤原価
（合　計）		P：保険料	R：保険料率	1.00

§4. 保険料率算定の方法

　保険料率を算定するには、大別すると**損害率法**と**純保険料法**があり、以下にその内容について概略を説明します。

(1) 損害率法

損害率法の基本的な考え方は、料率改定が求められるとき、料率の引下げあるいは引上げおよびその改定幅を決定するため、予定損害率と実績損害率を比較することです。この場合、損害率として用いられるものとしては、ポリシー・イヤー・ベイシスとインカード・ツー・アーンド・ベイシスの二つの種類があります (注4)。

算定会種目である火災保険や傷害保険においては、現在損害率法を用いて料率改定が行われており、その料率改定率 α は次式によって算出されます。

$$\alpha = \frac{\lambda + \varepsilon}{1-(\theta + \delta)} - 1 \quad \cdots\cdots\cdots\cdots\cdots\cdots\cdots\cdots\cdots\cdots\cdots\cdots\cdots (4.1)$$

ここで、λ：実績損害率

ε：実績社費率

θ：実績代理店手数料率

δ：利潤率

上記の料率改定式に示すとおり、実績損害率 λ と実績社費率 ε が分子に位置しているのは、両者が新料率の中でそれぞれ実績値を反映した形で織り込まれていることを意味しています。一方、実績代理店手数料率 θ と利潤率 δ は分母に位置していますが、代理店手数料率 θ については、新料率に対しても常に実績割合が確保できるようにするためであり、また利潤率 δ についても、料率構成割合として常に所定割合を確保するためです。

よって、料率改定率の算出式 (4.1) は、以下に示すとおりとなります。

$$\alpha = \frac{\lambda + \varepsilon}{1-(\theta + \delta)} - 1$$

$$= \left(\lambda + \varepsilon + \theta \times \frac{\lambda + \varepsilon}{1-(\theta + \delta)} + \delta \times \frac{\lambda + \varepsilon}{1-(\theta + \delta)} \right) - 1$$

第1章　損害保険料率算定の仕組み

(注4) 損害率の計算基準

方式	算式	用途	メリット	デメリット
リトン・ベイシス (Written Basis) (注)アカウント・イヤー・ベイシスとも呼ばれている。	当該年度中の支払保険金 / 当該年度中の収入保険料	各社の決算資料	当該年度中における収入（保険料）と支出（保険金）からだけで簡単に計算することができること、またここのため即応性に優れている。	この方式の損害率は、ロスの実態に関係のない要因、例えば保険料の増収や減収の度合によって変動してしまう。つまり、保険料の増加が著しい保険種目にあっては、損害率が実態より低くなってしまい、逆に減収している保険種目にあっては損害率が実態より高くなる。したがって、料率算定上リトン・ベイシスによる損害率が用いられることは殆どない。
ポリシー・イヤー・ベイシス (Policy Year Basis)	当該年度契約について支払われた保険金 / 当該年度契約の保険料	火災保険、傷害保険および自賠責保険の料率算定等に広く用いられている。	この方式は、損益計算のためというよりもむしろリスクに関する正確な損害計算のためのものであり、この方式によって求まる損害率は保険料率算定上重要な指標である。つまり、順次発生保険金の支払を累積していくことによって最終発生保険金を確定することができ、引受当時の料率の妥当性を判断するには最も適した方法である。	この方式の損害率は、当該年度の引受契約に関する支払保険金がすべて確定するまで待つことでなければ算出できないので、これを得るにはかなりの期日を要し、保険種目によってはその算出が著しく遅れることになる。
インカード・ツー・アード・ベイシス (Incurred To Earned Basis)	当該年度中の発生保険金 / 当該年度中の経過保険料	・自動車保険の料率算定・一部で一般的な経営指標としても用いられている。	この方式の損害率は、ロスが発生した年度に充当すべき保険料に対して、当該ロスが直接対応している。したがって、保険会社の保険料ボリュームが増加、減少あるいは横ばいのいずれの場合であっても、収益および必要な料率水準を適正に表示してくれることになる。	既経過保険料の計算は、一般に簡便法として2分の1法、12分の1法、24分の1法あるいは365分の1法が用いられる。一方、分子に位置する既発生ロスの算出においては、とくに未払保険金の見積誤差、未報告クレーム等の推定というやっかいな計算を行わなければならない。

ところで、(3.2)式のとおり、料率の予定構成割合の合計は1となっていますから、$1=\hat{\lambda}+\hat{\varepsilon}+\hat{\theta}+\hat{\delta}$ を代入すると、

$$\alpha=(\lambda+\varepsilon+\theta'+\delta')-(\hat{\lambda}+\hat{\varepsilon}+\hat{\theta}+\hat{\delta})$$
$$=(\lambda-\hat{\lambda})+(\varepsilon-\hat{\varepsilon})+(\theta'-\hat{\theta})+(\delta'-\hat{\delta})$$
$$=\Delta\lambda+\Delta\varepsilon+\Delta\theta+\Delta\delta \quad\cdots\cdots\cdots\cdots\cdots\cdots\cdots(4.2)$$

ここで、

$$\theta'=\theta\times\frac{\lambda+\varepsilon}{1-(\theta+\delta)}$$

$$\delta'=\delta\times\frac{\lambda+\varepsilon}{1-(\theta+\delta)} \quad (注5)$$

すなわち、実績料率構成割合の合計と予定料率構成割合の合計の乖離率がそのまま料率改定率となっていることが分かります。

(注5)

現行料率水準において、実績代理店手数料率、利潤率がそれぞれ θ、δ である場合には、料率改定後の新料率水準においても実績割合が確保されることになりますから、それは改定前の料率水準に置き直してみると、それぞれ θ'、δ' となります。

ところで、(4.1)式が料率改定率を算出する式として正しいかどうか、別の角度から見てみましょう。今、新料率を R' と置くと、(3.4)式より、

$$R'=\frac{r+e}{1-(\theta+\delta)}=\frac{(L/A)+(E/A)}{1-(\theta+\delta)}$$
$$=\frac{(P/A)(L/P)+(P/A)(E/P)}{1-(\theta+\delta)}=\frac{R\lambda+R\varepsilon}{1-(\theta+\delta)} \quad\cdots\cdots\cdots(4.3)$$

ここで、R は現行料率を表します。

一般的に考えると、料率改定とは、新料率 R' の現行料率 R に対する割合ですから、式に表すと以下のようになります。

$$\text{料率改定率} = \frac{\text{新料率}-\text{現行料率}}{\text{現行料率}} = \frac{R'-R}{R} = \frac{R'}{R}-1$$

(4.3) 式より、

$$= \frac{1}{R} \times \frac{R\lambda+R\varepsilon}{1-(\theta+\delta)} - 1 = \frac{\lambda+\varepsilon}{1-(\theta+\delta)} - 1 = \alpha$$

これは、結果的に(4.1)式に示した料率改定率 α に一致していることが分かります。つまり、

$$R' = R(1+\alpha) = \frac{R\lambda+R\varepsilon}{1-(\theta+\delta)} \quad \cdots\cdots\cdots\cdots\cdots\cdots\cdots(4.4)$$

であり、

$$\therefore \quad R'\{1-(\theta+\delta)\} = R\lambda + R\varepsilon$$

両辺を新料率 R' で除して整理すると、(4.4)式より、

$$1 = \frac{R\lambda}{R'} + \frac{R\varepsilon}{R'} + \theta + \delta = \frac{\lambda}{1+\alpha} + \frac{\varepsilon}{1+\alpha} + \theta + \delta \quad \cdots\cdots\cdots(4.5)$$

以上のことから分かるとおり、新料率 R' の下で、新たに $\lambda/(1+\alpha)$ が予定損害率に、$\varepsilon/(1+\alpha)$ が予定社費率に、θ が予定代理店手数料率、δ が予定利潤率になります。

今、予定損害率 $\hat{\lambda}$ が50%、予定社費率 $\hat{\varepsilon}$ が25%、予定代理店手数料率 $\hat{\theta}$ が20%、利潤率 $\hat{\delta}$ が5% と仮定すると、

$$\hat{\lambda} + \hat{\varepsilon} + \hat{\theta} + \hat{\delta} = 0.50 + 0.25 + 0.20 + 0.05 = 1$$

となります。

一方、料率検証の結果、実績損害率 λ が45%、実績社費率 ε が23.4%、実績代理店手数料率 θ が19%、利潤率 δ が5%であったとすれば、

$$\theta' = \theta \times \frac{\lambda+\varepsilon}{1-(\theta+\delta)} = 0.19 \times \frac{0.45+0.234}{1-(0.19+0.05)} = 0.171$$

$$\delta' = \delta \times \frac{\lambda+\varepsilon}{1-(\theta+\delta)} = 0.05 \times \frac{0.45+0.234}{1-(0.19+0.05)} = 0.045$$

よって、料率改定率 α は、(4.1)(4.2)式から、

$$\alpha = \frac{\lambda + \varepsilon}{1-(\theta+\delta)} - 1$$

$$= (\lambda - \hat{\lambda}) + (\varepsilon - \hat{\varepsilon}) + (\theta' - \hat{\theta}) + (\delta' - \hat{\delta})$$

$$= (0.45 - 0.50) + (0.234 - 0.25) + (0.171 - 0.20) + (0.045 - 0.05)$$

$$= -0.05 - 0.016 - 0.029 - 0.005 = -0.10$$

したがって、10%の料率引下げとなり、新料率は旧料率の90%の値となります。

これに伴い、料率改定後の新たな予定構成割合は、それぞれ以下のとおりとなります。

$\hat{\lambda} = \lambda/(1+\alpha) = 0.45/0.90 \fallingdotseq 0.50$ → 50%
$\hat{\varepsilon} = \varepsilon/(1+\alpha) = 0.234/0.90 \fallingdotseq 0.26$ → 26%
$\hat{\theta} = 0.19$ → 19%
$\hat{\delta} = 0.05$ → 　5%
　　　　　　　　　　　　　　　　100%

以上の説明からも分かるとおり、損害率法は新料率を算出する方法というよりも、むしろ従前の旧料率を調整する方法といった方が正しいかも知れません。次に述べる純保険料率法と対比すれば、その違いが一層明らかになるでしょう。

(2) 純保険料率法

損害率法が旧料率を調整する方法であるのに対し、**純保険料率法**は毎回新料率を算定する方法を採っています。この純保険料率法は、事故発生の頻度(frequency)と平均損傷率(damageability)との掛け算によって純保険料率を決定するところから、それぞれの頭文字を取って**FD方式**とも呼ばれています。

いま、総保険金額をA、総支払保険金をLとすれば、求める純保険料率 r は、以下のとおりとなります。

$$r = \frac{\overline{L}}{A} = \frac{n}{N} \times \frac{\overline{L}}{\overline{A}} = f \times d \quad \cdots\cdots\cdots\cdots\cdots(4.6)$$

ここで、N：保険加入者数

　　　　n：保険金支払件数

　　　　f：事故発生頻度（n/N）

　　　　d：平均損傷率（$\overline{L}/\overline{A}$）

したがって、この純保険料率 r を用いて、(3.4)式により、保険料率Rを求めることができます。

$$R = \frac{r + e}{1 - (\theta + \delta)} \quad \cdots\cdots\cdots\cdots\cdots\cdots\cdots\cdots(4.7)$$

ここで、e：社費原価（E/A）

　　　　θ：代理店手数料率

　　　　δ：利潤率

たとえば、ある保険種目において、契約件数Nが100万件、総保険金額Aが3兆円、支払件数 n が2千件、総支払保険金Lが45億円、総経費Eが22億5千万円、代理店手数料率 θ が20%、利潤率 δ が5%とすれば、

まず、純保険料率 r は、(4.6)式より

$$r = \frac{\overline{L}}{A} = \frac{4,500 \text{百万円}}{3,000,000 \text{百万円}} = 1.5‰$$

また、事故発生頻度 f は

$$f = \frac{n}{N} = \frac{2 \text{千件}}{1,000 \text{千件}} = 2.0‰$$

平均損傷率Dは、

$$d = \frac{\overline{L}}{\overline{A}} = \frac{(L/n)}{(A/N)} = \frac{(4,500 \text{百万円}/2 \text{千件})}{(3,000,000 \text{百万円}/1,000 \text{千件})}$$

$$= \frac{2,250 \text{千円}}{3,000 \text{千円}} = 0.75$$

さらに、社費原価 e は、

$$e = \frac{E}{A} = \frac{2,250 \text{百万円}}{3,000,000 \text{百万円}} = 0.75‰$$

以上の結果を用いて、(4.7)式に代入すると、保険料率 R が求まります。

$$R = \frac{r+e}{1-(\theta+\delta)} = \frac{1.5‰ + 0.75‰}{1-(0.20+0.05)}$$

$$= \frac{2.25‰}{0.75} = 3.0‰$$

ところで、前述したとおり、新しい保険商品の料率を算定する場合には、純保険料率しか用いることができませんから、一般統計や他の類似の保険商品の担保危険などを参考にして、事故発生頻度 f や平均損傷率 d を算出し、純保険料率 r を求めることになります。

また、まだ保険販売がされていないから保険会社の経費実額も把握されません。そこで、類似の保険商品の社費率などを参考にして定めることが一般に行われます。

したがって、この場合純保険料率法による保険料率 R は、(4.7)式に代えて、以下の算出式により求めることになります。

$$R = \frac{r}{1-(\varepsilon+\theta+\delta)} \quad \cdots\cdots\cdots\cdots\cdots\cdots\cdots\cdots\cdots\cdots\cdots\cdots (4.8)$$

(3) 損害率法と純保険料率法の関係

以上述べてきたことを整理すれば、同じ統計データに基づき料率算定が行われる限りにおいては、損害率法で求めた新保険料率と純保険料率法で求めた保険料率は、一致していることが分かります。

まず、損害率法で新保険料率 R を求めるため、現行保険料率を R_0 と置

けば、(4.1)式より、

$$R = R_0(1+\alpha) = \frac{P}{A}\left\{1+\left(\frac{\lambda+\varepsilon}{1-(\theta+\delta)}-1\right)\right\}$$

$$= \frac{P}{A}\left\{\frac{\lambda+\varepsilon}{1-(\theta+\delta)}\right\} = \frac{P}{A}\left\{\frac{(L/P)+(E/P)}{1-(\theta+\delta)}\right\}$$

$$= \frac{(L/A)+(E/A)}{1-(\theta+\delta)} = \frac{r+e}{1-(\theta+\delta)}$$

これは、純保険料率法による保険料率の算出式(4.7)に一致しています。

つまり、このことは新保険料率を求めるに際して、損害率法と純保険料率法のどちらの方法がより正確性を有しているかという観点からの比較では、理論上は優劣をつけ難いことを意味しています。

しかしながら、実務上では、純保険料率法の方が損害率法に比べて以下のような優れた点があります。

①純保険料率を推定するに際して、事故発生頻度と平均損傷率に分解して、それぞれ推定することになりますが、外部一般データによる補完が可能であることにより、より正確度が高まること

②外部の客観的データの活用と比較により、行政当局や消費者に対して料率改定を正当化することが比較的容易であること

一方、純保険料率法を活用するためには、次のような条件が充たされることが必要、あるいは望ましいと言われています。

①損害率法に比べて、契約者件数、支払件数、総保険金額など、より多くの統計情報が必要であること

②比較的均質な危険集団に属するリスクであること

したがって、総体としての保険料率水準を定めるために損害率法を活用し、次に、料率区分間の相対的保険料率水準を決定するために純保険料率を用いて補足する方法が一般に行われています。

現在、損害率法は火災保険や傷害保険など、比較的統計データが豊富で、かつ損害率が毎年安定的に推移している保険種目に対して用いられています。

　一方、純保険料率法は自動車保険や賠償保険分野など、1件当たりの支払額にばらつきがあり、毎年損害率が大きく変動するため、事故発生頻度と1件当たり支払保険金に分けて個々のトレンドを加味した方が、より正確な予測ができることになる保険種目に対して一般的に用いられています。

§5. 積立保険料率の算定の方法

　積立保険の営業保険料は、純保険料（危険保険料）、付加保険料、積立保険料の三つの部分から構成されています。このうち積立保険料は満期返戻金に充当される保険料で、これが§4までで説明した補償型（掛捨型）の保険と相違する保険料の構成要素です。

積立保険の営業保険料 ┫ 純保険料（危険保険料）
　　　　　　　　　　　付加保険料
　　　　　　　　　　　│積立保険料│

純保険料（危険保険料）としてファミリー交通傷害保険、家族傷害保険、火災保険などの純保険料を取りこんで、積立ファミリー交通保険、積立家族傷害保険、積立火災保険……などが設計されているのです。

第1章　損害保険料率算定の仕組み

(1) **年払営業保険料の算出**

保険期間 n 年の年払営業保険料を算出してみましょう。

計算するに当たって、下記のように決めると

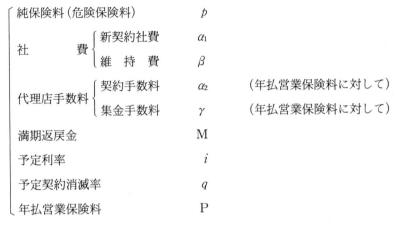

で、これを表にすると、

		初　年　度	次年度以降
純　保　険　料		p	p
付加保険料	新契約社費	$α_1$	—
	維　持　費	$β$	$β$
	契約手数料	$α_2 \cdot p$	—
	集金手数料	$γ \cdot p$	$γ \cdot p$

これから「収支相等の原則」、すなわち保険料の現価＝保険金支払の現価で求めます。(第2章　生命保険料率算定の仕組みを参照して下さい)

保険料の現価は消滅契約を考慮すると、$\left(但し\ v=\dfrac{1}{1+i}\ とする\right)$

— 17 —

$$\begin{cases} 第一年度(契約時)\cdots\cdots P \\ 第二年度(第二回目)\cdots\cdots P(1-q)v \quad (契約時の現価) \\ 第三年度(第三回目)\cdots\cdots P(1-q)^2v^2 \quad (契約時の現価) \\ \quad\quad\vdots \\ 第n年度(第n回目)\cdots\cdots P(1-q)^{n-1}\cdot v^{n-1}(契約時の現価) \end{cases}$$

∴ 保険料の現価は

$$= P + P(1-q)v + P(1-q)^2v^2 + \cdots\cdots + P(1-q)^{n-1}\cdot v^{n-1}$$

$$= P\cdot\frac{1-(1-q)^nv^n}{1-(1-q)v} \quad (これを P\cdot\ddot{a}'_{\overline{n}|} と書くことにします。)$$

また保険金支払の現価は

$$\begin{cases}
& \text{純保険料} & \text{新契約費} & \text{契約手数料} & \text{維持費} & \text{集金手数料} \\
第一年度\cdots\cdots & p & +\alpha_1 & +\alpha_2\cdot P & +\beta & +\gamma\cdot P \\
第二年度\cdots\cdots & p(1-q)v & & & +\beta(1-q)v & +\gamma\cdot P(1-q)v \\
第三年度\cdots\cdots & p(1-q)^2v & & & +\beta(1-q)^2v & +\gamma\cdot P(1-q)^2v^2 \\
\quad\vdots & \quad\vdots & & & & \\
第n年度\cdots\cdots & p(1-q)^{n-1}\cdot v^{n-1} & & & +\beta(1-q)^{n-1}\cdot v^{n-1} & +\gamma\cdot P(1-q)^{n-1}\cdot v^{n-1}
\end{cases}$$

$$+ M(1-q)^n\cdot v^n (満期返戻金)$$

$$保険金支払の現価 = P\cdot\ddot{a}'_{\overline{n}|} + \alpha_1 + \alpha_2\cdot P + \beta\cdot\ddot{a}'_{\overline{n}|} + \gamma\cdot P\cdot\ddot{a}'_{\overline{n}|}$$
$$+ M(1-q)^n\cdot v^n$$

収支相等の原則より

$$P\cdot\ddot{a}'_{\overline{n}|} = p\cdot\ddot{a}'_{\overline{n}|} + \alpha_1 + \alpha_2\cdot P + \beta\cdot\ddot{a}'_{\overline{n}|} + \gamma\cdot P\cdot\ddot{a}'_{\overline{n}|} + M(1-q)^n\cdot v^n$$

$$\therefore\ P = \frac{(p+\beta)\cdot\ddot{a}'_{\overline{n}|} + \alpha_1 + M(1-q)^n\cdot v^n}{(1-\gamma)\cdot\ddot{a}'_{\overline{n}|} - \alpha_2}$$

(2) **一時払営業保険料の算出**

　一時払契約では、年払契約と違って、契約締結時にのみ保険料が払いこまれることから、第2保険年度以降の保険料の集金手数料は不要となる一方、他の社費についても、年払と比べて、保険料の請求などのコストがかからないため維持費の一部がカットされます。

一時払契約の維持費を β'、契約手数料を α_2' とすると、一時払営業保険料 A の算式を求めると、

(1) 保険料の現価は A

(2) 保険金支払の現価は

$$= \underset{\text{純保険料}}{p \cdot \ddot{a}'_{\overline{n}|}} + \underset{\text{新契約費}}{\alpha_1} + \underset{\text{契約手数料}}{\alpha_2' \cdot A} + \underset{\text{維持費}}{\beta' \cdot \ddot{a}'_{\overline{n}|}} + \underset{\text{満期返戻金}}{M(1-q)^n \cdot v^n}$$

収支相等の原則より((1) = (2))

$$A = p \cdot \ddot{a}'_{\overline{n}|} + \alpha_1 + \alpha_2' \cdot A + \beta' \cdot \ddot{a}'_{\overline{n}|} + M(1-q)^n \cdot v^n$$

$$\therefore A = \frac{(p+\beta')\ddot{a}'_{\overline{n}|} + \alpha_1 + M(1-q)^n \cdot v^n}{1-\alpha_2'}$$

第1章　練習問題

問題①　事故発生頻度 f および純保険料 P_r を計算しなさい。

　　　　ここで、N：契約件数　　　　2,000 件

　　　　　　　　n：支払件数　　　　　4 件

　　　　　　　　L：総支払保険金　　20,000 千円

問題②　料率改定ファンド a を計算しなさい。

　　　　ここで、λ：実績損害率　　　　　40%

　　　　　　　　ε：実績社費率　　　　　26%

　　　　　　　　θ：実績代理店手数料率　20%

　　　　　　　　δ：利潤率　　　　　　　 5%

問題③　問題2の結果を用いて、新保険料率 R を求めなさい。

　　　　ただし、現行の保険料率 R_0 は 2.5‰ とする。

問題④　問題2の結果から、料率改定後の保険料率構成割合である予定損害率 $\hat{\lambda}$、予定社費率 $\hat{\varepsilon}$、予定代理店手数料理率 $\hat{\theta}$、予定利潤率 $\hat{\delta}$ をそれぞれ求めなさい。

問題⑤　純保険料率法により、平均損傷率 d および保険料率 R を計算しなさい。

　　　　ここで、N：契約件数　　　　　　2,000 件

　　　　　　　　n：支払件数　　　　　　　5 件

　　　　　　　　A：総保険金額　　　40,000,000 千円

　　　　　　　　L：総支払保険金　　　　50,000 千円

　　　　　　　　E：総経費　　　　　　　25,000 千円

　　　　　　　　θ：実績代理店手数料率　　20%

　　　　　　　　δ：利潤率　　　　　　　　5%

第2章

生命保険料率算定の仕組み

　生命保険契約とは保険者（保険会社）と保険契約者とが結んだ契約であり、被保険者の生死等に関し、あらかじめ定めた条件のもとで保険金（死亡保険金、満期保険金、確定年金、終身年金、……）を保険金受取人に支払い、その対価として、保険契約者は保険者に保険料を払い込むものです。

　保険契約者、被保険者、保険金受取人はそのうちの二人あるいは3人が同一人であってよく、むしろ、契約者、被保険者が同一であるケースが一般的です。

　被保険者がただ一人のケースを「**単生命保険**」、二人以上のケースを「**連生保険**」といいます。

§1. 計算基礎

　生命保険契約に関する保険料算定に関する保険料算定にあって、契約締結時に、次のことを仮定しなければなりません。

(1) **事故発生の確率**
　　特定な大きな集団に属する人々の生存・死亡状況を観察して、年齢別

に生存する割合（**生存率**）、同死亡割合（**死亡率**）とそれに基づく生存・死亡の状況を表したものを「**生命表**」あるいは「**死亡表**」といいます。生存率・死亡率に関してこの「生命表」（あるいは「死亡表」）を用いて予定生存率・予定死亡率として使用します。（これを「**予定死亡表**」と名付けることにします）

(2) **利率**

生命保険契約は長期にわたるため、複利による利息を織り込む必要があります。これを「**予定利率**」といいます。

§2. 純保険料、付加保険料、営業保険料

保険契約者が実際に保険者に払い込む保険料を「**営業保険料**」といい、これを二つの部分に分けると、一つを「**純保険料**」ともう一つを「**付加保険料**」に分けることができます。

「**純保険料**」は保険金支払および保険料払込の確率を「予定死亡表」に従って起こると仮定して、両者に「予定利率」を考慮して計算したもの。

「**付加保険料**」は新契約費（外務員の募集手数料、その他給与、営業店の人件費、物件費、証券発行のための諸経費等）、維持費（第2回以降の保険料徴収に関する費用、本社の契約管理部門をはじめとする諸経費等）、集金費などを考慮して計算したものです。

§3. 収支相等の原則

最も一般的な生命保険契約に関する「純保険料算定」は次の「収支相等の原則」により求めます。

すなわち、

(保険料)収入の現価＝(保険金)支払の現価

§4. 純保険料の算定

(1) 「予定死亡表」

日本全会社生命表 (1979～80)(男子) を用います。(表1)

表1.

年齢(x)	生存数(l_x)	死亡数(d_x)	生存率(p_x)	死亡率(q_x)
0	100,000	128	0.99872	0.00128
1	99,872	106	0.99894	0.00106
≈	≈	≈	≈	≈
30	97,795	85	0.99913	0.00087
31	97,710	87	0.99911	0.00089
32	97,623	92	0.99906	0.00094
33	97,531	98	0.99900	0.00100
34	97,433	105	0.99892	0.00108
35	97,328	113	0.99884	0.00116
36	97,215	122	0.99874	0.00126
37	97,093	132	0.99864	0.00136
38	96,961	143	0.99853	0.00147
39	96,818	155	0.99840	0.00160
40	96,663	167	0.99827	0.00173
41	96,496	181	0.99812	0.00188
42	96,315	199	0.99793	0.00207
43	96,116	220	0.99771	0.00229
44	95,896	246	0.99743	0.00257
45	95,650	275	0.99712	0.00288
46	95,375	308	0.99677	0.00323
47	95,067	340	0.99642	0.00358
48	94,727	371	0.99608	0.00392
49	94,356	401	0.99575	0.00425
50	93,955	431	0.99541	0.00459
≈	≈	≈	≈	
105	0.5265	0.5265	0.00000	1.00000

この「日本全会社生命表」は観察期間 (1979～80) に男子の契約について被保険者の生存・死亡状況を集計し算出したものです。

この表はこのように見ます。ある時、同時に l_0（100,000人）が生まれたとすると、次の誕生日（満1歳）直前までに d_0（128人）が死亡（1年間に）し、丁度1歳の誕生日を迎える生存者数は l_1（99,872人）である。

このような死亡・生存を順次繰り返して、w（死亡表の最終年齢。この表の場合106歳）では $l_w=0$（すなわち $l_{106}=0$）となります。

また、丁度40歳の者 l_{40}（96,663人）を集めたとすれば、そのうち d_{40}（167人）が1年間に死亡し、41歳の誕生日を迎える者が l_{41}（96,496人）になり、以後、同様に計算することができます。

したがって、一般的に

$$\boxed{l_x - d_x = l_{x+1}}$$ （上記の場合　$l_{40} - d_{40} = l_{41}$）

また、生存率（p_x）と死亡率（q_x）は

$$\boxed{\begin{aligned} p_x &= \frac{l_{x+1}}{l_x} \\ q_x &= \frac{d_x}{l_x} \end{aligned}}$$

（40歳の場合　$p_{40} = \dfrac{l_{41}}{l_{40}} = \dfrac{96,496}{96,663} \fallingdotseq 0.99827$）

（40歳の場合　$q_{40} = \dfrac{d_{40}}{l_{40}} = \dfrac{167}{96,663} \fallingdotseq 0.00173$）

明らかに $\boxed{p_x + q_x = 1}$ です。

(2) 「予定利率」

年利3.5%として計算します。（仮定）

(3) 純保険料の算出

例① 一時払純保険料（生存保険）の算出

「一時払保険料」とは、保険契約締結の時、払い込み、以後払い込む必要のない保険料をいいます。（年払保険料で、保険期間一年のものを一時払保険料ということがあります）

第2章 生命保険料率算定の仕組み

一般的には、保険期間が一年超です。

(設定) 被保険者30歳で40歳で生存していたら、満期保険金(生存金)として500万円支払う一時払保険料はいくらになりますか。(以後、「予定死亡表」は表1に基づき、「予定利率」は3.5%を用います)

(i) 純保険料の現価(収入の現価)

すなわち一時払純保険料(A)を求めます。

(ii) 保険金支払の現価(支出の現価)

・保険金 …… 500万円 ……(価格)

・10年後に支払う、保険金1に対する現価 $\left(\dfrac{1}{1+0.035}\right)^{10(*)}$ …(評価)

・30歳の人が40歳まで生存する確率 …… $\dfrac{l_{40}}{l_{30}}$ ……(確率)

$$\boxed{\text{求める現価}=(\text{価格})\times(\text{評価})\times(\text{確率})}$$

$$500\times\left(\dfrac{1}{1.035}\right)^{10}\times\dfrac{l_{40}}{l_{30}}(\text{万円}) \quad \cdots\cdots(a)$$

$$=500\times 0.708918813\times\dfrac{96{,}663}{97{,}795}\fallingdotseq 350.3565(\text{万円})$$

(iii) 収支相等の原則

保険料の現価 = 保険金支払の現価

A = 350.3566(万円)

(*) もし、これが「保険」でなく「貯金」(年齢に関係なく10年後に500万円得るために、年利率3.5%だとするといくら預金すればよいか)ならどうでしょうか。それをMとすると

$$M\times(1+0.035)^{10}=500(\text{万円})$$

$$\therefore\quad M=500\times\left(\dfrac{1}{1+0.035}\right)^{10}\fallingdotseq 354.4595(\text{万円}) \quad\cdots\cdots\text{(b)}$$

明らかに「保険」の方が安いのです。

(a)と(b)式を比較すれば(a)式には $\frac{96{,}663}{97{,}795}$ （＝0.988424766）が掛かっていて 97,795 人中 1,132 人（割合にして約 0.0116）が 10 年後まで生存しない分だけ「保険」の方が負担が軽いということです。

例② 年払純保険料（生存保険）の算出

設定は例①と同じとし、ただし、年払純保険料を算出してみましょう。

（ⅰ）純保険料の現価（収入の現価） …… 年払純保険料を P とします。

(価格)×(評価)×(確率)

第1保険年度(契約時)年齢30歳　　$P \times 1 \times \frac{l_{30}}{l_{30}} = P \times 1$

第2保険年度(応当日)年齢31歳
(第2回保険料支払応当日)　　$P \times \frac{1}{1+0.035} \times \frac{l_{31}}{l_{30}} = P \times 0.965344$

第3保険年度年齢32歳
(第3回保険料支払応当日)　　$P \times \left(\frac{1}{1+0.035}\right)^2 \times \frac{l_{32}}{l_{30}} = P \times 0.931869$

第4保険年度年齢33歳
(第4回保険料支払応当日)　　$P \times \left(\frac{1}{1+0.035}\right)^3 \times \frac{l_{33}}{l_{30}} = P \times 0.899508$

第5保険年度年齢34歳
(第5回保険料支払応当日)　　$P \times \left(\frac{1}{1+0.035}\right)^4 \times \frac{l_{34}}{l_{30}} = P \times 0.868216$

第6保険年度年齢35歳
(第6回保険料支払応当日)　　$P \times \left(\frac{1}{1+0.035}\right)^5 \times \frac{l_{35}}{l_{30}} = P \times 0.837952$

第7保険年度年齢36歳
(第7回保険料支払応当日)　　$P \times \left(\frac{1}{1+0.035}\right)^6 \times \frac{l_{36}}{l_{30}} = P \times 0.808676$

第8保険年度年齢37歳
(第8回保険料支払応当日)　　$P \times \left(\frac{1}{1+0.035}\right)^7 \times \frac{l_{37}}{l_{30}} = P \times 0.780349$

第9保険年度年齢38歳
(第9回保険料応当日)　　$P \times \left(\frac{1}{1+0.035}\right)^8 \times \frac{l_{38}}{l_{30}} = P \times 0.752935$

第 2 章　生命保険料率算定の仕組み

第 10 保険年度年齢 39 歳
(第 10 保険料支払応当日)
$$P \times \left(\frac{1}{1+0.035}\right)^9 \times \frac{l_{39}}{l_{30}} = P \times 0.726401$$

計　$P \times 8.571250$

(ii) 保険金支払の現価（支出の現価）

　　例①の(ii)と同じで

　　350.3565(万円)

(iii) 収支相等の原則

　　収入の現価 ＝ 支出の現価

　　(i)=(ii)

　　$P \times 8.571250 = 350.3565$(万円)

　∴　$P = 408{,}758$(円)

さて「貯金」であったらどうでしょうか？　毎年支払う貯金額を N とすると、(終価で考えてみましょう。10 年後の満期時で考えることを「**終価**」**ベース**といいます。)

(i) 収入の終価

　　第 1 回目（契約時）　$N \times (1+0.035)^{10} = 1.410599$

　　第 2 回目（契約時）　$N \times (1+0.035)^9 = 1.362897$

　　第 3 回目（契約時）　$N \times (1+0.035)^8 = 1.316809$

　　第 4 回目（契約時）　$N \times (1+0.035)^7 = 1.272279$

　　第 5 回目（契約時）　$N \times (1+0.035)^6 = 1.229255$

　　第 6 回目（契約時）　$N \times (1+0.035)^5 = 1.187686$

　　第 7 回目（契約時）　$N \times (1+0.035)^4 = 1.147523$

　　第 8 回目（契約時）　$N \times (1+0.035)^3 = 1.108718$

　　第 9 回目（契約時）　$N \times (1+0.035)^2 = 1.071225$

　　第 10 回目（契約時）　$N \times (1+0.035)^1 = 1.035000$

(ii) 支出の終価

500(万円)

(iii) 収支相等の原則

終価ベースで考えると

(i)=(ii)

$N\{(1+0.035)^{10}+(1+0.035)^9+\cdots\cdots+(1+0.035)^1\}=500(万円)$

……(c)

$\{\ \}$内を $\ddot{S}_{\overline{10|}}(3.5\%)$ と書きます。

(c)式を $(1+0.035)^{10}$ で割ると

$$N\left\{1+\frac{1}{1+0.035}+\left(\frac{1}{1+0.035}\right)^2+\cdots\cdots+\left(\frac{1}{1+0.035}\right)^9\right\}$$

$$=\frac{500}{(1+0.035)^{10}}$$

$\{\ \}$内を $\ddot{a}_{\overline{10|}}(3.5\%)$ と書きます。

したがって $N\cdot\ddot{a}_{\overline{10|}} \fallingdotseq 500\times 0.708919$ （$\ddot{a}_{\overline{10|}}=8.607687$）

$N=411,794(円)$

§5.「計算基数」の導入

§4.で純保険料を算出しましたが、「年齢」が変わり、「保険期間」が変わるとそのたびに膨大な計算をしなければなりません。

そこで、生命保険会社では、次のような便利な「計算基数」を用いて、保険料などを計算しています。

$\boxed{v^x\cdot l_x \rightarrow D_x}$ $\left(\text{但し } v=\frac{1}{1+i} \text{ です}\right)$ と定義します。(脚注)

そして、次の「文字」を導入します。

$$\begin{cases} D_x + D_{x+1} + \cdots\cdots + D_w \to N_x \\ N_x + N_{x+1} + \cdots\cdots + N_w \to S_x \end{cases} \quad (w:死亡表の最終年齢:前述)$$

とします。

また

$$\boxed{v^{x+1} \cdot dx \to C_x}$$ と定義します。(脚注)

そして、上記と同様に

$$\begin{cases} C_x + C_{x+1} + \cdots\cdots + C_w \to M_x \\ M_x + M_{x+1} + \cdots\cdots + M_w \to R_x \end{cases}$$ とします。

表にすると

死亡系列	生存系列
C_x	D_x
M_x	N_x
R_x	S_x

となります。

表の縦の流れは分かりましたが、横の関係、例えば C_x と D_x はどうでしょうか? どのような関係があるのでしょうか?

このように考えます。

§4で $l_x - d_x = l_{x+1}$ であることを学びました。

この関係の両辺に v^{x+1} を掛けると

$v^{x+1} l_x - v^{x+1} dx = v^{x+1} \cdot l_{x+1}$ となり、 $v^x \cdot l_x = D_x$, $v^{x+1} \cdot d_x = C_x$

の関係を代入すると

$vD_x - C_x = D_{x+1}$ となり

したがって、

$$C_x = v \cdot D_x - D_{x+1}$$

同様に

$$M_x = vN_x - N_{x+1}$$
$$R_x = vS_x - S_{x+1}$$ となります。(確かめよ!)

例えば年利率(i)3.5％、$x=30$歳のD_{30}、C_{30}は次のようにして計算します。
$l_{30}=97,795$、$d_{30}=85$ （§4の日本全会社生命表による）を用いると

$$D_{30}=v^{30}\cdot l_{30}=\left(\frac{1}{1+0.035}\right)^{30}\cdot 97,795=34,842.24717$$

$$C_{30}=v^{31}\cdot d_{30}=\left(\frac{1}{1+0.035}\right)^{31}\cdot 85=29.25957962$$

さて§4の例②を「計算基数」を用いて考えてみましょう。

（i）収入の現価

$$\begin{cases}\text{第1保険年度} & P\times 1\times\dfrac{l_{30}}{l_{30}}=P\times\dfrac{v^{30}l_{30}}{v^{30}l_{30}}=P\times\dfrac{D_{30}}{D_{30}}\\[4pt]\text{第2保険年度} & P\times v\times\dfrac{l_{31}}{l_{30}}=P\times\dfrac{v^{31}l_{31}}{v^{30}l_{30}}=P\times\dfrac{D_{31}}{D_{30}}\\[4pt]\text{第3保険年度} & P\times v^{2}\times\dfrac{l_{32}}{l_{30}}=P\times\dfrac{v^{32}l_{32}}{v^{30}l_{30}}=P\times\dfrac{D_{32}}{D_{30}}\\[4pt]\text{第4保険年度} & P\times v^{3}\times\dfrac{l_{33}}{l_{30}}=P\times\dfrac{v^{33}l_{33}}{v^{30}l_{30}}=P\times\dfrac{D_{33}}{D_{30}}\\[4pt]\text{第5保険年度} & P\times v^{4}\times\dfrac{l_{34}}{l_{30}}=P\times\dfrac{v^{34}l_{30}}{v^{30}l_{30}}=P\times\dfrac{D_{34}}{D_{30}}\\[4pt]\qquad\vdots & \qquad\vdots\\[4pt]\text{第10保険年度} & P\times v^{9}\times\dfrac{l_{39}}{l_{30}}=P\times\dfrac{v^{39}l_{39}}{v^{30}l_{30}}=P\times\dfrac{D_{39}}{D_{30}}\end{cases}$$

・上の右辺を10個加えると

$$P\times\frac{1}{D_{30}}(D_{30}+D_{31}+D_{32}+\cdots\cdots+D_{39})$$

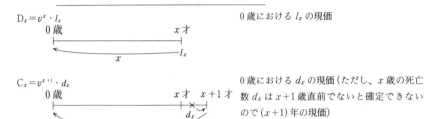

$D_x=v^x\cdot l_x$　0歳におけるl_xの現価

$C_x=v^{x+1}\cdot d_x$　0歳におけるd_xの現価（ただし、x歳の死亡数d_xは$x+1$歳直前でないと確定できないので$(x+1)$年の現価）

$$= P \times \frac{1}{D_{30}} \{ (D_{30}+D_{31}+\cdots\cdots+D_{39}+D_{40}+\cdots\cdots+D_w) - (D_{40}+D_{41}+\cdots\cdots+D_w) \}$$

$D_x + D_{x+1} + \cdots\cdots + D_w = N_x$ の関係を用いると、上式は

$$P \times \frac{1}{D_{30}} (N_{30} - N_{40})$$

・ところで上の左辺の10個を加えると

$$P \left(\frac{l_{30}}{l_{30}} + v \times \frac{l_{31}}{l_{30}} + v^2 \times \frac{l_{32}}{l_{30}} + \cdots\cdots + v^9 \times \frac{l_{39}}{l_{30}} \right)$$

$$= P \times (1 + v p_{30} + v^2 \cdot {}_2 p_x + \cdots\cdots + v^9 \cdot {}_9 p_x) \quad (\text{但し } {}_n p_x = \frac{l_{x+n}}{l_x} \text{ とする})$$

$= P \cdot \ddot{a}_{30:\overline{10|}}$ と書きます。

一般に、

$$\ddot{a}_{x:\overline{n|}} = 1 + v \cdot p_x + v^2 \cdot {}_2 p_x + \cdots\cdots + v^{n-1} \cdot {}_{n-1} p_x \text{ です。}$$

これを「計算基数」で書くと $\dfrac{N_x - N_{x+n}}{D_x}$ となります。

（$x=30$、$n=10$ とした上のケースを考えてみると、容易に分かるでしょう）

(ii) 支出の現価

$$500 \times v^{10} \times \frac{l_{40}}{l_{30}} = 500 \times \frac{v^{40} l_{40}}{v^{30} l_{30}} = 500 \times \frac{D_{40}}{D_{30}} \text{ （万円）}$$

(ii) 収支相等の原則

(i)=(ii)　（収入の現価 ＝ 支出の現価）

$$P \times \frac{N_{30} - N_{40}}{D_{30}} = 500 \times \frac{D_{40}}{D_{30}}$$

$\therefore \quad P = \dfrac{500 \cdot D_{40}}{N_{30} - N_{40}}$ （万円）

D_{40}、N_{30}、N_{40} の三つの値が分かっていれば計算できます。

したがって「計算基数」をあらかじめ作成しておけばよいのです。

では、このPの値を計算してみましょう。

x	l_x	D_x	d_x	C_x
30	97,795	34,842.247	85	29.260
31	97,710	33,634.747	87	28.935
32	97,623	32,468.405	92	29.564
33	97,531	31,340.876	98	30.427
34	97,433	30,218.013	105	31.498
35	97,328	29,196.148	113	32.751
36	97,215	28,176.088	122	34.164
37	97,093	27,189.109	132	35.714
38	96,961	26,233.956	143	37.382
39	96,818	25,309.436	155	39.149
40	96,663	24,414.412	167	40.753

$$P = \frac{500 \cdot D_{40}}{N_{30} - N_{40}} = \frac{500 \cdot D_{40}}{D_{30} + D_{31} + \cdots\cdots + D_{39}} \fallingdotseq 408,802 (円)$$

(前の計算では 408,758 円　誤差 44 円)

§6. 各種生命保険（個人保険）

(1) **生存保険**

　　被保険者が契約時から一定期間まで生存した場合に、一定額の保険金（生存保険金）が支払われる保険です。

　A．一時払保険料

　　今、予定した「生命表」の生存者 l_{30} 人（30歳の人）が仮に同時に誕生日にこの保険に加入したとすると、一人当たりの一時払保険料（A）は、

保険金 1、保険期間 5 年としていくらになりますか。

(i) 収入の現価

一時払なので A

(ii) 支出の現価

(価格)×(評価)×(確率)

$$1 \times v^5 \times \frac{l_{35}}{l_{30}} = \frac{v^{35} l_{35}}{v^{30} l_{30}} = \frac{D_{35}}{D_{30}}$$

(iii) 収支相等の原則

(i)=(ii)

$A = \frac{D_{35}}{D_{30}}$ （国際アクチュアリー記号でこれを $A_{30:\frac{1}{5|}}$ あるいは $_5E_{30}$ と書きます）。

B. 年払保険料

A と同じ条件で、但し保険料の支払を年払とすると、年払保険料（P）はいくらになりますか。

(i) 収入の現価

第 1 保険年度　$P \times 1 \times \frac{l_{30}}{l_{30}} = P \times \frac{v^{30} l_{30}}{v^{30} l_{30}} = P \times \frac{D_{30}}{D_{30}}$

第 2 保険年度　$P \times v \times \frac{l_{31}}{l_{30}} = P \times \frac{v^{31} l_{31}}{v^{30} l_{30}} = P \times \frac{D_{31}}{D_{30}}$

第 3 保険年度　$P \times v^2 \times \frac{l_{32}}{l_{30}} = P \times \frac{v^{32} l_{32}}{v^{30} l_{30}} = P \times \frac{D_{32}}{D_{30}}$

第 4 保険年度　$P \times v^3 \times \frac{l_{33}}{l_{30}} = P \times \frac{v^{33} l_{33}}{v^{30} l_{30}} = P \times \frac{D_{33}}{D_{30}}$

第 5 保険年度　$P \times v^4 \times \frac{l_{34}}{l_{30}} = P \times \frac{v^{34} l_{34}}{v^{30} l_{30}} = P \times \frac{D_{34}}{D_{30}}$

(ii) 支出の現価

A の一時払保険料と同じで $\frac{D_{35}}{D_{30}}$ です。

(ii) 収支相等の原則

(i)=(ii)

$$P \times \frac{1}{D_{30}}(D_{30}+D_{31}+D_{32}+D_{33}+D_{34}) = \frac{D_{35}}{D_{30}}$$

$$\therefore \quad P = \frac{D_{35}}{D_{30}+D_{31}+D_{32}+D_{33}+D_{34}} = \frac{D_{35}}{N_{30}-N_{35}}$$

(2) 定期保険（死亡保険）

被保険者が契約日から一定期間内に死亡した場合に一定額の保険金（死亡保険金）が支払われる保険です（死亡保険ともいいます）。

保険金支払をいつの時点にするかによって「計算基数」が異なりますが、死亡が発生した年度の年末に保険金が支払われるとして考えてみましょう。

30歳の被保険者が10年以内に死亡した場合に保険金1,000万円を死亡の年度末に支払う定期保険の一時払純保険料をAとすると

A．一時払保険料

(i) 収入の現価

   A

(ii) 支出の現価（図、参照） 価格 × 評価 × 確率

第1保険年度死亡 $1{,}000 \times v \times \frac{d_{30}}{l_{30}} = 1{,}000 \times \frac{C_{30}}{D_{30}}$

第2保険年度死亡 $1{,}000 \times v^2 \times \frac{d_{31}}{l_{30}} = 1{,}000 \times \frac{C_{31}}{D_{30}}$

第3保険年度死亡 $1{,}000 \times v^3 \times \frac{d_{32}}{l_{30}} = 1{,}000 \times \frac{C_{32}}{D_{30}}$

第4保険年度死亡 $1{,}000 \times v^4 \times \frac{d_{33}}{l_{30}} = 1{,}000 \times \frac{C_{33}}{D_{30}}$

   ⋮   ⋮

第2章　生命保険料率算定の仕組み

第10保険年度死亡　　$1,000 \times v^{10} \times \dfrac{d_{39}}{l_{30}} = 1,000 \times \dfrac{C_{39}}{D_{30}}$

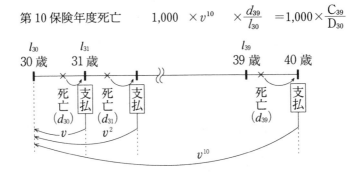

(iii)　収支相等の原則

(i)＝(ii)

$A = 1,000 \times \dfrac{1}{D_{30}} (C_{30} + C_{31} + C_{32} + C_{33} + \cdots\cdots + C_{39})$

$= 1,000 \times \dfrac{M_{30} - M_{40}}{D_{30}}$

この場合、国際アクチュアリー記号では保険金1に対して $A^{\;1}_{30:\overline{10|}}$ と書きます。

したがって、この場合は

$A = 1,000 \times A^{\;1}_{30:\overline{10|}}$　となります。

B. 年払純保険料

Aと同じ条件で、但し保険料の支払を年払とすると、年払保険料 (P) はいくらになるでしょうか。

(i)　収入の現価

　　　　　　　　　　　　　(価格)×(評価)×(確率)

第1保険年度 (30歳の契約時)　　　$P \times \quad 1 \quad \times \dfrac{l_{30}}{l_{30}} \quad = P \times \dfrac{D_{30}}{D_{30}}$

第2保険年度 (31歳の契約応当日)　$P \times \quad v \quad \times \dfrac{l_{31}}{l_{30}} \quad = P \times \dfrac{D_{31}}{D_{30}}$

第 3 保険年度 (32 歳の契約応当日)　　$P \times v^2 \times \dfrac{l_{32}}{l_{30}} = P \times \dfrac{D_{32}}{D_{30}}$

第 4 保険年度 (33 歳の契約応当日)　　$P \times v^3 \times \dfrac{l_{33}}{l_{30}} = P \times \dfrac{D_{33}}{D_{30}}$

第 5 保険年度 (34 歳の契約応当日)　　$P \times v^4 \times \dfrac{l_{34}}{l_{30}} = P \times \dfrac{D_{34}}{D_{30}}$

第 6 保険年度 (35 歳の契約応当日)　　$P \times v^5 \times \dfrac{l_{35}}{l_{30}} = P \times \dfrac{D_{35}}{D_{30}}$

第 7 保険年度 (36 歳の契約応当日)　　$P \times v^6 \times \dfrac{l_{36}}{l_{30}} = P \times \dfrac{D_{36}}{D_{30}}$

第 8 保険年度 (37 歳の契約応当日)　　$P \times v^7 \times \dfrac{l_{37}}{l_{30}} = P \times \dfrac{D_{37}}{D_{30}}$

第 9 保険年度 (38 歳の契約応当日)　　$P \times v^8 \times \dfrac{l_{38}}{l_{30}} = P \times \dfrac{D_{38}}{D_{30}}$

第 10 保険年度 (39 歳の契約応当日)　　$P \times v^9 \times \dfrac{l_{39}}{l_{30}} = P \times \dfrac{D_{39}}{D_{30}}$

10 年間の現価を合計すると

$$P \times \dfrac{1}{D_{30}} (D_{30} + D_{31} + \cdots\cdots + D_{39}) = P \times \dfrac{1}{D_{30}} (N_{30} - N_{40})$$ となるが、

§4 の例②からは $\underline{P \times 8.571250}$ です。

(ii) 支出の現価

A の「支出の現価」と同じであるので、実際に計算してみると

第 1 保険年度死亡の「契約時の現価」　　$1{,}000 \times v \times \dfrac{d_{30}}{l_{30}} = 8{,}398$(円)

第 2 保険年度死亡の「契約時の現価」　　$1{,}000 \times v^2 \times \dfrac{d_{31}}{l_{30}} = 8{,}305$

第 3 保険年度死亡の「契約時の現価」　　$1{,}000 \times v^3 \times \dfrac{d_{32}}{l_{30}} = 8{,}485$

第 4 保険年度死亡の「契約時の現価」　　$1{,}000 \times v^4 \times \dfrac{d_{33}}{l_{30}} = 8{,}733$

第 5 保険年度死亡の「契約時の現価」　　$1{,}000 \times v^5 \times \dfrac{d_{34}}{l_{30}} = 9{,}040$

第6保険年度死亡の「契約時の現価」　$1{,}000 \times v^6 \times \dfrac{d_{35}}{l_{30}} = 9{,}400$

第7保険年度死亡の「契約時の現価」　$1{,}000 \times v^7 \times \dfrac{d_{36}}{l_{30}} = 9{,}805$

第8保険年度死亡の「契約時の現価」　$1{,}000 \times v^8 \times \dfrac{d_{37}}{l_{30}} = 10{,}250$

第9保険年度死亡の「契約時の現価」　$1{,}000 \times v^9 \times \dfrac{d_{38}}{l_{30}} = 10{,}729$

第10保険年度死亡の「契約時の現価」　$1{,}000 \times v^{10} \times \dfrac{d_{39}}{l_{30}} = 11{,}236$

計　94,381

(iii)　収支相等の原則

(i)＝(ii)

P×8.571250＝94,381

∴　P ≒11,011(円)

(3) **養老保険**

「養老保険」とは、一定期間中に被保険者が死亡するか、あるいはこの期間の終わりに被保険者が生存する場合に、一定額の保険金を支払う保険をいいます。したがって、養老保険は、定期保険と生存保険を組み合せたもので、生死混合保険ともいいます。

30歳加入の10年満期、保険金1の養老保険の一時払保険料（$A_{30:\overline{10|}}$ と書く）は

$A_{30:\overline{10|}} = A^{\,1}_{30:\overline{10|}} + A_{30:\overline{10|}}^{1}$ となります。

年払保険料（$P_{30:\overline{10|}}$ と書く）は

$P_{30:\overline{10|}} \cdot \ddot{a}_{30:\overline{10|}} = A_{30:\overline{10|}}$ の関係があります。

この関係は「全期払」といって、保険料払込期間と保険期間が同じ場

合の時にいい、一般的には「全期払」とあえて、ことわらないで用います。全期払に対して「短期払」があり、保険料払込期間が保険期間より「短い」場合をいいます。

例えば30歳加入25年払込40年満期、保険金1の養老保険では一時払保険料は $A_{30:\overline{40|}}$ であるので、年払保険料はこの場合 $_{25}P_{30:\overline{40|}}$ と書き

$_{25}P_{30:\overline{40|}} \cdot \ddot{a}_{30:\overline{25|}} = A_{30:\overline{40|}}$ の関係となり、

$_{25}P_{30:\overline{40|}}$ は

$$_{25}P_{30:\overline{40|}} = \frac{A_{30:\overline{40|}}}{\ddot{a}_{30:\overline{25|}}} = \frac{A^1_{30:\overline{40|}} + A_{30:\overline{40|}}^{1}}{\ddot{a}_{30:\overline{25|}}}$$

$$= \frac{\frac{M_{30}-M_{70}}{D_{30}} + \frac{D_{70}}{D_{30}}}{\frac{N_{30}-N_{55}}{D_{30}}} = \frac{M_{30}-M_{70}+D_{70}}{N_{30}-N_{55}}$$

(4) 定期付養老保険

「定期付養老保険」は「養老保険」をベースに「定期保険」(死亡保険)を上乗せさせた保険です。

例えば、養老保険100万円に定期保険500万円を上乗せすると次のような給付となります。

	死亡保険金	生存保険金
養老保険	100万円	100万円
定期保険	500万円	―
計	600万円	100万円

ですから、生存保険金(満期保険金)100万円に対して、死亡保険金600万円ですので、このような組合せだと6倍保障ということになります。

現在、生命保険では10〜40倍保障を主力として販売しています。

さて、上記の場合、35歳加入、20年満期の定期付養老保険の一時払保険料は

第2章　生命保険料率算定の仕組み

$$100 \cdot A_{35:\overline{20|}} + 500 \cdot A^{1}_{35:\overline{20|}} \text{(万円)} \text{ となり、}$$

「全期払」の年払保険料は

$$\frac{100 \cdot A_{35:\overline{20|}} + 500 \cdot A^{1}_{35:\overline{20|}}}{\ddot{a}_{35:\overline{20|}}}$$

$$= 100 \cdot P_{35:\overline{20|}} + 500 \cdot P^{1}_{35:\overline{20|}} \text{(万円) となります。}$$

§7. 純保険料の分解

(1) 自然保険料

　x 歳の被保険者が1年定期(死亡)保険に加入し、その年度末に生存する場合に、この契約を更新し、また、$(x+1)$ 歳で1年定期(死亡)保険に加入します。このようにその年度末に生存する場合に毎年契約を更新してそのたびにその時の純保険料を支払うものとします。

　各年度の年払純保険料は保険金(1)が年末払ならば

　x 歳加入の年払純保険料は

$$A^{1}_{x:\overline{1|}} (= P^{1}_{x:\overline{1|}}) = 1 \cdot v \cdot \frac{d_x}{l_x} = \frac{v^{x+1} d_x}{v^x l_x} = \frac{C_x}{D_x}$$

　$(x+1)$ 歳加入の年払純保険料は

$$A^{1}_{x+1:\overline{1|}} (= P^{1}_{x+1:\overline{1|}}) = 1 \cdot v \cdot \frac{d_{x+1}}{l_{x+1}} = \frac{v^{x+2} d_{x+1}}{v^{x+1} l_{x+1}} = \frac{C_{x+1}}{D_{x+1}}$$

　$(x+2)$ 歳加入の年払純保険料は

$$A^{1}_{x+2:\overline{1|}} (= P^{1}_{x+2:\overline{1|}}) = 1 \cdot v \cdot \frac{d_{x+2}}{l_{x+2}} = \frac{v^{x+3} d_{x+2}}{v^{x+2} l_{x+2}} = \frac{C_{x+2}}{D_{x+2}}$$

　　　⋮

　これら、各年度の(年払)純保険料を**自然保険料**といいます。

　死亡率は年を追って、次第に高くなるのが普通であるので、30歳前後から自然保険料も、また毎年高くなっていきます。(次図参照)

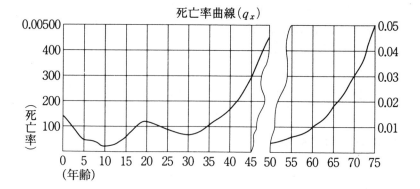

したがって、団体保険のようなケースを除くと、毎年更新の1年定期保険は売られることは少ない。

§6.(2)定期保険の例で考えてみましょう。

30歳加入、保険期間10年の定期保険の年払純保険料は、11,011(円)でした。(§6.(2)のB)

30歳から、10年間の自然保険料（年払純保険料）は

(価格)(評価)(確率)

30歳の自然保険料　$1000万 \times v \times \dfrac{d_{30}}{l_{30}} = 1000 \times \dfrac{1}{1.035} \times \dfrac{85}{97.795} = 8,398$(円)

31歳の自然保険料　$1000 \quad\times v \times \dfrac{d_{31}}{l_{31}} = 1000 \times \dfrac{1}{1.035} \times \dfrac{87}{97.710} = 8,603$

32歳の自然保険料　$1000 \quad\times v \times \dfrac{d_{32}}{l_{32}} = 1000 \times \dfrac{1}{1.035} \times \dfrac{92}{97.623} = 9,105$

33歳の自然保険料　$1000 \quad\times v \times \dfrac{d_{33}}{l_{33}} = 1000 \times \dfrac{1}{1.035} \times \dfrac{98}{97.531} = 9,708$

34歳の自然保険料　$1000 \quad\times v \times \dfrac{d_{34}}{l_{34}} = 1000 \times \dfrac{1}{1.035} \times \dfrac{105}{97.433} = 10,412$

35歳の自然保険料　$1000 \quad\times v \times \dfrac{d_{35}}{l_{35}} = 1000 \times \dfrac{1}{1.035} \times \dfrac{113}{97.328} = 11,218$

第2章　生命保険料率算定の仕組み

36歳の自然保険料　$1000 \times v \times \dfrac{d_{36}}{l_{36}} = 1000 \times \dfrac{1}{1.035} \times \dfrac{122}{97.215} = 12,125$

37歳の自然保険料　$1000 \times v \times \dfrac{d_{37}}{l_{37}} = 1000 \times \dfrac{1}{1.035} \times \dfrac{132}{97.093} = 13,135$

38歳の自然保険料　$1000 \times v \times \dfrac{d_{38}}{l_{38}} = 1000 \times \dfrac{1}{1.035} \times \dfrac{143}{96.961} = 14,249$

39歳の自然保険料　$1000 \times v \times \dfrac{d_{39}}{l_{39}} = 1000 \times \dfrac{1}{1.035} \times \dfrac{155}{96.818} = 15,468$

(計)　112,421(円)

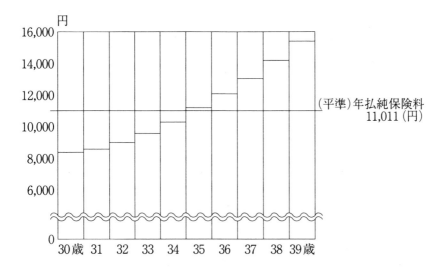

§8. 営業保険料の算出

　営業保険料は保険会社が保険契約者から受けとる唯一の収入源です。その料率の決定は何を担保とするかだけではなく、会社の営業方針、その商品の会社における位置付け、他の商品との関連、他社との競争、契約者配当の有無、外務員給与の決定……実際的な問題を考慮するだけでなく、予定利率を

どのレベルで決定するか等、考えなければなりません。

$$\begin{cases} 新契約費 & 保険金額1に対して & \alpha \\ 維持費 & 保険金額1に対して & \beta \\ 集金費 & 年払営業保険料に対して & \gamma \end{cases}$$

として、養老保険を例に考えてみると、

30歳加入、10年満期、保険金額100万円の養老保険の年払営業保険料 $P'_{30:\overline{10|}}$ （年払純保険料は $P_{30:\overline{10|}}$）を求めてみましょう。

(i) 収入の現価

$P'_{30:\overline{10|}} \times \ddot{a}_{30:\overline{10|}}$

（保険会社が $P'_{30:\overline{10|}}$ を30歳の被保険者が生存する限り支払ってくれる年金と考えれば分かりやすいです）

(ii) 支出の現価

① $P_{30:\overline{10|}} \times \ddot{a}_{30:\overline{10|}}$ ……………純保険料

② $1,000,000 \times \alpha$ ………………新契約費

③ $1,000,000 \times \beta \times \ddot{a}_{30:\overline{10|}}$ ……維持費

（$1,000,000 \times \beta$ は毎年の維持費で $\ddot{a}_{30:\overline{10|}}$ を掛けたのは被保険者が生存中のみ維持費がかかります）

④ $P'_{30:\overline{10|}} \times \gamma \times \ddot{a}_{30:\overline{10|}}$ ……集金費

（1年間の集金費は $P'_{30:\overline{10|}} \times \gamma$ で被保険者が生存中のみ集金費がかかります）

(iii) 収支相等の原則より

(i)=(ii) （①+②+③+④）

∴ $P'_{30:\overline{10|}} \times \ddot{a}_{30:\overline{10|}} = P_{30:\overline{10|}} \times \ddot{a}_{30:\overline{10|}} + 1,000,000\alpha + 1,000,000 \times \beta \times \ddot{a}_{30:\overline{10|}} + P'_{30:\overline{10|}} \times \gamma \times \ddot{a}_{30:\overline{10|}}$

$P'_{30:\overline{10|}}$ で整理すると

第2章 生命保険料率算定の仕組み

$$P'_{30:\overline{10|}} = \frac{1}{1-\gamma}\left(P_{30:\overline{10|}} + \frac{1,000,000\alpha}{\ddot{a}_{30:\overline{10|}}} + 1,000,000\beta\right)$$

一般的に営業保険料は

保険金額1、保険料払込期間 m 年、保険期間 n 年 $(m<n)$、年払営業保険料 P'_x、年払純保険料 P_x とし、付加保険料は下表のとおりとします。
(保険種類が養老保険なら $P'_x \to {}_mP'_{x:\overline{n|}}$, $P_x \to {}_mP_{x:\overline{n|}}$ と書くことができるし定期保険なら $P'_x \to {}_mP'^1_{x:\overline{n|}}$, $P_x \to {}_mP^1_{x:\overline{n|}}$ と書くことができます。)

	新契約費	維 持 費	
		保険料払込中	保険料払済後
	(新契約時のみ)	毎年支出(生存なら)	毎年支出(契約有効なら)
保険金1に対して	α	β	β'
保険料1に対して	α'	γ	γ'
計	$\alpha+\alpha'P'_x$	$\beta+\gamma\cdot P'_x$	$\beta'+\gamma'\cdot P'_x$
契約時の現価	$\alpha+\alpha'P'_x$	$(\beta+\gamma\cdot P'_x)\ddot{a}_{x:\overline{m|}}$	$(\beta'+\gamma'P'_x)(\ddot{a}_{x:\overline{n|}}-\ddot{a}_{x:\overline{m|}})$

「収支相等の原則」より

$$P'_x \cdot \ddot{a}_{x:\overline{m|}}$$

$$= \underbrace{P_x \cdot \ddot{a}_{x:\overline{m|}}}_{(純保険料)} + \underbrace{(\alpha+\alpha'\cdot P'_x)}_{(新契約費)} + \underbrace{(\beta+\gamma\cdot P'_x)\ddot{a}_{x:\overline{m|}}}_{(払込中)} + \underbrace{(\beta'+\gamma'\cdot P'_x)(\ddot{a}_{x:\overline{n|}}-\ddot{a}_{x:\overline{m|}})}_{(払済後)}$$

(維持費)

$$\therefore P'_x = \frac{P_x\cdot\ddot{a}_{x:\overline{m|}}+\alpha+(\beta-\beta')\ddot{a}_{x:\overline{m|}}+\beta'\cdot\ddot{a}_{x:\overline{n|}}}{\ddot{a}_{x:\overline{m|}}-\{\alpha'+(\gamma-\gamma')\ddot{a}_{x:\overline{m|}}+\gamma'\cdot\ddot{a}_{x:\overline{n|}}\}}$$

日本では、$\alpha'=0$, $\gamma'=0$ の方式が採用されているので

$$P'_x = \frac{P_x\cdot\ddot{a}_{x:\overline{m|}}+\alpha+(\beta-\beta')\ddot{a}_{x:\overline{m|}}+\beta'\cdot\ddot{a}_{x:\overline{n|}}}{(1-\gamma)\cdot\ddot{a}_{x:\overline{m|}}}$$

これはいわゆる、短期払ですが、$m=n$、すなわち全期払ならば

$$P'_x = \frac{1}{1-\gamma}\left(P_x + \frac{\alpha}{\ddot{a}_{x:\overline{n|}}} + \beta\right)$$

§9. 責任準備金（純保険料式）

　損害保険会社の積立保険と相違して、生命保険では毎年の自然保険料が異なるのは既に説明しました。

　しかし保険料は毎年同じ額（平準保険料）を領収するために、したがって契約締結時からしばらくは高めの保険料を契約者は支払い、後半は逆に低めの保険料を支払うことになります。ですから、将来の支払いに備えるために、会社には理論的な額を積み立てておかなければなりません。これを責任準備金といいます。純保険料をベースにして積み立てるのを**純保険料式責任準備金**といい、これについて考えてみましょう。

　計算法には過去法と将来法があり「**過去法による責任準備金**」とは責任準備金計算時点までの総収入の終価から過去の支出の総終価を差し引いた残額を契約有効件数1件当たりに求めた額です。

　一方「**将来法による責任準備金**」とは、責任準備金計算時点から将来の支出に備えて留保しておくべき（将来の支出の総現価）額から将来の収入の総現価を差し引いた残額をその計算時点で契約有効件数1件当たりに求めた額です。

　x 歳加入、n 年満期の養老保険（年払保険金期末払）を例にとって考えてみましょう。

〈過去法による責任準備金〉

① 第一保険年度末（$_1V_{x:\overline{n|}}$）

l_x　　　　　d_x　　　　　$l_{x+1}(=l_x-d_x)$

$P_{x:\overline{n|}}$　　　　　　　　　　　$_1V_{x:\overline{n|}}$

$P_{x:\overline{n|}} \cdot l_x(1+i) - d_x = l_{x+1} \cdot {}_1V_{x:\overline{n|}}$ ……①（第一保険年度末での終価）

第2章　生命保険料率算定の仕組み

② 第二保険年度末（$_2V_{x:\overline{n}|}$）

```
|————————————×————————————|
l_{x+1}        d_{x+1}        l_{x+2}(=l_{x+1}-d_{x+1})
(_1V_{x:\overline{n}|}+P_{x:\overline{n}|})                _2V_{x:\overline{n}|}
```

$(_1V_{x:\overline{n}|}+P_{x:\overline{n}|})l_{x+1}\cdot(1+i)-d_{x+1}=l_{x+2}\cdot {}_2V_{x:\overline{n}|}$ ……②

①を②に代入して

$P_{x:\overline{n}|}\{l_x(1+i)^2+l_{x+1}(1+i)\}-\{d_x(1+i)+d_{x+1}\}=l_{x+2}\cdot {}_2V_{x:\overline{n}|}$

③ 第三保険年度末　（$_3V_{x:\overline{n}|}$）

同様に考えると

$l_{x+3}\cdot {}_3V_{x:\overline{n}|}=P_{x:\overline{n}|}\{l_x(1+i)^3+l_{x+1}(1+i)^2+l_{x+2}(1+i)\}$
$\quad -\{d_x(1+i)^2+d_{x+1}(1+i)+d_{x+2}\}$

⋮

④ 第 t 保険年度末　（$_tV_{x:\overline{n}|}$）

$l_{x+t}\cdot {}_tV_{x:\overline{n}|}=P_{x:\overline{n}|}\{l_x(1+i)^t+l_{x+1}(1+i)^{t-1}+\cdots\cdots+l_{x+t-1}(1+i)\}$
$\quad -\{d_x(1+i)^{t-1}+d_{x+1}(1+i)^{t-2}+\cdots\cdots+d_{x+t-1}\}$　……ⓣ

両辺に v^{x+t} を掛けると

$v^{x+t}\cdot l_{x+t}\cdot {}_tV_{x:\overline{n}|}=P_{x:\overline{n}|}\{v^x\cdot l_x+v^{x+1}\cdot l_{x+1}+\cdots\cdots$
$\quad +v^{x+t-1}\cdot l_{x+t-1}\}-\{dx\cdot v^{x+1}+d_{x+1}\cdot v^{x+2}+\cdots\cdots+v^{x+t}\cdot d_{x+t-1}\}$

∴　$D_{x+t}\cdot {}_tV_{x:\overline{n}|}=P_{x:\overline{n}|}(D_x+D_{x+1}+\cdots\cdots+D_{x+t-1})-(C_x+C_{x+1}+\cdots\cdots$
$\quad +C_{x+t-1})$

∴　$D_{x+t}\cdot {}_tV_{x:\overline{n}|}=P_{x:\overline{n}|}(N_x-N_{x+t})-(M_x-M_{x+t})$

∴　${}_tV_{x:\overline{n}|}=\dfrac{1}{D_{x+t}}\{P_{x:\overline{n}|}(N_x-N_{x+t})-(M_x-M_{x+t})\}$　……Ⓐ

第 t 保険年度末責任準備金 $_tV_{x:\overline{n}|}$ について図を描いて考えてみると、

　ⓣ式の右辺第一項は図（上）の収入の第 t 保険年度末までの総終価であり、第二項は期末支払の第 t 保険年度末までの保険金支払を利息をつけて運用した総終価であり、今、（第 t 保険年度末）、精算の時でその残額を、有効件数（人数）l_{x+t} で割ればよいのです。

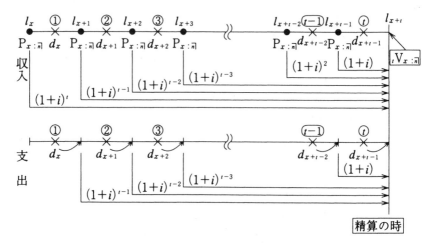

精算の時

〈将来法による責任準備金〉は、将来の支払現価から将来の収入の現価を引いたもの。

$$_tV_{x:\overline{n}|} = A_{x+t:\overline{n-t}|} - P_{x:\overline{n}|} \cdot \ddot{a}_{x+t:\overline{n-t}|} \quad \cdots\cdots \text{Ⓑ}$$

右辺第一項は(x歳加入の第t保険年度末であるから、)現在年齢$(x+t)$歳の$(n-t)$年の保険期間の養老保険の一時払保険料(収支相等の原則からこれはその支払保険金の現価) から、将来の収入の保険料は明らかに$P_{x:\overline{n}|} \cdot \ddot{a}_{x+t:\overline{n-t}|}$であるので、将来法の責任準備金はⒷとなります。

さて、過去法による責任準備金と将来法による責任準備金は両者が一致することを証明しましょう。(すなわち、Ⓐ＝Ⓑ)
Ⓑ式を基数で表すと

$$_tV_{x:\overline{n}|} = \frac{1}{D_{x+t}}\{(M_{x+t}-M_{x+n}+D_{x+n}) - P_{x:\overline{n}|}(N_{x+t}-N_{x+n})\} \text{ です。}$$

……Ⓑ′

Ⓐ−Ⓑ を作ると （両辺にD_{x+t}を掛けて引算すると）
$\{P_{x:\overline{n}|}(N_x-N_{x+t}) - (M_x-M_{x+t})\} - \{(M_{x+t}-M_{x+n}+D_{x+n})$
$\quad - P_{x:\overline{n}|}(N_{x+t}-N_{x+n})\}$
$= P_{x:\overline{n}|}\{(N_x-N_{x+t})+(N_{x+t}-N_{x+n})\} - \{(M_x-M_{x+t})+(M_{x+t}-M_{x+n}$
$\quad + D_{x+n})\}$
$= P_{x:\overline{n}|}(N_x-N_{x+n}) - (M_x-M_{x+n}+D_{x+n})$

第2章 生命保険料率算定の仕組み

$$= (N_x - N_{x+n})\left\{ P_{x:\overline{n}|} - \frac{M_x - M_{x+n} + D_{x+n}}{N_x - N_{x+n}} \right\} = 0$$

$$\left(\therefore\ P_{x:\overline{n}|} = \frac{M_x - M_{x+n} + D_{x+n}}{N_x - N_{x+n}} \right) \cdots\cdots(証明終わり)$$

$_tV_{x:\overline{n}|}$の式は目的によって色々と変形できます。

$$_tV_{x:\overline{n}|} = A_{x+t:\overline{n-t}|} - P_{x:\overline{n}|} \cdot \ddot{a}_{x+t:\overline{n-t}|}\qquad これを基本形^{(*)}と呼ぶこ$$

とにします。

上記、基本形に、$\boxed{1 = A_{x:\overline{n}|} + d \cdot \ddot{a}_{x:\overline{n}|}}$ の関係式を用いると

$A_{x+t:\overline{n-t}|} = 1 - d \cdot \ddot{a}_{x+t:\overline{n-t}|}$ として代入すると ($\because\ x \to x+t,\ n \to n-t$)

$$\therefore\ _tV_{x:\overline{n}|} = 1 - d \cdot \ddot{a}_{x+t:\overline{n-t}|} - P_{x:\overline{n}|} \cdot \ddot{a}_{x+t:\overline{n-t}|}$$

$$= 1 - (P_{x:\overline{n}|} + d)\ddot{a}_{x+t:\overline{n-t}|} \quad \cdots\cdots ①'$$

さて、$1 = A_{x:\overline{n}|} + d \cdot \ddot{a}_{x:\overline{n}|}$ の関係で両辺を $\ddot{a}_{x:\overline{n}|}$ で割ると

$$\boxed{\frac{1}{\ddot{a}_{x:\overline{n}|}} = P_{x:\overline{n}|} + d}\quad \left(\because\ P_{x:\overline{n}|} = \frac{A_{x:\overline{n}|}}{\ddot{a}_{x:\overline{n}|}} \right) であるので、$$

①' は

$$_tV_{x:\overline{n}|} = 1 - \frac{\ddot{a}_{x+t:\overline{n-t}|}}{\ddot{a}_{x:\overline{n}|}} \quad \cdots\cdots ②'\ となります。$$

$1 = A_{x:\overline{n}|} + d \cdot \ddot{a}_{x:\overline{n}|}$ より、$\ddot{a}_{x:\overline{n}|} = \frac{1}{d}(1 - A_{x:\overline{n}|})$ であるので

$\ddot{a}_{x+t:\overline{n-t}|} = \frac{1}{d}(1 - A_{x+t:\overline{n-t}|})$ と共に②'に代入すると

$$_tV_{x:\overline{n}|} = 1 - \frac{1 - A_{x+t:\overline{n-t}|}}{1 - A_{x:\overline{n}|}} = \frac{A_{x+t:\overline{n-t}|} - A_{x:\overline{n}|}}{1 - A_{x:\overline{n}|}} \quad \cdots\cdots ③'$$

②' に $\frac{1}{\ddot{a}_{x:\overline{n}|}} = P_{x:\overline{n}|} + d$ の関係より、$\boxed{\ddot{a}_{x:\overline{n}|} = \frac{1}{P_{x:\overline{n}|} + d}}$ を代入すると

$$_tV_{x:\overline{n}|} = 1 - \frac{P_{x:\overline{n}|} + d}{P_{x+t:\overline{n-t}|} + d} = \frac{P_{x+t:\overline{n-t}|} - P_{x:\overline{n}|}}{P_{x+t:\overline{n-t}|} + d} \quad \cdots\cdots ④'$$

(*) 金融庁提出用の責任準備金算出方法書は将来法による責任準備金によります。

§10.「計算基数」による保険料および責任準備金の算出

養老保険を例にとって考えてみましょう。養老保険は死亡保険金と生存(満期)金とが同額の給付の保険でした。(§6.(3)参照)

被保険者30歳、保険期間10年、保険金100万円として考えましょう。(保険金期末払)

(1) **保険料**

年払(純)保険料をPとすると

(i) 収入の現価

$$P \times \ddot{a}_{30:\overline{10|}} = P \times \frac{1}{D_{30}} \times (D_{30} + D_{31} + \cdots\cdots + D_{39})$$

(ii) 支出の現価

(a) 死亡保険金

$$100 \times A^{\;1}_{30:\overline{10|}} = 100 \times \frac{1}{D_{30}} \times (C_{30} + C_{31} + \cdots\cdots + C_{39})$$

(b) 満期保険金

$$100 \times A_{30:\overline{10|}}^{\;\;\;1} = 100 \times \frac{D_{40}}{D_{30}}$$

(iii) 収支相等の原則

(i)=(ii)

∴ $P \times \frac{1}{D_{30}} \times (D_{30} + D_{31} + \cdots\cdots + D_{39}) = 100 \times \frac{1}{D_{30}} \times (C_{30} + C_{31} + \cdots\cdots + C_{39}) + 100 \times \frac{D_{40}}{D_{30}}$

これを表にしてみると、

第2章 生命保険料率算定の仕組み

保険年度	1	2	3	4	5	6	7	8	9	10
収入 $\frac{1}{D_{30}}$	D_{30}	D_{31}	D_{32}	D_{33}	D_{34}	D_{35}	D_{36}	D_{37}	D_{38}	D_{39}
保険料	P	P	P	P	P	P	P	P	P	
支出 $\frac{1}{D_{30}}$	C_{30}	C_{31}	C_{32}	C_{33}	C_{34}	C_{35}	C_{36}	C_{37}	C_{38}	C_{39} （満期）D_{40}
保険金	100	100	100	100	100	100	100	100	100	100

となります。

 ですから、このような表が作成できれば、逆に、保険料を上段の収入を保険料とDを対応して掛算して加え、支出（保険金）は下段を同様に対応している基数を掛算して加え、等号で結ぶと

$$P(D_{30}+D_{31}+\cdots +D_{39})=100(C_{30}+C_{31}+\cdots +C_{39})+100\cdot D_{40}$$

$$\therefore\ P=\frac{100(C_{30}+C_{31}+\cdots +C_{39})+100D_{40}}{D_{30}+D_{31}+\cdots +D_{39}}=\frac{100(M_{30}-M_{40}+D_{40})}{N_{30}-N_{40}}$$

となります。一般的には保険金がSならP= $\frac{S(M_x-M_{x+n}+D_{x+n})}{N_x-N_{x+n}}$ です。

……(10−A)

(2) 責任準備金

 第4保険年度末の責任準備金を計算してみましょう。($_4V$ と書くことにします）

(a) 将来法

 将来法による責任準備金はその時点での「支出の現価」−「収入の現価」であるので、前述の表を活用すると、

 (i) 収入の現価

保険年度	～	4	5	6	7	8	9	10
収入			D_{34}	D_{35}	D_{36}	D_{37}	D_{38}	D_{39}
保険料	～		P	P	P	P	P	P
支出			C_{34}	C_{35}	C_{36}	C_{37}	C_{38}	C_{39}	D_{40}
保険金	～		100	100	100	100	100	100	100

↑ 年齢34歳　　将来法はここを集計します

$\boxed{\dfrac{1}{D_{34}}}$ （34歳時点の現価で割ると理解しておくとよいでしょう）(*)

$$P(D_{34}+D_{35}+\cdots\cdots+D_{39})\times\frac{1}{D_{34}}$$

(ii) 支出の現価

$$\{100(C_{34}+C_{35}+\cdots\cdots+C_{39})+100\cdot D_{40}\}\times\frac{1}{D_{34}}$$

(iii) 「支出の現価」－「収入の現価」……将来法によるこの保険（養老）の第4年度末責任準備金（$_4V$）

$$_4V=\{100(C_{34}+C_{35}+\cdots\cdots+C_{39})+100\cdot D_{40}\}\times\frac{1}{D_{34}}-P(D_{34}+D_{35}$$

$$+\cdots\cdots+D_{39})\times\frac{1}{D_{34}}$$

$$=\frac{1}{D_{34}}\{100\{(M_{34}-M_{40})+D_{40}\}-P(N_{34}-N_{40})\}$$

（*）(1)で「保険料」を計算した時は被保険者の加入年齢が30歳であったので D_{30} で割ったことを考えると理解しやすいと思います。今の場合は30歳加入の第4保険年度末なので、34歳となっています。

一般的には、保険金 S の x 歳加入、n 年満期の第 t 年度末の将来法の責任準備金 ${}_tV_{x:\overline{n|}}$ は（養老保険では ${}_tV_{x:\overline{n|}}$ と書きます。過去法でも保険金も $P_{x:\overline{n|}}$ と書きます。年払）

$$
{}_tV_{x:\overline{n|}} = \frac{1}{D_{x+t}} \{ S \cdot \{(M_{x+t} - M_{x+n}) + D_{x+n}\} - P_{x:\overline{n|}}(N_{x+t} - N_{x+n}) \}
$$
……(10—B)

では過去法の責任準備金について考えてみましょう。

(b) 過去法

過去法による責任準備金はその時点での「収入の現価」－「支出の現価」で表を活用すると、

保険年度	1	2	3	4	5
収入	D_{30}	D_{31}	D_{32}	D_{33}	D_{34}
保険料	P	P	P	P	P
支出	C_{30}	C_{31}	C_{32}	C_{33}	C_{34}
保険金	100	100	100	100	100

……過去法はここを集計する

年齢34歳 $\boxed{\dfrac{1}{D_{34}}}$

(i) 収入の現価

$$P(D_{30} + D_{31} + D_{32} + D_{33}) \times \frac{1}{D_{34}}$$

(ii) 支出の現価

$$100(C_{30}+C_{31}+C_{32}+C_{33})\times\frac{1}{D_{34}}$$

(iii) 「収入の現価」-「支出の現価」……過去法によるこの保険（養老）の第4年度末責任準備金（$_4V$）は

$$_4V=P(D_{30}+D_{31}+D_{32}+D_{33})\times\frac{1}{D_{34}}-100(C_{30}+C_{31}+C_{32}+C_{33})\times\frac{1}{D_{34}}$$

$$=\frac{1}{D_{34}}\{P(N_{30}-N_{34})-100(M_{30}-M_{34})\}$$

一般的には、保険金 S の x 歳加入、n 満期の第 t 年度末の責任準備金（養老保険）$_tV_{x:\overline{n|}}$ は

$$_tV_{x:\overline{n|}}=\frac{1}{D_{x+t}}\{P_{x:\overline{n|}}(N_x-N_{x+t})-S(M_x-M_{x+t})\} \quad (10\mathrm{-C})$$

さて、将来法と過去法による責任準備金は等しいのでしょうか？答は"Yes"です。一般式で証明してみましょう。

・将来法の第 t 年度末の責任準備金（10-B）

$$_tV_{x:\overline{n|}}=\frac{1}{D_{x+t}}\{S\{(M_{x+t}-M_{x+n})+D_{x+n}\}-P_{x:\overline{n|}}(N_{x+t}-N_{x+n})\} \quad \cdots\cdots①$$

・過去法の第 t 年度末の責任準備金（10-C）

$$_tV_{x:\overline{n|}}=\frac{1}{D_{x+t}}\{P_{x:\overline{n|}}(N_x-N_{x+t})-S(M_x-M_{x+t})\} \quad \cdots\cdots②$$

①-② を作ると

$$\frac{1}{D_{x+t}}\{S\{(M_x-M_{x+n})+D_{x+n}\}-P_{x:\overline{n|}}(N_x-N_{x+n})\} \quad \cdots\cdots③$$

ところで（10-A）で年払保険料 P すなわち $P_{x:\overline{n|}}$ は

$$P_{x:\overline{n|}}=\frac{S(M_x-M_{x+n}+D_{x+n})}{N_x-N_{x+n}} \quad \text{なので}$$

③は明らかにゼロとなります。

よって、将来法、過去法による責任準備金は「等しい」。

応用例①

> 20年払済終身保険で保険金は
>   最初の5年以内の死亡に対しては　1
>   次の5年以内の死亡に対しては　　2
>   その後の死亡に対しては　　　　　3　で（30歳加入）
> 保険料は第1年度を1とすると、以後5年間、第1年度保険料に対して10％ずつアップし、50％アップで頭打ち（第6〜20年度は同一）とする。
>   年払純保険料と将来法および過去法の責任準備金を求めよ。

（解答）　下記の表を考える。

〔Ⅰ〕保険料

求める年払純保険料をPとすると、

(i) 収入の現価

保険年度	1	2	3	4	5	6	…	10	11	…	20	
収入 $\frac{1}{D_{30}}$	D_{30}	D_{31}	D_{32}	D_{33}	D_{34}	D_{35}	…	D_{39}	D_{40}	…	D_{49}	
保険料	1	1.1	1.2	1.3	1.4	1.5	…	1.5	1.5	…	1.5	
支出 $\frac{1}{D_{30}}$	C_{30}	C_{31}	C_{32}	C_{33}	C_{34}	C_{35}	…	C_{39}	C_{40}	…	C_{49}	C_{50} …
保険金	1	1	1	1	1	2	…	2	3	…	3	3 …

$$\frac{P}{D_{30}}\{1 \cdot D_{30} + 1.1 D_{31} + 1.2 D_{32} + 1.3 D_{33} + 1.4 D_{34} + 1.5(D_{35} + D_{36} + \cdots\cdots + D_{49})\}$$

$$= \frac{P}{D_{30}}\{(D_{30} + D_{31} + D_{32} + D_{33} + D_{34}) + 0.1(D_{31} + 2D_{32} + 3D_{33} + 4D_{34}) + 1.5(N_{35} - N_{50})\}$$

$$= \frac{P}{D_{30}}\{(N_{30} - N_{35}) + 0.1(S_{31} - S_{35} - 4N_{35}) + 1.5(N_{35} - N_{50})\}$$

$$= \frac{P}{D_{30}}\{N_{30} + 0.1 N_{35} + 0.1(S_{31} - S_{35}) - 1.5 N_{50}\}$$

(ii) 支出の現価

$$\frac{1}{D_{30}}\{1 \cdot \{C_{30} + C_{31} + \cdots\cdots + C_{34}\} + 2(C_{35} + C_{36} + \cdots\cdots + C_{39}) + 3(C_{40} + \cdots\cdots + C_{49} + C_{50} + \cdots\cdots)\}$$

$$= \frac{1}{D_{30}}\{(M_{30} - M_{35}) + 2(M_{35} - M_{40}) + 3 \cdot M_{40}\}$$

$$= \frac{1}{D_{30}}(M_{30} + M_{35} + M_{40})$$

(iii) 収支相等の原則

(i)=(ii)

$$\frac{P}{D_{30}}\{N_{30} + 0.1 N_{35} + 0.1(S_{31} - S_{35}) - 1.5 N_{50}\} = \frac{1}{D_{30}}(M_{30} + M_{35} + M_{40})$$

$$\therefore P = \frac{M_{30} + M_{35} + M_{40}}{N_{30} + 0.1 N_{35} + 0.1(S_{31} - S_{35}) - 1.5 N_{50}}$$

〔II〕 責任準備金

(A) <u>過去法</u> (「収入の現価」−「支出の現価」)

場合分けが必要となり

第2章　生命保険料率算定の仕組み

(i) $0 < t \leq 5$

保険年度	1	...	t	$t+1$	...	5
収入	D_{30}	...	$D_{30+(t-1)}$	D_{30+t}	...	D_{34}
保険料	1	...	$1+0.1(t-1)$	$1+0.1t$	...	1.4
支出	C_{30}	...	$C_{30+(t-1)}$	C_{30+t}	...	C_{34}
保険金	1	...	1	1	...	1

集計

現在年齢 $30+t$ （歳） $\dfrac{1}{D_{30+t}}$

枠内を集計(「収入の現価」-「支出の現価」)とすると、第 t 保険年度末責任準備 $_tV$ は

$$_tV = \frac{1}{D_{30+t}} \cdot P[1 \cdot D_{30} + 1.1 D_{31} + \cdots + \{1 + 0.1(t-1)\} D_{30+(t-1)}]$$

……(「収入の現価」)

$$-\frac{1}{D_{30+t}}\{1 \cdot C_{30} + 1 \cdot C_{31} + \cdots + 1 \cdot C_{30+(t-1)}\}$$

……(「支出の現価」)

$$= \frac{1}{D_{30+t}} \cdot P[(D_{30} + D_{31} + \cdots + D_{30+(t-1)}) + 0.1\{D_{31} + 2D_{32} + \cdots + (t-1)D_{30+(t-1)}\}^{(*)}]$$

$$-\frac{1}{D_{30+t}}(M_{30} - M_{30+t})$$

$$= \frac{1}{D_{30+t}} \cdot \{P[N_{30} - N_{30+t} + 0.1\{S_{31} - S_{30+t}$$

$$-(t-1)N_{30+t}\}]-(M_{30}-M_{30+t})]$$

(ii) $5 < t \leq 10$

保険年度	1	2	...	5	6	...	t	...	10
収入	D_{30}	D_{31}	...	D_{34}	D_{35}	...	$D_{30+(t-1)}$	...	D_{39}
保険料	1	1.1	...	1.4	1.5	...	1.5	...	1.5
支出	C_{30}	C_{31}	...	C_{34}	C_{35}	...	$C_{30+(t-1)}$	...	C_{39}
保険金	1	1	...	1	2	...	2	...	2

……集計……

現年在齢 $30+t$ (歳) $\dfrac{1}{D_{30+t}}$

枠内を集計(「収入の現価」-「支出の現価」)とすると、第 t 保険年度末責任準備金 $_tV$ は

$$_tV = \frac{1}{D_{30+t}}\{P\{1\cdot D_{30}+1.1D_{31}+1.2D_{32}+1.3D_{33}+1.4D_{34}+1.5D_{35}$$

$$+\cdots\cdots+1.5D_{30+(t-1)}\} \qquad \cdots\cdots \text{「収入の現価」}$$

$$-\frac{1}{D_{30+t}}\{1\cdot(C_{30}+C_{31}+\cdots\cdots+C_{34})+2(C_{35}+\cdots\cdots+C_{30+(t-1)}\}$$

$$\cdots\cdots \text{「支出の現価」}$$

$$=\frac{1}{D_{30+t}}\{P\{N_{30}+0.1N_{35}-1.5N_{30+t}+0.1(S_{31}-S_{35})\}-(M_{30}+M_{35}$$

$$-2M_{30+t})]$$

(iii) $10 < t \leq 20$

第 2 章　生命保険料率算定の仕組み

保険年度	1	...	5	6	...	10	11	...	t	...	20
収入	D_{30}	...	D_{34}	D_{35}	...	D_{39}	D_{40}	...	$D_{30+(t-1)}$	...	D_{49}
保険料	1	...	1.4	1.5	...	1.5	1.5	...	1.5	...	1.5
支出	C_{30}	...	C_{34}	C_{35}	...	C_{39}	C_{40}	...	$C_{30+(t-1)}$	...	C_{49}
保険金	1	...	1	2	...	2	3	...	3	...	3

集計

現年在齢 $30+t$（歳）　$\dfrac{1}{D_{30+t}}$

枠内を集計（「収入の現価」－「支出の現価」）とすると、第 t 保険年度末責任準備金 $_tV$ は

$$_tV = \frac{1}{D_{30+t}} \cdot P\{\,1 \cdot D_{30} + 1.1 D_{31} + 1.2 D_{32} + 1.3 D_{33} + 1.4 D_{34} + 1.5(D_{35} + \cdots\cdots$$

$$+ D_{30+(t-1)})\,\} \qquad\qquad \cdots\cdots \text{「収入の現価」}$$

$$-\frac{1}{D_{30+t}}\{\,1 \cdot (C_{30} + \cdots\cdots + C_{34}) + 2(C_{35} + \cdots\cdots + C_{39}) + 3(C_{40} + \cdots\cdots$$

$$+ C_{30+(t-1)})\,\} \qquad\qquad \cdots\cdots \text{「支出の現価」}$$

$$= \frac{1}{D_{30+t}}\{\,P\{\,N_{30} + 0.1 N_{35} - 1.5 N_{30+t} + 0.1(S_{31} - S_{35})\,\} - (M_{30} + M_{35}$$

$$+ M_{40} - 3 M_{30+t})\,\}$$

(＊)　$D_{31} + 2 D_{32} + \cdots\cdots + (t-1) D_{30+(t-1)}$

$= (D_{31} + D_{32} + \cdots\cdots + D_{30+(t-1)}) + (D_{32} + D_{33} + \cdots\cdots + D_{30+(t-1)}) + (D_{33} + D_{34} + \cdots\cdots + D_{30+(t-1)}) + \cdots\cdots$

$\quad + \cdots\cdots + (D_{30+(t-2)} + D_{30+(t-1)}) + D_{30+(t-1)}$

$= (N_{31} - N_{30+t}) + (N_{32} - N_{30+t}) + (N_{33} - N_{30+t}) + \cdots\cdots + (N_{30+(t-2)} - N_{30+t})$

$\quad + (N_{30+(t-1)} - N_{30+t})$

$= (N_{31} + N_{32} + \cdots\cdots + N_{30+(t-1)}) - (t-1) N_{30+t}$

$= S_{31} - S_{30+t} - (t-1) N_{30+t}$

(iv) $20 < t$

保険年度	1	…	5	6	…	10	11	…	20	…	t
収入	D_{30}	…	D_{34}	D_{35}	…	D_{39}	D_{40}	…	D_{49}	払済	払済
保険料	1	…	1.4	1.5	…	1.5	1.5	…	1.5		
支出	C_{30}	…	C_{34}	C_{35}	…	C_{39}	C_{40}	…	C_{49}	…	$C_{30+(t-1)}$
保険金	1	…	1	2	…	2	3	…	3	…	3

――― 集計 ―――

現在年齢 $30+t$ （歳）

$\dfrac{1}{D_{30+t}}$

枠内を集計（「収入の現価」－「支出の現価」）すると、第 t 保険年度末責任準備金 $_tV$ は

$$_tV = \frac{1}{D_{30+t}} \cdot P\{ 1 \cdot D_{30} + 1.1 D_{31} + 1.2 D_{32} + 1.3 D_{33} + 1.4 D_{34} + 1.5(D_{35} + \cdots\cdots + D_{59})\} \quad \cdots\cdots \text{「収入の現価」}$$

$$- \frac{1}{D_{30+t}} \{ 1 \cdot (C_{30} + \cdots\cdots + C_{34}) + 2(C_{35} + \cdots\cdots + C_{39}) + 3(C_{40} + \cdots\cdots + C_{30+(t-1)})\} \quad \cdots\cdots \text{「支出の現価」}$$

$$= \frac{1}{D_{30+t}} \cdot \{ P\{ N_{30} + 0.1 N_{35} - 1.5 N_{50} + 0.1(S_{31} - S_{35})\} - (M_{30} + M_{35} + M_{40} - 3 M_{30+t})\}$$

(B) 将来法 （「支出の現価」－「収入の現価」）

(i) $0 < t \leq 5$

第 2 章　生命保険料率算定の仕組み

保険年度	1	...	t	$t+1$	...	5	6	...	10	11	...	20	...
収入	D_{30}	...	$D_{30+(t-1)}$	D_{30+t}	...	D_{34}	D_{35}	...	D_{39}	D_{40}	...	D_{49}	払済
保険料	P	...	$1+0.1(t-1)$	$1+0.1t$	...	1.4	1.5	...	1.5	1.5	...	1.5	
支出	C_{30}	...	$C_{30+(t-1)}$	C_{30+t}	...	C_{34}	C_{35}	...	C_{39}	C_{40}	...	C_{49}	...
保険金	1	...	1	1	...	1	2	...	2	3	...	3	

現年在齢 $30+t$（歳）　$\dfrac{1}{D_{30+t}}$

枠内を集計（「支出の現価」−「収入の現価」）すると、第 t 保険年度末責任準備金 $_tV$ は

$$_tV = \frac{1}{D_{30+t}} \cdot \{\, 1(C_{30+t} + \cdots\cdots + C_{34}) + 2(C_{35} + \cdots\cdots + C_{39}) + 3(C_{40} + \cdots\cdots) \,\} \quad \cdots\cdots 「支出の現価」$$

$$- \frac{1}{D_{30+t}} \cdot P\{\, (1+0.1t)D_{30+t} + \cdots\cdots + 1.4D_{34} + 1.5(D_{35} + \cdots\cdots + D_{49}) \,\} \quad \cdots\cdots 「収入の現価」$$

$$= \frac{1}{D_{30+t}} \{\, (M_{30+t} + M_{35} + M_{40}) - P\{\, (N_{30+t} - N_{35}) + 0.1\{\, t \cdot D_{30+t} + (t+1)D_{30+t+1} + \cdots\cdots + 4D_{34}\,^{(**)} \,\} + 1.5(N_{35} - N_{50}) \,\} \,]$$

$$= \frac{1}{D_{30+t}} \{\, (M_{30+t} + M_{35} + M_{40}) - P\{\, N_{30+t} - N_{35} + 0.1\{\, S_{30+t} - S_{35} + (t-1)N_{30+t} - 4N_{35} \,\} + 1.5(N_{35} - N_{50}) \,\} \,]$$

$$= \frac{1}{D_{30+t}} \{\, (M_{30+t} + M_{35} + M_{40}) - P\{\, N_{30+t} + 0.1N_{35} + 0.1\{\, S_{30+t} - S_{35} + (t-1)N_{30+t} \,\} - 1.5N_{50} \,]$$

(ii)　$5 < t \leq 10$

保険年度	...	6	...	t	$t+1$	...	10	11	...	20	...
収入	...	D_{35}	...	$D_{30+(t-1)}$	D_{30+t}	...	D_{39}	D_{40}	...	D_{49}	払済
保険料	...	1.5	...	1.5	1.5	...	1.5	1.5	...	1.5	
支出	...	C_{35}	...	$C_{30+(t-1)}$	C_{30+t}	...	C_{39}	C_{40}	...	C_{49}	...
保険金	...	2	...	2	2	...	2	3	...	3	...

集計

現在年齢 $30+t$ (歳)　$\dfrac{1}{D_{30+t}}$

枠内を集計(「支出の現価」−「収入の現価」)すると第 t 保険年度末責任準備金 $_tV$ は図を参考にして

$$_tV = \frac{1}{D_{30+t}}\{2(C_{30+t}+\cdots\cdots+C_{39})+3(C_{40}+\cdots\cdots)\} \quad \cdots\cdots \text{「支出の現価」}$$

$$-\frac{1}{D_{30+t}}\{1.5P(D_{30+t}+\cdots\cdots+D_{49})\} \quad \cdots\cdots \text{「収入の現価」}$$

$$=\frac{1}{D_{30+t}}\{2(M_{30+t}-M_{40})+3M_{40}\}-\frac{1.5P}{D_{30+t}}(N_{30+t}-N_{50})$$

$$=\frac{1}{D_{30+t}}\{(2M_{30+t}+M_{40})-1.5P(N_{30+t}-N_{50})\}$$

(iii)　$10<t\leq 20$

枠内を集計(「支出の現価」−「収入の現価」)すると、第 t 保険年度末責任準備金 $_tV$ は図を参考にすると

$$_tV = \frac{1}{D_{30+t}}\cdot 3(C_{30+t}+\cdots\cdots) - \frac{1}{D_{30+t}}\cdot 1.5P(D_{30+t}+\cdots\cdots+D_{49})$$

　　　　　　「支出の現価」　　　　　「収入の現価」

第2章　生命保険料率算定の仕組み

保険年度	11	…	t	$t+1$	…	20	…
収入	D_{40}	…	$D_{30+(t-1)}$	D_{30+t}	…	D_{49}	払済
保険料	1.5	…	1.5	1.5	…	1.5	
支出	C_{40}	…	$C_{30+(t-1)}$	C_{30+t}	…	C_{49}	…
保険金	3	…	3	3	…	3	…

集計

現年在齢 $30+t$（歳）　$\dfrac{1}{D_{30+t}}$

$$=\frac{1}{D_{30+t}}\{\,3M_{30+t}-1.5P(N_{30+t}-N_{50})\,\}$$

(iv)　$20<t$

枠内を集計（「支出の現価」-「収入の現価」）すると、第 t 保険年度末責任準備金 $_tV$ は図を参考にすると

$(**)$　$t\cdot D_{30+t}+(t+1)D_{30+t+1}+\cdots\cdots+4\cdot D_{34}$
$=(D_{31}+2\cdot D_{32}+\cdots\cdots+4\cdot D_{34})-\{\,D_{31}+2D_{32}+\cdots\cdots+(t-1)D_{30+t-1}\,\}$
$=\{\,(N_{31}-N_{35})+(N_{32}-N_{35})+(N_{33}-N_{35})+(N_{34}-N_{35})\,\}-\{\,S_{31}-S_{30+t}-(t-1)N_{30+t}\,\}$
$=\{\,(N_{31}+N_{32}+N_{33}+N_{34})-4\cdot N_{35}\,\}-\{\,S_{31}-S_{30+t}-(t-1)N_{30+t}\,\}$　　　（過去法の脚注）
$=(S_{31}-S_{35}-4\cdot N_{35})-S_{31}+S_{30+t}+(t-1)N_{30+t}$
$=S_{30+t}-S_{35}+(t-1)N_{30+t}-4\cdot N_{35}$

(説明)

右図を参考に考えると計算しやすい。
今、求めたい $t\cdot D_{30+t}+(t+1)D_{30+t+1}+\cdots\cdots+4\cdot D_{34}$ は A の部分の台形のところ。
$D_{31}+2D_{32}+\cdots\cdots+(t-1)D_{30+t-1}$ は B の部分の三角形のところである。大きい三角形（A+B）から小さい三角形（B）を引いて、台形（A）を計算すると楽である。

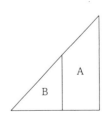

— 61 —

保険年度	20	⋯	t	$t+1$	⋯
収入	D_{49}	払済	⋯	⋯	⋯
保険料	1.5		⋯	⋯	⋯
支出	C_{49}	⋯	$C_{30+(t-1)}$	C_{30+t}	⋯
保険金	3	⋯	3	3	⋯

現年在齢 $30+t$(歳)　$\dfrac{1}{D_{30+t}}$

$$_tV = \frac{1}{D_{30+t}} \cdot 3(C_{30+t} + \cdots\cdots)$$

(保険料は20年間の払済であるので収入はなし)

$$= \frac{3M_{30+t}}{D_{30+t}}$$

過去法と将来法の責任準備金をまとめると、下記のようになる。

t	過　去　法	将　来　法
$0 < t \leq 5$	$\dfrac{1}{D_{30+t}}\{\,P\{\,N_{30}-N_{30+t}+0.1\{S_{31}-S_{30+t}-(t-1)N_{30+t}\}\} - (M_{30}-M_{30+t})\,]$	$\dfrac{1}{D_{30+t}}\{\,(M_{30+t}+M_{35}+M_{40})-P\{\,N_{30+t}+0.1N_{35}+0.1\{S_{30+t}-S_{35}+(t-1)N_{30}-1.5N_{50}\,\}\,]$
$5 < t \leq 10$	$\dfrac{1}{D_{30+t}}\{\,P\{\,N_{30}+0.1N_{35}-1.5N_{30+t}+0.1(S_{31}-S_{35})-(M_{30}+M_{35}-2M_{30+t})\,\}\,]$	$\dfrac{1}{D_{30+t}}\{\,(2M_{30+t}+M_{40})-1.5P(N_{30+t}-N_{50})\,\}$

$10<t\leqq20$	$\dfrac{1}{D_{30+t}}[P\{N_{30}+0.1N_{35}-1.5N_{30+t}$ $+0.1(S_{31}-S_{35})\}$ $-(M_{30}+M_{35}+M_{40}-3M_{30+t})]$	$\dfrac{1}{D_{30+t}}\{3M_{30+t}-1.5P(N_{30+t}-N_{50})\}$
$20<t$	$\dfrac{1}{D_{30+t}}\{P\{N_{30}+0.1N_{35}-1.5N_{50}+0.1(S_{31}-S_{35})\}$ $-(M_{30}+M_{35}+M_{40}-3\cdot M_{30+t})\}$	$\dfrac{3M_{30+t}}{D_{30+t}}$

§11. 「再帰公式」による保険料および責任準備金の求め方

今まで、収支相等の原則や表を使って、「保険料」や「責任準備金」を計算してみました。ここでは、「再帰公式」による、保険料および責任準備金を求めてみましょう。最初に、「養老保険」を例にとって考えてみます。(養老保険は収支相等の原則によって求めることができるのですが)

n 年満期、x 歳加入、保険金1の第 $(t+1)$ 保険年度で考えてみましょう。

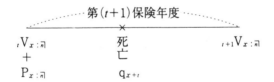

年始に前年末責任準備金 ($_tV_{x:\overline{n}|}$) と年払純保険料 ($P_{x:\overline{n}|}$) がファンドがあり、そのファンドで、第 $(t+1)$ 保険年度中の死亡保険金を期末に支払い、生存者には当年度末責任準備金を積み立てます。

したがって

$$_tV_{x:\overline{n}|}+P_{x:\overline{n}|}=v\cdot q_{x+t}+v\cdot p_{x+t}\cdot {}_{t+1}V_{x:\overline{n}|} \quad (t=0、1、2、\cdots、n-1)$$

です。

そして、初期条件 $_0V_{x:\overline{n}|}=0$

満期時の条件 $_nV_{x:\overline{n}|}=1$ (「養老保険」は満期保険金を生存者に支払います。

すなわち

$$\boxed{\begin{array}{l} {}_tV_{x:\overline{n}|} + P_{x:\overline{n}|} = v \cdot q_{x+t} + v \cdot p_{x+t} \cdot {}_{t+1}V_{x:\overline{n}|} \cdots\cdots ① \\ \qquad\qquad (t=0、1、2、\cdots\cdots、n-1) \\ {}_0V_{x:\overline{n}|} = 0 \cdots\cdots ② \\ {}_nV_{x:\overline{n}|} = 1 \cdots\cdots ③ \end{array}} \cdots\cdots Ⓐ$$

これを「**再帰公式**」の三点セットと呼ぶことにしましょう。

①は第 $(t+1)$ 保険年度の再帰公式ですが、第 t 保険年度だと、

$${}_{t-1}V_{x:\overline{n}|} + P_{x:\overline{n}|} = v \cdot q_{x+t-1} + v \cdot p_{x+t-1} \cdot {}_tV_{x:\overline{n}|}$$ となり、サフィックス(添字)が記憶しにくいです。$(t=1、2、\cdots\cdots、n)$

それより、q_{x+t}, p_{x+t} の方がすっきりしているので、第 $(t+1)$ 保険年度の「再帰公式」を作ることが多いのです。

②は契約時において、保険料が入金して初めて、会社は責任開始(リスクアタッチ)されるので、どの保険であっても新契約なら、常に②は成立します。

③は保険種類によって異なるので、注意する必要があります。

　例えば

　　${}_nV_{x:\overline{n}|} = 0$　は x 歳加入 n 年満期の定期保険(死亡保険)

　　　　……n 年経過時で死亡保険が終了し、契約は終わります。生存しても支払うものはありません。

　　${}_nV_x = A_{x+n}$　は x 歳加入 n 年払込終身保険

　　　　……$(x+n)$ 歳時点で、以後の終身保険の一時払保険料を積んでおく必要があります。

　　${}_nV_x' = \ddot{a}_{x+n}$　は x 歳加入の $(x+n)$ 歳開始の終身年金

などです。(${}_nV_x'$ は特に定まった記号ではありません。)

(1) では、本題にもどってⒶから、まず、**保険料**を算出してみましょう。

第2章　生命保険料率算定の仕組み

Ⓐの①式に $t=0$、1、2、……、$n-1$ を代入すると、

$$\begin{cases} t=0 \text{ のとき} & {}_0V_{x:\overline{n}|}+P_{x:\overline{n}|}=v\cdot q_x+v\cdot p_x\cdot {}_1V_{x:\overline{n}|} \\ t=1 \text{ のとき} & {}_1V_{x:\overline{n}|}+P_{x:\overline{n}|}=v\cdot q_{x+1}+v\cdot p_{x+1}\cdot {}_2V_{x:\overline{n}|} \\ t=2 \text{ のとき} & {}_2V_{x:\overline{n}|}+P_{x:\overline{n}|}=v\cdot q_{x+2}+v\cdot p_{x+2}\cdot {}_3V_{x:\overline{n}|} \\ \qquad\qquad\vdots \\ t=n-1 \text{ のとき} & {}_{n-1}V_{x:\overline{n}|}+P_{x:\overline{n}|}=v\cdot q_{x+n-1}+v\cdot p_{x+n-1}\cdot {}_nV_{x:\overline{n}|} \end{cases}$$

★D_{x+t}　($t=0$、1、2、……、$n-1$) を各々、対応して掛けます。(上式、$t=0$ のところは、D_x、$t=1$ のところは D_{x+1}、……、$t=n-1$ のところは D_{x+n-1} を掛けます)

$$\begin{cases} t=0 \text{ のとき} \quad D_x\cdot {}_0V_{x:\overline{n}|}+D_x\cdot P_{x:\overline{n}|}=C_x+D_{x+1}\cdot {}_1V_{x:\overline{n}|} \\ \qquad\qquad (\because D_x\cdot v\cdot q_x=v^x\cdot l_x\cdot vq_x=v^x l_x\cdot v\cdot \dfrac{d_x}{l_x}=v^{x+1}\cdot d_x=C_x \\ \qquad\qquad\quad D_x\cdot vp_x=v^x\cdot l_x\cdot vp_x=v^x\cdot l_x\cdot v\cdot \dfrac{l_{x+1}}{l_x}=v^{x+1}\cdot l_{x+1}=D_{x+1}) \\ \text{同様にして、} \\ t=1 \text{ のとき} \quad D_{x+1}\cdot {}_1V_{x:\overline{n}|}+D_{x+1}\cdot P_{x:\overline{n}|}=C_{x+1}+D_{x+2}\cdot {}_2V_{x:\overline{n}|} \\ \qquad\qquad\vdots \\ t=n-1 \text{ のとき} \quad D_{x+n-1}\cdot {}_{n-1}V_{x:\overline{n}|}+D_{x+n-1}\cdot P_{x:\overline{n}|}=C_{x+n-1}+D_{x+n}\cdot {}_nV_{x:\overline{n}|} \end{cases}$$

上式の両辺を各々、加えると、左辺と右辺に同じ項があるので、それを減じて

$$D_x\cdot {}_0V_{x:\overline{n}|}+P_{x:\overline{n}|}(D_x+D_{x+1}+\cdots\cdots+D_{x+n-1})=(C_x+C_{x+1}+\cdots\cdots+C_{x+n-1})+D_{x+n}\cdot {}_nV_{x:\overline{n}|}$$

となります。

ここで ${}_0V_{x:\overline{n}|}=0$ ……②、${}_nV_{x:\overline{n}|}=1$ ……③ を上式に代入して、まとめると、

$$P_{x:\overline{n}|}(N_x-N_{x+n})=(M_x-M_{x+n})+D_{x+n}$$

$$\therefore \ P_{x:\overline{n}|} = \frac{M_x - M_{x+n} + D_{x+n}}{N_x - N_{x+n}}$$

(2)次に「再帰公式」による責任準備金を算出してみましょう。

まず、**過去法**による第 t 保険年度末責任準備金を求めてみましょう。

$D_{x+\tau}$ を掛けた式

$$D_{x+\tau} \cdot {}_\tau V_{x:\overline{n}|} + D_{x+\tau} \cdot P_{x:\overline{n}|} = C_{x+\tau} + D_{x+\tau+1} \cdot {}_{\tau+1}V_{x:\overline{n}|} \quad \text{を作り}$$

……(A)

$\tau=0$、1、2、……、$t-1$ を集計します。

$$\begin{cases} \tau=0 \text{ のとき} & D_x \cdot {}_0V_{x:\overline{n}|} + D_x \cdot P_{x:\overline{n}|} = C_x + D_{x+1} \cdot {}_1V_{x:\overline{n}|} \\ \tau=1 \text{ のとき} & D_{x+1} \cdot {}_1V_{x:\overline{n}|} + D_{x+1} \cdot P_{x:\overline{n}|} = C_{x+1} + D_{x+2} \cdot {}_2V_{x:\overline{n}|} \\ \tau=2 \text{ のとき} & D_{x+2} \cdot {}_2V_{x:\overline{n}|} + D_{x+2} \cdot P_{x:\overline{n}|} = C_{x+2} + D_{x+3} \cdot {}_3V_{x:\overline{n}|} \\ \qquad\qquad \vdots \\ \tau=t-1 \text{ のとき} & D_{x+t-1} \cdot {}_{t-1}V_{x:\overline{n}|} + D_{x+t-1} \cdot P_{x:\overline{n}|} = C_{x+t-1} \\ & \qquad + D_{x+t} \cdot {}_tV_{x:\overline{n}|} \end{cases}$$

合計すると $D_{x+t} \cdot {}_tV_{x:\overline{n}|}$ の項を除いて V の項は消えます。(${}_0V_{x:\overline{n}|}=0$)

したがって

$$P_{x:\overline{n}|}(D_x + D_{x+1} + \cdots\cdots + D_{x+t-1}) = (C_x + C_{x+1} + \cdots\cdots + C_{x+t-1})$$
$$+ D_{x+t} \cdot {}_tV_{x:\overline{n}|}$$

$$\therefore \ P_{x:\overline{n}|}(N_x - N_{x+t}) = M_x - M_{x+t} + D_{x+t} \cdot {}_tV_{x:\overline{n}|}$$

$$\therefore \ {}_tV_{x:\overline{n}|} = \frac{1}{D_{x+t}} \{ P_{x:\overline{n}|}(N_x - N_{x+t}) - (M_x - M_{x+t}) \}$$

★次に**将来法**による第 t 保険年度末責任準備金を求めると

(A)に $\tau=t$、$t+1$、……、$n-1$ を集計すればよいのです。

$$\begin{cases} \tau=t \text{ のとき } \quad D_{x+t}\cdot {}_tV_{x:\overline{n}|}+D_{x+t}\cdot P_{x:\overline{n}|}=C_{x+t}+D_{x+t+1}\cdot {}_{t+1}V_{x:\overline{n}|} \\ \tau=t+1 \text{ のとき } D_{x+t+1}\cdot {}_{t+1}V_{x:\overline{n}|}+D_{x+t+1}\cdot P_{x:\overline{n}|}=C_{x+t+1} \\ \qquad\qquad\qquad +D_{x+t+2}\cdot {}_{t+2}V_{x:\overline{n}|} \\ \qquad\qquad\qquad \vdots \\ \tau=n-1 \text{ のとき } D_{x+n-1}\cdot {}_{n-1}V_{x:\overline{n}|}+D_{x+n-1}\cdot P_{x:\overline{n}|}=C_{x+n-1} \\ \qquad\qquad\qquad +D_{x+n}\cdot {}_nV_{x:\overline{n}|} \end{cases}$$

合計すると、過去法のときと同様に考えると

$$D_{x+t}\cdot {}_tV_{x:\overline{n}|}+P_{x:\overline{n}|}(D_{x+t}+D_{x+t+1}+\cdots\cdots +D_{x+n-1})=(M_{x+t}-M_{x+n})+D_{x+n}\cdot {}_nV_{x:\overline{n}|}$$

$$\therefore \quad {}_tV_{x:\overline{n}|}=\frac{1}{D_{x+t}}\{(M_{x+t}-M_{x+n}+D_{x+n}-P_{x:\overline{n}|}(N_{x+t}-N_{x+n})\}$$

$$(\because \quad {}_nV_{x:\overline{n}|}=1)$$

(3) 危険保険料と貯蓄保険料

「再帰公式」Ⓐの①式

$${}_tV_{x:\overline{n}|}+P_{x:\overline{n}|}=v\cdot q_{x+t}+v\cdot p_{x+t}\cdot {}_{t+1}V_{x:\overline{n}|} \quad \text{で}$$

$p_{x+t}+q_{x+t}=1$ の関係を代入すると、$(p_{x+t}=1-q_{x+t})$

$${}_tV_{x:\overline{n}|}+P_{x:\overline{n}|}=v\cdot q_{x+t}+v(1-q_{x+t})\cdot {}_{t+1}V_{x:\overline{n}|}$$

変形して整理すると

$$P_{x:\overline{n}|}=(v\cdot {}_{t+1}V_{x:\overline{n}|}-{}_tV_{x:\overline{n}|})+v\cdot q_{x+t}(1-{}_{t+1}V_{x:\overline{n}|}) \quad \text{となります。}$$

ここで

$v\cdot {}_{t+1}V_{x:\overline{n}|}-{}_tV_{x:\overline{n}|}$ を**貯蓄保険料**(P^S)といい、

$v\cdot q_{x+t}(1-{}_{t+1}V_{x:\overline{n}|})$ を**危険保険料**(P^R)といいます。

（この場合、養老保険で x 歳加入、第 $(t+1)$ 保険年度）

さて

$$({}_tV_{x:\overline{n}|}+P^S)(1+i)=({}_tV_{x:\overline{n}|}+\underline{v\cdot {}_{t+1}V_{x:\overline{n}|}-{}_tV_{x:\overline{n}|}})(1+i)$$

$$= v \cdot {}_{t+1}V_{x:\overline{n|}}(1+i) = {}_{t+1}V_{x:\overline{n|}} \quad \left(\because v = \frac{1}{1+i} \right)$$

となるので、P^s はこれに前年度末（前年より繰り越された）責任準備金（${}_tV_{x:\overline{n|}}$）を加えて、年末まで運用すれば（予定利率で）、年末の責任準備金（${}_{t+1}V_{x:\overline{n|}}$）となるので**貯蓄保険料**といいます。

危険保険料 $v \cdot q_{x+t}(1 - {}_{t+1}V_{x:\overline{n|}})$ の $(1 - {}_{t+1}V_{x:\overline{n|}})$ の部分は実際に死亡が起きたとき、年末に会社が保有する、その契約の責任準備金（${}_{t+1}V_{x:\overline{n|}}$）を加えて、保険金1となるような正味の支払保険金であるので、これを**危険保険金**といいます。

この危険保険金に死亡確率（q_{x+t}）を掛けて、さらにその現価率（v）を掛けると**危険保険料**となります。

§12. 払済保険、延長保険、保険種類の変更の計算など

保険契約者は保険者に保険料を払い込むことを前提に「契約」が有効となるのですが保険会社はその払込期日後に一定の猶予期間を設けて、これを経過して払い込みのない場合には、

(1) 「保険約款」により、保険料自動振替貸付をします。

(2) 保険契約は失効します。

のいずれかになります。

(1)のケースでは、解約返戻金を担保として払い込みのない期間に相当する保険料（その貸付利息を含む）を解約返戻金を超える直前まで充当し、超えた時点で「失効」となります。

保険契約の失効後において、保険契約者から請求があれば、保険者は解約返戻金を支払います。しかし、失効後、最初の決算で「失効備金」に計上し、その後、満2カ年経過しても、解約の請求のない時は、時効として「失効備

第2章　生命保険料率算定の仕組み

金」を取り崩し、備金益となります。

しかし、保険契約者が、ある時点で、以後の保険料払込をやめたいと申し出た時、解約返戻金を支払って、「契約」が消滅することが一般的ですが、その解約返戻金をファンドとして「保険契約」を別の形で持続することができます。

 A.　(減額)払済保険

 B.　延長(定期)保険

 C.　保険種類の変更

などがあります。

A.　(減額)払済保険

以後の保険料払込をする代わりに、保険金の支払条件や保険期間は変更しないで保険金を減額して保険契約を継続します。単に**払済保険**ということが多いです。

払済保険の保険金額は変更時の責任準備金(あるいは解約返戻金)をそのときの一時払純保険料で割って計算します。

例えば、30歳加入20年満期の養老保険の7年経過後の払済保険金額をSとすると、この人は現在37歳で残余期間は13年(20−7)となるので、そのときの一時払純保険料 $A_{37:\overline{13}|}$ なので

$$S = \frac{_7V_{30:\overline{20}|}}{A_{37:\overline{13}|}}$$

となります。

一般的には、x 歳加入 n 年満期の養老保険の t 年経過後の払済保険金額 S は

$$\boxed{S = \frac{_tV_{x:\overline{n}|}}{A_{x+t:\overline{n-t}|}}}$$

となります。(純保険料式による払済保険金額)

なお営業保険料式による払済保険金額 S′ は維持費が保険金1に対して γ

なら

$$S' = \frac{{}_tV_{x:\overline{n}|}}{A_{x+t:\overline{n-t}|} + \gamma \cdot \ddot{a}_{x+t:\overline{n-t}|}}$$

となります。

B. 延長(定期)保険

以後の保険料を免除して原契約と同じ定期(死亡)保険として契約を継続します。

例えば 35 歳加入 25 年満期の養老保険の経過 13 年の延長(定期)保険を考えてみましょう。

原契約の保険金を S とすれば(保険金を 1 とするより分かりやすいと思います)、保険金 1 の変更時の責任準備金(あるいは解約返戻金)は ${}_{13}V_{35:\overline{25}|}$ なので $S \cdot {}_{13}V_{35:\overline{25}|}$ をファンドとして保険金 S の延長(定期)保険を購入します。

$S \cdot {}_{13}V_{35:\overline{25}|}$ のファンドが残りの期間 (25−13=12) 12 年間の定期(死亡)保険の一時払純保険料 $S \cdot A^1_{48:\overline{12}|}$ が大きいか小さいかによって算式が異なります。

(i) $S \cdot {}_{13}V_{35:\overline{25}|} < S \cdot A^1_{48:\overline{12}|}$ ……<u>満期まで延長不可のとき。</u>

延長期間を T とすると

$$S \cdot {}_{13}V_{35:\overline{25}|} = S \cdot A^1_{48:\overline{T}|}$$

すなわち

$${}_{13}V_{35:\overline{25}|} = A^1_{48:\overline{T}|}$$ を満たす T を求めます。

一般的には x 歳加入 n 年満期養老保険の t 年経過時の延長保険の延長期間 T は

$${}_tV_{x:\overline{n}|} = A^1_{x+t:\overline{T}|}$$ を満たす。(但し ${}_tV_{x:\overline{n}|} < A^1_{x+t:\overline{n-t}|}$)

(ii) $S \cdot {}_{13}V_{35:\overline{25}|} \geqq S \cdot A^1_{48:\overline{12}|}$ ……<u>満期まで延長可能の場合。</u>

満期まで定期(死亡)保険を購入して残りがあるわけですから、それで満期生存金 (M) を購入します。

したがって

$$S \cdot {}_{13}V_{35:\overline{25|}} = S \cdot A^{1}_{48:\overline{12|}} + M \cdot A_{48:\overline{\frac{1}{12|}}}$$

求めるのは M で

$$M = \frac{S({}_{13}V_{35:\overline{25|}} - A^{1}_{48:\overline{12|}})}{A_{48:\overline{\frac{1}{12|}}}}$$

一般的には、x 歳加入 n 満期養老保険の t 年経過時の満期生存金（M）は

$$M = \frac{{}_{t}V_{x:\overline{n|}} - A^{1}_{x+t:\overline{n-t|}}}{A_{x+t:\overline{\frac{1}{n-t|}}}}$$

です。(但し、保険金 1 に対して)

なお、営業保険料式による場合は、一般的に、維持費が保険金 1 に対して γ なら

(i) ${}_{t}V_{x:\overline{n|}} < A^{1}_{x+t:\overline{T|}} + \gamma \cdot \ddot{a}_{x+t:\overline{T|}}$ のとき

${}_{t}V_{x:\overline{n|}} = A^{1}_{x+t:\overline{T|}} + \gamma \cdot \ddot{a}_{x+t:\overline{T|}}$ を満たす T が延長可能期間です。

(ii) ${}_{t}V_{x:\overline{n|}} \geqq A^{1}_{x+t:\overline{n-t|}} + \gamma \cdot \ddot{a}_{x+t:\overline{n-t|}}$ のとき

${}_{t}V_{x:\overline{n|}} = (A^{1}_{x+t:\overline{n-t|}} + \gamma \cdot \ddot{a}_{x+t:\overline{n-t|}}) + M \cdot A_{x+t:\overline{\frac{1}{n-t|}}}$ で

$$M = \frac{{}_{t}V_{x:\overline{n|}} - A^{1}_{x+t:\overline{n-t|}} - \gamma \cdot \ddot{a}_{x+t:\overline{n-t|}}}{A_{x+t:\overline{\frac{1}{n-t|}}}}$$

です。(但し、保険金 1 に対して)

C. 保険種類の変更

保険数理的には十分考えられますが、実際的にはあまり行われていないようです。理論的には次のように計算します。

例えば、「終身保険」から「養老保険」に変更する場合を考えてみましょう。

30 歳加入の終身保険 (保険金 1) で 10 年経過した時点で、55 歳で満期になる養老保険に変更するとしましょう。

契約者は 30 歳加入で年払純保険料 (P_{30}) を 10 年間払い込み、現在 ${}_{10}V_{30}$

の責任準備金があります。もし、この人が最初から、(30歳の時) 25年満期養老保険に加入していたとすれば、その年払純保険料は $P_{30:\overline{25|}}$ で、その責任準備金は $_{10}V_{30:\overline{25|}}$ です。

(考え方①)

責任準備金の差額 $(_{10}V_{30:\overline{25|}} - _{10}V_{30})$ を徴収し、以後 $P_{30:\overline{25|}}$ を残余期間15年間支払ってもらいます。

(考え方②)

責任準備金の差額 $(_{10}V_{30:\overline{25|}} - _{10}V_{30})$ を払込み残余期間中に平準保険料として $P_{30:\overline{25|}}$ に上乗せして徴収します。その年払保険料は

$$P_{30:\overline{25|}} + \frac{_{10}V_{30:\overline{25|}} - _{10}V_{30}}{\ddot{a}_{40:\overline{15|}}} \quad \cdots\cdots ②$$

(考え方③)

この人は現在40歳なので、新たに15年満期の養老保険を契約したとすれば年払純保険料は $P_{40:\overline{15|}}$ を支払っていけばよいのです。しかし、今まで10年間、P_{30} を支払ってきて、$_{10}V_{30}$ のファンドがあるので、そのファンドを軽減平準保険料とすると

$$P_{40:\overline{15|}} - \frac{_{10}V_{30}}{\ddot{a}_{40:\overline{15|}}} \quad \cdots\cdots ③$$ を年払純保険料として徴収します。

★②と③の等しいことは次のようにして証明します。

今、求める年掛純保険料(将来徴収すべき保険料)を P とすれば

$$_{10}V_{30} + P \cdot \ddot{a}_{40:\overline{15|}} = A_{40:\overline{15|}} \quad \cdots\cdots ④ \quad (収支相等の原則より)$$

$$\therefore \quad _{10}V_{30} = A_{40:\overline{15|}} - P \cdot \ddot{a}_{40:\overline{15|}}$$

$$= (A_{40:\overline{15|}} - P_{30:\overline{25|}} \cdot \ddot{a}_{40:\overline{15|}}) + (P_{30:\overline{25|}} - P)\ddot{a}_{40:\overline{15|}}$$

$$= _{10}V_{30:\overline{25|}} + (P_{30:\overline{25|}} - P)\ddot{a}_{40:\overline{15|}}$$

$$\therefore \quad P_{30:\overline{25|}} - P = \frac{_{10}V_{30} - _{10}V_{30:\overline{25|}}}{\ddot{a}_{40:\overline{15|}}}$$

第2章 生命保険料率算定の仕組み

$$\therefore \quad P = P_{30:\overline{25|}} + \frac{{}_{10}V_{30:\overline{25|}} - {}_{10}V_{30}}{\ddot{a}_{40:\overline{15|}}} \longrightarrow ②$$

④より　${}_{10}V_{30} = A_{40:\overline{15|}} - P \cdot \ddot{a}_{40:\overline{15|}}$

$$\therefore \quad P = \frac{A_{40:\overline{15|}} - {}_{10}V_{30}}{\ddot{a}_{40:\overline{15|}}} = P_{40:\overline{15|}} - \frac{{}_{10}V_{30}}{\ddot{a}_{40:\overline{15|}}} \longrightarrow ③$$

これらの考え方を図にしてみると考えやすいので参照してみて下さい。

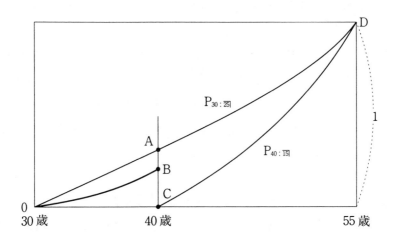

$$\overline{AC} = {}_{10}V_{30:\overline{25|}}, \quad \overline{BC} = {}_{10}V_{30}$$

第2章 練習問題

問題① 30年満期の保険において、死亡保険金は1、満期保険金は既払込保険料、加入年齢は20歳とする。最初の20年間の年払保険料を P_1、つぎの10年間の年払保険料を P_2 とする。$P_2 = k \cdot P_1$ のとき k を P_1 と基数で表せ。

問題② 終身保険（保険金期末払、保険金1）の終身払込年払純保険料を P_x とする。今、この予定利率と x 歳からの予定死亡率によれば、最初の m 年間は $3 \cdot P_x$、その後の終身間は $0.4 P_x$ を年払純保険料として払い込むことができるという。この時、m 年短期払込年払純保険料（${}_mP_x$）は P_x の何倍になるか。

但し ${}_mP_x = A_x / \ddot{a}_{x:\overline{m}|}$

問題③ x 歳加入 n 年満期養老保険（保険金1、保険金年末払、保険料年払）を t 年経過時に（減額）払済養老保険に変更する時、変更後の保険額はいくらか。

但し、$d = 0.03846$、$\ddot{a}_{x:\overline{n}|} = 18.245$、$\ddot{a}_{x+t:\overline{n-t}|} = 13.726$ とし、付加保険料と解約控除は考えないものとする。

問題④ 10年満期、年払の養老保険（保険金額1、保険金期末払）で加入年齢60歳で2年経過時点で延長保険に変更するとき、延長可能期間は約何年か。

但し、${}_2V_{60:\overline{10}|}$ は 0.10 で $D_{60} = 4691$、$D_{61} = 4418$、$D_{62} = 4156$、$M_{62} = 1899$、$M_{63} = 1845$、$M_{64} = 1788$、$M_{65} = 1730$、$M_{66} = 1669$、$M_{67} = 1607$、$M_{68} = 1542$、$M_{69} = 1476$、$M_{70} = 1407$ とする。

第2章 生命保険料率算定の仕組み

問題⑤ 20年満期で、第 t 保険年度の死亡給付として $\frac{t}{20}$ と保険年度末責任準備金 $_tV$ の合計額をその保険年度末に支払う保険を考える。年払純保険料 $P=0.024$、$_5V=0.3258$、$_6V=0.3620$、$i=0.05$ とすると q_{x+5} の値はいくらか。(小数第五位まで求めよ)

問題⑥ $P_{x:\overline{n}|}=0.02742$、$_tV_{x:\overline{n}|}=0.37764$、$_{t+1}V_{x:\overline{n}|}=0.40248$ $q_{x+t}=0.00185$ および $i=5\%$ とするとき、第 $(t+1)$ 保険年度の危険保険料はいくらか。(保険金年末払とし、小数第五位まで求めよ)

問題⑦ 養老保険を再帰公式によって、年払平準保険料を求め、さらに第 t 年度末責任準備金を将来法と過去法で各々求め、かつ等しいことも示せ。

問題⑧ n 年間の生存保険で、生存すれば満期生存金3を支払い、死亡すればその保険年度末に保険金1とその保険年度末責任準備金を加えた額を支払う場合、年払純保険料はどうなるか。但し $q_{x+t}=0.003(1+i)^t$ となるような「特殊な死亡表」を使用したとする。

第3章

年金の数学

§1. 年金

　一定期間毎に、継続的に支払われる一連の金額を**年金**といいます。年金には、その定められた期間内で生死に関係なく支払われる**確定年金**と、ある特定の人の生存を条件に支払う**生命年金**とがあります。厚生年金、国民年金は生命年金です。

　確定年金と生命年金の各々につき、§2.の年金の種類があります。

§2. 年金の種類

(1) **期始払年金と期末払年金**

　　一定期間毎にその間隔の初めに年金を支払う場合を期始払年金といい、その間隔の終わりに年金を支払う場合を期末払年金といいます。

(2) **変額年金**

　　年金の支払額は毎回一定であるのが普通ですが、これが異なる場合は、変額年金といいます。

第3章 年金の数学

(3) **即時開始年金と据置年金**

年金を約束する場合、一定期間を置いてから支払を始める場合は据置年金といいます。

一方、期始払即時開始年金はその第1回は即刻支払われます。例えば60歳の誕生日を迎えた人が10年後から20年間の確定年金を受けとれるのは据置年金であり、60歳の誕生日から、誕生日毎に受けとれる年金は即時開始年金です。

(4) **永久年金、有期年金**

支払が永久に続く年金を永久年金といいます。

一方、年金支払期間が定まっているものを有期年金といいます。

(5) **年金現価と年金終価**

毎年の年始に1ずつn年間支払われる年金のそれぞれの支払金について年金開始時点における現価を求め、その和の総額を年金現価といいます。

一方、毎年の年始に1ずつn年間支払われる年金を複利で、積み立てていった場合、n年後の総額を年金終価といいます。

§3. 年金計算の記号　（Ⅰ）……確定年金 (説明は§5で述べます)

年金額1$\left(\text{年 }m\text{ 回払の場合は毎回の支払額 }\dfrac{1}{m}\right)$、期間 n 年とします。

$a_{\overline{n|}}$　　期末払確定年金現価

$\ddot{a}_{\overline{n|}}$　　期始払確定年金現価

$s_{\overline{n|}}$　　期末払確定年金終価

$\ddot{s}_{\overline{n|}}$　　期始払確定年金終価

$a_{\overline{n|}}^{(k)}$　　年 k 回払期末払確定年金現価

$\ddot{a}\frac{(k)}{n|}$　　年 k 回払期始払確定年金現価

$s\frac{(k)}{n|}$　　年 k 回払期末払確定年金終価

$\ddot{s}\frac{(k)}{n|}$　　年 k 回払期始払確定年金終価

$_{m|}a_{\overline{n|}}$　　m 年据置期末払確定年金現価

$_{m|}\ddot{a}_{\overline{n|}}$　　m 年据置期始払確定年金現価

a_∞　　期末払永久年金の現価

$\ddot{a}_\infty$　　期始払永久年金の現価

§4. 年金の公式　（Ⅰ）……確定年金　（説明は§5で述べます）

$a_{\overline{n|}} = v + v^2 + \cdots\cdots + v^n$　　ここに　$\boxed{v = \dfrac{1}{1+i}}$　（現価率）、i：年利率

$\ddot{a}_{\overline{n|}} = 1 + v + v^2 + \cdots\cdots + v^{n-1}$

$s_{\overline{n|}} = (1+i)^{n-1} + 1(1+i)^{n-2} + \cdots\cdots + 1 = \dfrac{(1+i)^n - 1}{i}$

$\ddot{s}_{\overline{n|}} = (1+i)^n + (1+i)^{n-1} + \cdots\cdots + (1+i) = \dfrac{(1+i)\{(1+i)^n - 1\}}{i}$

$s\frac{(k)}{n|} = \dfrac{1}{k}\{(1+i)^{n-\frac{1}{k}} + (1+i)^{n-\frac{2}{k}} + \cdots\cdots + 1\}$

$\phantom{s\frac{(k)}{n|}} = \dfrac{(1+i)^n - 1}{k\{(1+i)^{\frac{1}{k}} - 1\}}$

$\ddot{s}\frac{(k)}{n|} = \dfrac{1}{k}\{(1+i)^n + (1+i)^{n-\frac{1}{k}} + \cdots\cdots + (1+i)^{\frac{1}{k}}\}$

$\phantom{\ddot{s}\frac{(k)}{n|}} = \dfrac{(1+i)^{\frac{1}{k}}\{(1+i)^n - 1\}}{k\{(1+i)^{\frac{1}{k}} - 1\}}$

$a\frac{(k)}{n|} = \dfrac{1}{k}\{v^{\frac{1}{k}} + v^{\frac{2}{k}} + \cdots\cdots + v^n\} = \dfrac{1 - v^n}{k\{(1+i)^{\frac{1}{k}} - 1\}}$

$$\ddot{a}\frac{^{(k)}}{^{n|}} = \frac{1}{k}(1+v^{\frac{1}{k}}+v^{\frac{2}{k}}+\cdots\cdots+v^{n-\frac{1}{k}}) = \frac{(1+i)^{\frac{1}{k}}(1-v^n)}{k\{(1+i)^{\frac{1}{k}}-1\}}$$

§5. 確定年金の現価の算出

(1) **期始払** （年一回）

現在(今)を第1回目として、毎年1の年金を1年毎に受けとる年金の現時点で現価を求めることにしましょう。

年金の受給回数 n 回とします。→ $\ddot{a}_{\overline{n|}}$ と書きます。

予定利率を i、現価率を $v\left(=\dfrac{1}{1+i}\right)$ とすると、図を参考にすると

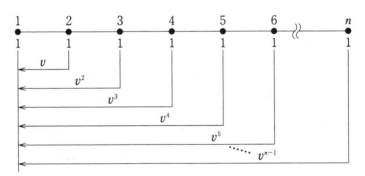

$$\ddot{a}_{\overline{n|}} = 1+v+v^2+v^3+v^4+v^5+\cdots\cdots+v^{n-1}$$

(2) **期末払** （年一回）

現在より1年後を初回の支払として、n 年後まで1年毎に年金額1を受けとる年金の現時点の現価。→ $a_{\overline{n|}}$ と書きます。

$$a_{\overline{n|}} = v+v^2+v^3+v^4+v^5+\cdots\cdots+v^{n-1}+v^n$$

(3) **年 k 回払** $\left(\text{期始払、1回の年金額}\dfrac{1}{k}\text{、すなわち年額1}\right)$

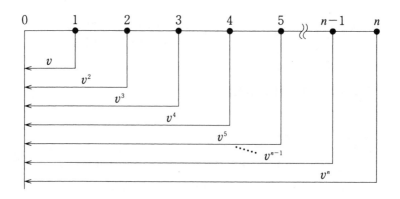

・年に k 回、毎回 $\dfrac{1}{k}$ ずつ、n 年間支払われる年金の現価（年利率 i ％、年金年額1、月始払）$\ddot{a}\,_{\overline{n}|}^{(k)}$ は

$$\ddot{a}\,_{\overline{n}|}^{(k)} = \dfrac{1}{k}\{1+v^{\frac{1}{k}}+v^{\frac{2}{k}}+\cdots\cdots+v^{n-\frac{1}{k}}\}$$

$$=\dfrac{1-v^n}{k(1-v^{\frac{1}{k}})} \qquad 分母、分子に (1+i)^{\frac{1}{k}} を掛けます。$$

$$=\dfrac{(1+i)^{\frac{1}{k}}(1-v^n)}{k\{(1+i)^{\frac{1}{k}}-1\}} \qquad (\because\ (1+i)^{\frac{1}{k}}\cdot v^{\frac{1}{k}}=1)$$

$$=\dfrac{(1+i)^{\frac{1}{k}}(1-v^n)}{i^{(k)}} \qquad (\because\ i^{(k)}=k\{(1+i)^{\frac{1}{k}}-1\})$$

$$=\ddot{a}\,_{\overline{1}|}^{(k)}\times \ddot{a}\,_{\overline{n}|}$$

・月末払は $a\,_{\overline{n}|}^{(k)}$ と書き、

$$a\,_{\overline{n}|}^{(k)} = \dfrac{1}{k}\{v^{\frac{1}{k}}+v^{\frac{2}{k}}+\cdots\cdots+v^n\}$$

$$=\dfrac{1-v^n}{i^{(k)}}$$

$$=a\,_{\overline{1}|}^{(k)}\times \ddot{a}\,_{\overline{n}|}$$

第3章 年金の数学

$$\ddot{a}\,{}^{(k)}_{\overline{n}|} = \ddot{a}\,{}^{(k)}_{\overline{1}|} \times \ddot{a}\,{}_{\overline{n}|}$$
$$a\,{}_{\overline{n}|} = a\,{}^{(k)}_{\overline{1}|} \times \ddot{a}\,{}_{\overline{n}|}$$

§6. 確定年金の終価の算出

(1) **期始払** (年一回)

　現在(今)を第1回目として、毎年1の年金を1年毎に受けとる年金のn年後の元利合計(終価という)を求めることにしましょう。年金の受給回数n回とします。→ $\ddot{s}_{\overline{n}|}$と書きます。

　図にしてみると、

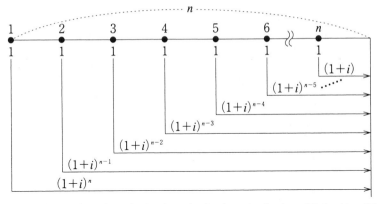

$$\ddot{s}_{\overline{n}|} = (1+i)^n + (1+i)^{n-1} + (1+i)^{n-2} + (1+i)^{n-3} + (1+i)^{n-4} + (1+i)^{n-5}$$
$$+ \cdots\cdots + (1+i)$$

(2) **期末払** (年一回)

　現在より1年後を初回の支払として、n年後まで1年毎に年金額1を受けとる年金のn年後の元利合計(終価)→ $s_{\overline{n}|}$と書きます。

$$s_{\overline{n}|} = (1+i)^{n-1} + (1+i)^{n-2} + (1+i)^{n-3} + (1+i)^{n-4} + (1+i)^{n-5} + \cdots\cdots$$
$$+ (1+i) + 1$$

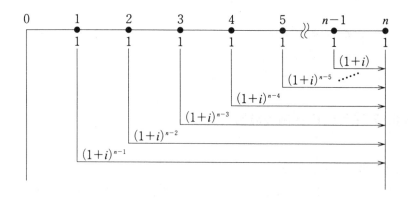

(3) 年 k 回払　$\left(\text{期始払、1回の年金額}\dfrac{1}{k}\text{、すなわち年額1}\right)$

・年に k 回、毎回 $\dfrac{1}{k}$ ずつ、n 年間支払われる年金の終価（年利率 i ％、年金年額1、月始払）$\ddot{s}\,{}^{(k)}_{\overline{n}|}$ は

$$\ddot{s}\,{}^{(k)}_{\overline{n}|}=\frac{1}{k}\{(1+i)^n+(1+i)^{n-\frac{1}{k}}+\cdots\cdots+(1+i)^{\frac{1}{k}}\}$$

$$=\frac{(1+i)^{\frac{1}{k}}\{(1+i)^n-1\}}{k\{(1+i)^{\frac{1}{k}}-1\}}$$

$$=\frac{(1+i)^{\frac{1}{k}}\{(1+i)^n-1\}}{i^{(k)}}$$

$$=\ddot{a}\,{}^{(k)}_{\overline{1}|}\times \ddot{s}\,{}_{\overline{n}|}$$

・月末払は $s\,{}^{(k)}_{\overline{n}|}$ と書き

$$s\,{}^{(k)}_{\overline{n}|}=\frac{1}{k}\{(1+i)^{n-\frac{1}{k}}+(1+i)^{n-\frac{2}{k}}+\cdots\cdots+1\}$$

$$=\frac{(1+i)^n-1}{k\{(1+i)^{\frac{1}{k}}-1\}}$$

$$=\frac{(1+i)^n-1}{i^{(k)}}$$

$$=a\,{}^{(k)}_{\overline{1}|}\times \ddot{s}\,{}_{\overline{n}|}$$

$$\ddot{s}\,{}^{(k)}_{\overline{n|}} = \ddot{a}\,{}^{(k)}_{\overline{1|}} \times \ddot{a}\,{}_{\overline{n|}}$$
$$s\,{}^{(k)}_{\overline{n|}} = a\,{}^{(k)}_{\overline{1|}} \times \ddot{a}\,{}_{\overline{n|}}$$

§7. 据置年金の現価

例えば、今から 10 年後から、15 年間にわたって年金額 1 が年始に支払われる年金の現価を $_{10|}\ddot{a}\,{}_{\overline{15|}}$ と書きます。これを図にしてみると、

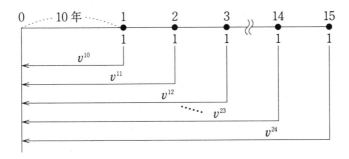

したがって

$$_{10|}\ddot{a}\,{}_{\overline{15|}} = v^{10} + v^{11} + v^{12} + \cdots\cdots + v^{23} + v^{24}$$
$$= v^{10}(1 + v + v^2 + \cdots\cdots + v^{13} + v^{14})$$
$$= v^{10} \cdot \ddot{a}\,{}_{\overline{15|}}$$

また

$$_{10|}\ddot{a}\,{}_{\overline{15|}} = v^{10} + v^{11} + v^{12} + \cdots\cdots + v^{23} + v^{24}$$
$$= (1 + v + v^2 + \cdots\cdots + v^{24}) - (1 + v + v^2 + \cdots\cdots + v^9)$$
$$= \ddot{a}\,{}_{\overline{25|}} - \ddot{a}\,{}_{\overline{10|}}$$

一般に

$$_{m|}\ddot{a}_{\overline{n|}} = v^m \cdot \ddot{a}_{\overline{n|}}$$

$$_{m|}\ddot{a}_{\overline{n|}} = \ddot{a}_{\overline{m+n|}} - \ddot{a}_{\overline{m|}}$$

§8. 変額年金の現価

年金額が一定額ではなくて、一定の法則にしたがって、増加あるいは減少する時の変額年金の現価について考えてみましょう。

例；年金が1、1.05、1.10、1.15、1.20 と増加する変額年金について、その価を求めてみよう。

図にすると

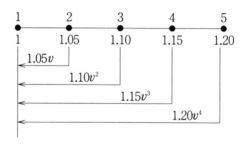

こう考えると分かりやすいかも知れません。

	年金額（価格）	現価（評価）		（価格）×（評価）
第1回	1	1	=	1
第2回	1.05	v	=	$1.05v$
第3回	1.10	v^2	=	$1.10v^2$
第4回	1.15	v^3	=	$1.15v^3$
第5回	1.20	v^4	=	$1.20v^4$

第3章 年金の数学

第1回目は年金額1(すなわち価格が1)、その現価は今、もらえるから1と評価できるので、総合評価は1。

第2回目は年金額1.05(すなわち価格が1.05)、その現価は1年後にもらえるので評価としてはv、したがって総合評価$1.05v$

第3回目は年金額1.10(すなわち価格が1.10)、その現価は2年後にもらえるので評価としてはv^2、したがって総合評価$1.10v^2$

第4回目は年金額1.15(すなわち価格が1.15)、その現価は3年後にもらえるので評価としてはv^3、したがって総合評価$1.15v^3$

第5回目は年金額1.20(すなわち価格が1.20)、その現価は4年後にもらえるので評価としてはv^4、したがって総合評価$1.20v^4$

この現価は

$$1+1.05v+1.10v^2+1.15v^3+1.20v^4$$
$$=1+v+v^2+v^3+v^4+0.05(v+2\cdot v^2+3\cdot v^3+4\cdot v^4)$$
$$=\ddot{a}_{\overline{5}|}+0.05(Ia)_{\overline{4}|} \text{ となります。}$$

一般に

$$(I\ddot{a})_{\overline{n}|}=1+2\cdot v+3\cdot v^2+\cdots\cdots+n\cdot v^{n-1}$$
$$(Ia)_{\overline{n}|}=v+2\cdot v^2+3\cdot v^3+\cdots\cdots+n\cdot v^n$$

で表し、I は increase の頭文字。

§9. 年金の公式 (II)……生命年金 (説明は§10で詳細に述べます)

$$a_{x:\overline{n}|}=vp_x+v^2\cdot{}_2p_x+\cdots\cdots+v^n\cdot{}_np_x$$
$$\ddot{a}_{x:\overline{n}|}=1+vp_x+v^2\cdot{}_2p_x+\cdots\cdots+v^{n-1}\cdot{}_{n-1}p_x$$
$$a^{(k)}_{x:\overline{n}|}=\frac{1}{k}(v^{\frac{1}{k}}\cdot{}_{\frac{1}{k}}p_x+v^{\frac{2}{k}}\cdot{}_{\frac{2}{k}}p_x+\cdots\cdots+v^n\cdot{}_np_x)$$

$$\ddot{a}^{(k)}_{x:\overline{n}|} = \frac{1}{k}(1 + v^{\frac{1}{k}} \cdot {}_{\frac{1}{k}}p_x + \cdots\cdots + v^{n-\frac{1}{k}} \cdot {}_{n-\frac{1}{k}}p_x)$$

§10. 生命年金の現価の算出

(1) **期始払** (年一回)

現在 x 歳の人が今を第1回目として、毎年1の年金を生存を条件に1年毎に受けとる年金の現時点で現価を求めてみましょう。

年金の受給回数は n 回とします。

→ $\ddot{a}_{x:\overline{n}|}$

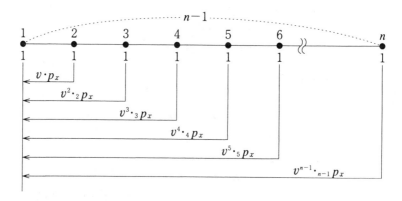

§8. 変額年金の現価を考えたように考えます。但し、今度は確率が加わります。

第3章　年金の数学

	年金額(価格)	現価(評価)	生存率(確率)		(価格)×(評価)×(確率)
第一回	1	1	$\dfrac{l_x}{l_x}=1$	=	1
二	1	v	$\dfrac{l_{x+1}}{l_x}=p_x$	=	vp_x
三	1	v^2	$\dfrac{l_{x+2}}{l_x}={}_2p_x$	=	$v^2{}_2p_x$
四	1	v^3	$\dfrac{l_{x+3}}{l_x}={}_3p_x$	=	$v^3{}_3p_x$
五	1	v^4	$\dfrac{l_{x+4}}{l_x}={}_4p_x$	=	$v^4{}_4p_x$
六	1	v^5	$\dfrac{l_{x+5}}{l_x}={}_5p_x$	=	$v^5{}_5p_x$
⋮	⋮	⋮	⋮		⋮
n	1	v^{n-1}	$\dfrac{l_{x+n-1}}{l_x}={}_{n-1}p_x$	=	$v^{n-1}{}_{n-1}p_x$

となり、

$$\ddot{a}_{x:\overline{n}|}=1+vp_x+v^2{}_2p_x+v^3{}_3p_x+\cdots\cdots+v^{n-1}{}_{n-1}p_x$$

(2) **期末払**　(年一回)

　　　現在、x 歳の人が1年後を第1回目として以後毎年1の年金を生存を条件に1年毎に受けとる年金の現時点での現価(年金の受給回数は n 回とします)

→ $a_{x:\overline{n}|}$ と書きます。

図は省略します。(§5.②の期末払の図を参照)

	年金額(価格)	現価(評価)	生存率(確率)		(価格)×(評価)×(確率)
第一回	1	v	$\dfrac{l_{x+1}}{l_x}=p_x$	=	vp_x
二	1	v^2	$\dfrac{l_{x+2}}{l_x}={}_2p_x$	=	$v^2{}_2p_x$
三	1	v^3	$\dfrac{l_{x+3}}{l_x}={}_3p_x$	=	$v^3{}_3p_x$
四	1	v^4	$\dfrac{l_{x+4}}{l_x}={}_4p_x$	=	$v^4\cdot{}_4p_x$
⋮	⋮	⋮	⋮		⋮
n	1	v^n	$\dfrac{l_{x+n}}{l_x}={}_np_x$	=	$v^n\cdot{}_np_x$

となり

$$a_{x:\overline{n}|}=vp_x+v^2{}_2p_x+v^3{}_3p_x+\cdots\cdots+v^n{}_np_x$$

(3) **年 k 回払**

年に k 回、毎回 $\dfrac{1}{k}$ ずつ、生存を条件に n 年間支払われる年金の現価を $\ddot{a}^{(k)}_{x:\overline{n}|}$ と書きます。(但し期始払)

価格 $\left(\dfrac{1}{k}\right)$×評価×確率の考え方を導入すれば

$$\ddot{a}^{(k)}_{x:\overline{n}|}=\dfrac{1}{k}\times\left\{1\times\dfrac{l_x}{l_x}+v^{\frac{1}{k}}\times\dfrac{l_{x+\frac{1}{k}}}{l_x}+v^{\frac{2}{k}}\times\dfrac{l_{x+\frac{2}{k}}}{l_x}+\cdots\cdots+v^{n-\frac{1}{k}}\times\dfrac{l_{x+n-\frac{1}{k}}}{l_x}\right\}$$

$$=\dfrac{1}{k}(1+v^{\frac{1}{k}}\cdot{}_{\frac{1}{k}}p_x+v^{\frac{2}{k}}{}_{\frac{2}{k}}p_x+\cdots\cdots+v^{n-\frac{1}{k}}{}_{n-\frac{1}{k}}p_x)$$ となります。

同様に期末払は $a^{(k)}_{x:\overline{n}|}$ と書き

$$a^{(k)}_{x:\overline{n}|}=\dfrac{1}{k}\left\{v^{\frac{1}{k}}\times\dfrac{l_{x+\frac{1}{k}}}{l_x}+v^{\frac{2}{k}}\times\dfrac{l_{x+\frac{2}{k}}}{l_x}+\cdots\cdots+v^n\times\dfrac{l_{x+n}}{l_x}\right\}$$

$$= \frac{1}{k}(v^{\frac{1}{k}}{}_{\frac{1}{k}}p_x + v^{\frac{2}{k}} \cdot {}_{\frac{2}{k}}p_x + \cdots\cdots + v^n \cdot {}_n p_x)$$

一般的な近似式

(＊)
$$\boxed{\begin{array}{l} \ddot{a}^{(k)}_{x:\overline{n|}} \fallingdotseq \ddot{a}_{x:\overline{n|}} - \dfrac{k-1}{2k}\left(1 - \dfrac{D_{x+n}}{D_x}\right) \\ a^{(k)}_{x:\overline{n|}} \fallingdotseq a_{x:\overline{n|}} + \dfrac{k-1}{2k}\left(1 - \dfrac{D_{x+n}}{D_x}\right) \end{array}}$$

(但し $D_x = v^x l_x$, $D_{x+n} = v^{x+n} l_{x+n}$)

(＊)この証明には **Woolhouse** の公式

$$f(a) + f\left(a + \frac{1}{k}\right) + f\left(a + \frac{2}{k}\right) + \cdots\cdots + f\left(b - \frac{1}{k}\right) + f(b)$$
$$\fallingdotseq k\{f(a) + f(a+1) + \cdots\cdots + f(b)\} - \frac{k-1}{2}\{f(a) + f(b)\}$$
$$- \frac{k^2-1}{12k}\{f'(b) - f'(a)\}$$

を用います。

　被保険者が生存する限り、所定金額の年金を支払うものを終身年金といいます。

　年金をあらかじめ定められた一定の期間であるケースを有期年金といいます。また生死に関係なく、受けとれる年金を確定年金といいます。

　生命保険会社では、確定年金を支給する期間を保証期間と呼び、例えば60歳年金開始10年保証（期間付）生命年金といいます。

　年金の支払いには期始払と期末払があり、また即時開始年金と措置年金があります。

A．終身年金

　30歳（被保険者）の年金額1、即時開始、（一般に据置に対応するもので、書きません）終身年金の現価は

(i) 期始払 　　　　　　　(価格)×(評価)×(確率)

第1年度(30歳のとき)　　　$1 \times 1 \times \dfrac{l_{30}}{l_{30}} = \dfrac{v^{30} l_{30}}{v^{30} l_{30}} = \dfrac{D_{30}}{D_{30}}$

第2年度(31歳のとき)　　　$1 \times v \times \dfrac{l_{31}}{l_{30}} = \dfrac{v^{31} l_{31}}{v^{30} l_{30}} = \dfrac{D_{31}}{D_{30}}$

第3年度(32歳のとき)　　　$1 \times v^{2} \times \dfrac{l_{32}}{l_{30}} = \dfrac{v^{32} l_{32}}{v^{30} l_{30}} = \dfrac{D_{32}}{D_{30}}$

　　　　　⋮　　　　　　　　　　　⋮　　　　　　　　　⋮

(計) $\dfrac{1}{D_{30}}(D_{30} + D_{31} + D_{32} + \cdots)$

$= \dfrac{N_{30}}{D_{30}}$

これ $\left(\dfrac{N_{30}}{D_{30}}\right)$ を $\ddot{a}_{30}$ と書く。

(ii) 期末払 　　　　　　　(価格)×(評価)×(確率)

第1年度(31歳直前受取)　　　$1 \times v \times \dfrac{l_{31}}{l_{30}} = \dfrac{v^{31} l_{31}}{v^{30} l_{30}} = \dfrac{D_{31}}{D_{30}}$

第2年度(32歳直前受取)　　　$1 \times v^{2} \times \dfrac{l_{32}}{l_{30}} = \dfrac{v^{32} l_{32}}{v^{30} l_{30}} = \dfrac{D_{32}}{D_{30}}$

第3年度(33歳直前受取)　　　$1 \times v^{3} \times \dfrac{l_{33}}{l_{30}} = \dfrac{v^{33} l_{33}}{v^{30} l_{30}} = \dfrac{D_{33}}{D_{30}}$

　　　　　⋮　　　　　　　　　　　⋮　　　　　　　　　⋮

(計) $\dfrac{1}{D_{30}}(D_{31} + D_{32} + D_{33} + \cdots)$

$= \dfrac{N_{31}}{D_{30}}$

これ $\left(\dfrac{N_{31}}{D_{30}}\right)$ を a_{30} と書く。

B. 有期年金

30 歳（被保険者）の年金額 1 で 10 年間の有期年金の現価は

(i) 期始払　　　　　　　　（価格）×（評価）×（確率）

第 1 年度 (30 歳のとき)　　　$1 \times 1 \times \dfrac{l_{30}}{l_{30}} = \dfrac{v^{30} l_{30}}{v^{30} l_{30}} = \dfrac{D_{30}}{D_{30}}$

第 2 年度 (31 歳のとき)　　　$1 \times v \times \dfrac{l_{31}}{l_{30}} = \dfrac{v^{31} l_{31}}{v^{30} l_{30}} = \dfrac{D_{31}}{D_{30}}$

第 3 年度 (32 歳のとき)　　　$1 \times v^2 \times \dfrac{l_{32}}{l_{30}} = \dfrac{v^{32} l_{32}}{v^{30} l_{30}} = \dfrac{D_{32}}{D_{30}}$

$\vdots$

第 10 年度 (39 歳のとき)　　$1 \times v^9 \times \dfrac{l_{39}}{l_{30}} = \dfrac{v^{39} l_{39}}{v^{30} l_{30}} = \dfrac{D_{39}}{D_{30}}$

$$(\text{計}) \quad \dfrac{1}{D_{30}} (D_{30} + D_{31} + \cdots\cdots + D_{39})$$

$$= \dfrac{N_{30} - N_{40}}{D_{30}}$$

これ $\left(\dfrac{N_{30} - N_{40}}{D_{30}} \right)$ を $\ddot{a}_{30:\overline{10|}}$ と書きます。

(ii) 期末払　　　　　　　　（価格）×（評価）×（確率）

第 1 年度 (31 歳直前受取時)　$1 \times v \times \dfrac{l_{31}}{l_{30}} = \dfrac{v^{31} l_{31}}{v^{30} l_{30}} = \dfrac{D_{31}}{D_{30}}$

第 2 年度 (32 歳直前受取時)　$1 \times v^2 \times \dfrac{l_{32}}{l_{30}} = \dfrac{v^{32} l_{32}}{v^{30} l_{30}} = \dfrac{D_{32}}{D_{30}}$

第 3 年度 (33 歳直前受取時)　$1 \times v^3 \times \dfrac{l_{33}}{l_{30}} = \dfrac{v^{33} l_{33}}{v^{30} l_{30}} = \dfrac{D_{33}}{D_{30}}$

$\vdots$

第 10 年度 (40 歳直前受取時)　$1 \times v^{10} \times \dfrac{l_{40}}{l_{30}} = \dfrac{v^{40} l_{40}}{v^{30} l_{30}} = \dfrac{D_{40}}{D_{30}}$

(計)　$\dfrac{1}{D_{30}}(D_{31}+D_{32}+\cdots\cdots+D_{40})$

$=\dfrac{N_{31}-N_{41}}{D_{30}}$

これ $\left(\dfrac{N_{31}-N_{41}}{D_{30}}\right)$ を $a_{30:\overline{10|}}$ と書きます。

以上は即時開始年金と呼ばれるカテゴリー（範疇）のもので、以下に説明するものが据置年金です。

C. 据置年金

据置期間を20年とすると、A.の終身年金について考えてみると（期始払の場合）

すなわち、30歳（被保険者）の年金額1、20年間据置後開始の終身年金の現価は

（価格）×（評価）×（確率）

第20年後（50歳のとき）　　$1\ \times\ v^{20}\ \times\ \dfrac{l_{50}}{l_{30}}\ \ =\dfrac{v^{50}l_{50}}{v^{30}l_{30}}=\dfrac{D_{50}}{D_{30}}$

第21年後（51歳のとき）　　$1\ \times\ v^{21}\ \times\ \dfrac{l_{51}}{l_{30}}\ \ =\dfrac{v^{51}l_{51}}{v^{30}l_{30}}=\dfrac{D_{51}}{D_{30}}$

第22年後（52歳のとき）　　$1\ \times\ v^{22}\ \times\ \dfrac{l_{52}}{l_{30}}\ \ =\dfrac{v^{52}l_{52}}{v^{30}l_{30}}=\dfrac{D_{52}}{D_{30}}$

⋮　　　　　　　　　　　　　　　　　　⋮

計　$\dfrac{1}{D_{30}}(D_{50}+D_{51}+\cdots\cdots)=\dfrac{N_{50}}{D_{30}}$

これ $\left(\dfrac{N_{50}}{D_{30}}\right)$ を $_{20|}\ddot{a}_{30}$ と書きます。

一般に、

$$_{f|}\ddot{a}_x=\dfrac{N_{x+f}}{D_x}$$

第3章　年金の数学

$$_{f|}a_x = \frac{N_{x+f+1}}{D_x}$$

$$_{f|}\ddot{a}_{x:\overline{n}|} = \frac{N_{x+f}-N_{x+f+n}}{D_x}$$

$$_{f|}a_{x:\overline{n}|} = \frac{N_{x+f+1}-N_{x+f+n+1}}{D_x}$$

§11. 定期積金

一定期間後に一定の目標額を得ようとして同額ずつ積み立てます。これは契約者の生死に関係しないので保険ではありませんが、元金償還保険として外国の保険会社では販売しているようですが、これが「**定期積金**」と呼ばれているものです。

毎年 $P_{\overline{n}|}$ ずつ、n 年間積み立て、n 年後に1受けとるとすると、（年利率 i）収支相等の原則より

$$P_{\overline{n}|}\{(1+i)^n + (1+i)^{n-1} + \cdots + (1+i)\} = 1$$

上記の両辺に v^n を掛けると

$$P_{\overline{n}|}(1 + v + \cdots + v^{n-1}) = v^n$$

∴　$P_{\overline{n}|} \cdot \ddot{a}_{\overline{n}|} = v^n$

∴　$P_{\overline{n}|} = \dfrac{v^n}{\ddot{a}_{\overline{n}|}}$　……①

さて、これは保険ではありませんが、積み立てはじめて n 年後に1を支払わなければならないので責任準備金を積んでおかなければなりません。

・過去法による責任準備金（第 t 年度末を $_tV_{\overline{n}|}$ と書きます）は次頁の図を参考にして考えると

$$_tV_{\overline{n}|} = P_{\overline{n}|}\{(1+i)^t + (1+i)^{t-1} + \cdots + (1+i)\} \quad \text{（収入だけで支払なし）}$$

$$= \frac{v^n}{\ddot{a}_{\overline{n}|}}\{(1+i)^t + (1+i)^{t-1} + \cdots + (1+i)\} \quad \left(\because \text{①より } P_{\overline{n}|} = \frac{v^n}{\ddot{a}_{\overline{n}|}}\right)$$

$$= \frac{1}{\ddot{a}_{\overline{n|}}}(v^{n-t}+v^{n-t+1}+\cdots+v^{n-1})$$

$$= \frac{1}{\ddot{a}_{\overline{n|}}}(\ddot{a}_{\overline{n|}}-\ddot{a}_{\overline{n-t|}})=1-\frac{\ddot{a}_{\overline{n-t|}}}{\ddot{a}_{\overline{n|}}}\cdots\cdots ②$$

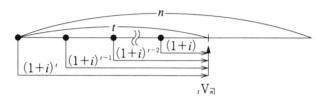

将来法による責任準備金 $_tV_{\overline{n|}}$ は

$$_tV_{\overline{n|}} = v^{n-t} - P_{\overline{n|}}(1+v+\cdots+v^{n-t-1})\cdots\cdots ③$$

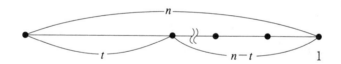

③の右辺第1項は $(n-t)$ 年に1支払う現価なので v^{n-t}、第2項は毎年 $P_{\overline{n|}}$ を $(n-t)$ 回払い込まれるので $P_{\overline{n|}}(1+v+\cdots+v^{n-t-1})$ です。

したがって

$$_tV_{\overline{n|}} = v^{n-t} - P_{\overline{n|}}\cdot\ddot{a}_{\overline{n-t|}}$$

$$= v^{n-t} - \frac{v^n}{\ddot{a}_{\overline{n|}}}\cdot\ddot{a}_{\overline{n-t|}} \quad \left(\because\ P_{\overline{n|}}=\frac{v^n}{\ddot{a}_{\overline{n|}}}\right)$$

$$= \frac{v^{n-t}\cdot\ddot{a}_{\overline{n|}}-v^n\cdot\ddot{a}_{\overline{n-t|}}}{\ddot{a}_{\overline{n|}}}$$

$$=\frac{1}{\ddot{a}_{\overline{n}|}}\{v^{n-t}(1+v+\cdots+v^{n-1})-v^n(1+v+\cdots+v^{n-t-1})\}$$

$$=\frac{1}{\ddot{a}_{\overline{n}|}}\{(v^{n-t}+v^{n-t+1}+\cdots+v^{2n-t-1})-(v^n+v^{n+1}+\cdots+v^{2n-t-1})\}$$

$$=\frac{1}{\ddot{a}_{\overline{n}|}}(v^{n-t}+v^{n-t+1}+\cdots+v^{n-1})$$

$$=\frac{1}{\ddot{a}_{\overline{n}|}}\{(1+v+\cdots+v^{n-1})-(1+v+\cdots+v^{n-t-1})\}$$

$$=\frac{1}{\ddot{a}_{\overline{n}|}}(\ddot{a}_{\overline{n}|}-\ddot{a}_{\overline{n-t}|})$$

$$=1-\frac{\ddot{a}_{\overline{n-t}|}}{\ddot{a}_{\overline{n}|}} \text{ となり、②と③は一致します。}$$

第3章　練習問題

問題①　30年間の年1回期始払確定年金を考える。最初の10年間は年金額1、次の10年間は年金額1.5、最後の10年間は年金額2とするとき、この30年間の年金の30年後の年金終価はおよそいくらか。
但し、$i=0.04$、$1.04^{10}=1.48024$

問題②　2種類の期始払の確定年金AおよびBがある。それぞれの年金額は次のとおりである。

支払年金	A	B
1〜10年後	1	k
11〜20	2	0
21〜40	1	k

これら年金AとBの現価が等しいとき、kはいくらか。小数第2位まで求めよ。但し、$v^{10}=0.5$とする。

問題③　次の式のうちで、${}_t V_{\overline{n}|}$ に等しくないものはどれか。
（${}_t V_{\overline{n}|}$、$P_{\overline{n}|}$ はそれぞれ定期積金の積立金、掛金とする）

(A) $1-\dfrac{\ddot{a}_{\overline{t}|}}{\ddot{a}_{\overline{n}|}}$ 　　(B) $\dfrac{S_{\overline{t}|}}{S_{\overline{n}|}}$ 　　(C) $v^{n-t}-P_{\overline{n}|}\cdot\ddot{a}_{\overline{n-t}|}$

(D) $P_{\overline{n}|}(S_{\overline{t+1}|}-1)$ 　　(E) $1-\dfrac{\ddot{a}_{\overline{n-t}|}}{\ddot{a}_{\overline{n}|}}$

問題④　次の式のうちで、$\ddot{a}_{\overline{n}|}^{(m)}$ に等しくないものはどれか。

(A) $\dfrac{1}{m}(v^{\frac{1}{m}}+v^{\frac{2}{m}}+\cdots\cdots+v^n)$ 　　(B) $\dfrac{1-v^n}{i^{(m)}}$ 　　(C) $S_{\overline{1}|}^{(m)}\cdot\ddot{a}_{\overline{n}|}$

(D) $\ddot{a}_{\overline{n+\frac{1}{m}}|}^{(m)}-\dfrac{1}{m}$ 　　(E) $a_{\overline{1}|}^{(m)}\cdot\ddot{a}_{\overline{n}|}$

問題⑤　n年の確定年金とn年の生命年金（例えばx歳加入）はその現価は

どちらが大きいか。(期始払として考えよ。)

問題⑥ $a_{\overline{n}|}=29.08$、$\ddot{a}_{\overline{n}|}=29.6618$ の時 i はいくらか。

問題⑦ 次の空欄に文字あるいは数字を埋めよ。

① $\ddot{S}_{\overline{n}|}= \boxed{} \times S_{\overline{n}|}$

② $\ddot{S}_{\overline{n}|}= S_{\overline{\boxed{}|}}-1$

③ $S_{\overline{n}|}= \ddot{S}_{\overline{\boxed{}|}}+1$

④ $\ddot{a}_{\overline{n}|}= a_{\overline{\boxed{}|}}+1$

⑤ $\ddot{a}_{\overline{n}|}= \boxed{} \times \ddot{S}_{\overline{n}|}$

⑥ $a_{\overline{n}|}= \ddot{a}_{\overline{\boxed{}|}}-1$

⑦ $a_{\overline{n}|}= \boxed{} \times S_{\overline{n}|}$

⑧ $\ddot{a}_{\overline{n}|}= \boxed{} \times a_{\overline{n}|}$

⑨ $_{f|}\ddot{a}_{\overline{n}|}= \boxed{} \times \ddot{a}_{\overline{n}|}$

⑩ $_{f|}a_{\overline{n}|}= a_{\overline{f+n}|}- \boxed{}$

⑪ $_{f|}\ddot{a}_{\overline{n}|}= \boxed{} - \ddot{a}_{\overline{f}|}$

⑫ $\ddot{a}_{\overline{30}|}=1+v+v^2+\cdots+v^{\boxed{}}$
$\phantom{\ddot{a}_{\overline{30}|}}=(1+v+\cdots+v^{14})+v^{15}(1+v+\cdots+v^{\boxed{}})$
$\phantom{\ddot{a}_{\overline{30}|}}=\ddot{a}_{\overline{\boxed{}|}}+v^{15}\times \ddot{a}_{\overline{\boxed{}|}}$

問題⑧ ① $\dfrac{1}{a_{\overline{n}|}}-\dfrac{1}{S_{\overline{n}|}}$ を簡単にせよ。

② $a_{\overline{n}|}\times \dfrac{1}{S_{\overline{n}|}}$ はいくらか。

問題⑨ 次の式のうちで、$a_{\overline{n}|}^{(p)}$ に等しくないものはどれか。

(A) $\dfrac{1}{p}(v^{\frac{1}{p}}+v^{\frac{2}{p}}+\cdots+v^n)$ 　(B) $\dfrac{1-v^n}{i^{(p)}}$ 　(C) $\dfrac{1-v^n}{p\{(1+i)^{\frac{1}{p}}-1\}}$

(D) $\dfrac{1}{p}\cdot\dfrac{v^{\frac{1}{p}}(1-v^n)}{1-v^{\frac{1}{p}}}$ 　(E) $\dfrac{1-v^n}{p(v^{\frac{1}{p}}-1)}$

問題⑩ 次の式のうちで $S_{\overline{n}|}^{(p)}$ に等しくないものはどれか。

(A) $\dfrac{(1+i)^n - 1}{i^{(p)}}$ (B) $\dfrac{1}{p}\{(1+i)^{n-\frac{1}{p}} + (1+i)^{n-\frac{2}{p}} + \cdots + 1\}$

(C) $\dfrac{1-(1+i)^n}{p\{1-(1+i)^{\frac{1}{p}}\}}$ (D) $\dfrac{1-(1+i)^n}{p\{(1+i)^{\frac{1}{p}} - 1\}}$

(E) $\dfrac{(1+i)^{-\frac{1}{p}}\{(1+i)^n - 1\}}{p\{1-(1+i)^{-\frac{1}{p}}\}}$

問題⑪ 次のうちで正しくないものはどれか。

(A) $a_{\overline{n}|}^{(p)} = S_{\overline{1}|}^{(p)} \cdot a_{\overline{n}|}$ (B) $S_{\overline{n}|}^{(p)} = S_{\overline{1}|}^{(p)} \cdot S_{\overline{n}|}$ (C) $S_{\overline{1}|}^{(p)} = \dfrac{i}{i^{(p)}}$

(D) $a_{\overline{n}|}^{(p)} = \dfrac{i}{i^{(p)}} \cdot a_{\overline{n}|}$ (E) $a_{\overline{n}|}^{(p)} = a_{\overline{1}|}^{(p)} \cdot a_{\overline{n}|}$

問題⑫ ある人が年1回3%の利息を支払う銀行に、10年後100,000円となるように毎年同じ金額ずつ貯金した。ところが4年後に至って、銀行は預金利率を年2.5%に引き下げた。この利率引き下げ後の毎年の貯金額を定めるといくらになるか。

問題⑬ ある40歳の人が将来のことを考えて「私的年金制度」を作ることにした。60歳直前までは収入があるので、60歳以降の年金を次のようにしたい。

① 60歳～64歳の5年間は毎年始　　400万円

② 65歳～69歳の5年間は毎年始　　300万円

③ 70歳～79歳の10年間は毎年始　　250万円

④ 80歳からはとりあえず考えないものとする。

この人は40歳の今、いくらのファンドが必要か。(年利率は5％とする)

問題⑭ 問題⑬で40歳の誕生日から60歳までの20年間、毎年始にいくらずつ積み立てたら、上記「私的年金制度」を実施できるか。
(年利率5％とする)

第4章

損害率の計算方式とその見方

§1. 損害率の計算方式

損害率(LOSS RATIO 略して L/R)は特に損保経営にとって、重要な経営指標です。損害差益が何パーセントあるか、前年度と比較して、損害差額はどうかなど大いに関心のあるところです。

しかし、その大切な損害率にはいくつかの方式があります。その算式と用途およびメリット、デメリットについては以下に表であらわしてみると次のようになります。

この表で

当年支払保険金(L) は　①+②+③となります。

- ①当年発生当年支払保険金 L(I)
- ②前年以前発生前年末既報告当年支払保険金
- ③前年以前発生前年末未報告当年支払保険金

当年末未払保険金(On) は　①+②+③です。

$\left\{\begin{array}{l}\text{①当年発生当年報告未払保険金 } O(I)\\ \text{②前年以前発生前年末既報告未払保険金}\\ \text{③前年以前発生前年末未報告未払保険金}\end{array}\right.$

なお、$p_r(e)$ すなわち既経過保険料の計算方法も大きく分けて次の3通りあります。(但し、①を除いて当年度契約の当年度既経過保険料)

第4章 損害率の計算方式とその見方

L/Rの方式	算式	用途	メリット	デメリット
(凡 例)			$Pr(e)$：基準時点過去1年間の既経過保険料 $Pr(w)$：〃 収入 〃 L：〃 支払保険金 O_n：基準時点の未払保険金 O_{n-1}：前年同期の未払保険金	$Pr(y)$：当該営業年度中に契約した保険料 $L(y)$：〃 全契約の事故による損害 $L(I)$：基準時点過去1年間に発生した事故による支払保険金 $O(I)$：〃 未払保険金
1. E/B (Earned Basis Loss Ratio)	$=\dfrac{L+O_n-O_{n-1}}{Pr(e)}$	欧米および我が国において一般的な経営指標	O_n, O_{n-1}が正確であれば基準時点における実態を正確・早期に把握できる。	未払保険金は入り込みであり、設定がまちまちやすい。正確な$Pr(e)$が決算料から得られない。
2. I/E (Incurred to Earned Basis Loss Ratio)	$=\dfrac{L(I)+O(I)}{Pr(e)}$	・自動車保険の料率算定 ・一部で一般的な経営指標としても使用	理論的には、最も正確である。	事故通知の遅れなどにより、L/Rは実態より低めに出る傾向となる。(対策)①未払保険金に修正係数を乗じる。②基準時点後1〜2年まで追跡する。
3. P/Y (Policy Year Basis Loss Ratio)	$=\dfrac{L(y)}{Pr(y)}$	自賠責任保険の料率算定	最終的な数字を把握すれば、引受け当時の料率水準の妥当性、その年度の営業収支バランスを最も正確に把握できる。	最終的な数字に長期間(5〜7年)を要し、会社の経営指標としては不向きである。(対策)早期にこの指標をつかむには、支払保険金の発生傾向から、最終支払保険金を推定する。
4. W/B (Written Basis Loss Ratio)	$=\dfrac{L}{Pr(w)}$	各社の決算資料	最も簡便に把握できる。	保険に詳しくない人に対して、誤解を与えるおそれがある。増収率が大きく、未払保険金の多い種目では、正確な実態を示さない。

我が国の決算未払保険金には、IBNR(既発生未報告損害)が一定算式により積み立てられている。この推定も問題である。

(1) **1/2 法による既経過保険料**

$$\frac{1}{2} \times \{\text{前年収入 } p_r(\omega) + \text{当年収入 } p_r(\omega)\}$$

(2) **1/12 法による既経過保険料**

$$\frac{1}{12} \times (4\text{月収入 } p_r(\omega) \times 12 + 5\text{月収入 } p_r(\omega) \times 11 + \cdots\cdots + 3\text{月収入 } p_r(\omega) \times 1)$$

(注) これはすべての契約が月初に引き受けられたという仮定のもとに計算するもの。

(3) **1/24 法による既経過保険料**

$$\frac{1}{24} \times (4\text{月収入} p_r(\omega) \times 23 + 5\text{月収入 } p_r(\omega) \times 21 + 6\text{月収入} p_r(\omega) \times 19$$
$$+ \cdots\cdots$$
$$\cdots + 2\text{月収入} p_r(\omega) \times 3 + 3\text{月収入} p_r(\omega) \times 1)$$

(注) これはすべての契約が月央に引き受けられたという仮定のもとに計算するもの。

したがって、②、③で過去1年間の既経過保険料を算出する時は前年度の未経過保険料を加算しなければなりません。(前年度未経過保険料は当年度既経過保険料)

もちろん、解約保険料を考慮します。

(解説)

1. **リトンベーシス・ロスレシオ (W/B)**

(1) リトンベーシス・ロスレシオの計算方法

これは、次の算式により計算されます。

$$\text{リトンベーシス・ロスレシオ (W/B)} = \frac{\text{支払保険金}}{\text{収入保険料}} \times 100 \quad (\%)$$

第4章 損害率の計算方式とその見方

ある時期に収入された金額(＝保険料)に対して、支出された金額(＝保険金)を対比させ、その割合をもって損害率としたものです。

通常、分母の収入保険料には積立型保険における積立保険料部分を除外した正味収入保険料が用いられる他、期間としては1カ年が使用されます。

リトンベーシス・ロスレシオの優れた点は当期間中における収入(保険料)と支出(保険金)からだけで簡単に計算することができること、またそのために速報性のあることです。

(2) **リトンベーシス・ロスレシオのデメリット**

リトンベーシス・ロスレシオには前項で説明したように計算の簡便性や速報性などのメリットがある反面、次の様なデメリットを持っています。

すなわち損害率が、ロスの実態に関係のない要因、つまり保険料の増収や減収の度合によって変動してしまうことです。

◆例を挙げてみましょう。

ある期間中に収入される保険料には、その期間中の補償に充当されるべき金額が含まれていることはもちろんですが、来期の補償に充当されるべき金額も含まれています。

図1の様に今期の半ばにおいて保険期間1年の契約が成立し、その保険料100が収入されたとします。しかしこの契約の保険期間のうち最初の半年間は今期に属し、後の半年間は来期に属しているので、この契約に対する支払保険金の総額を60とし、このうちの30は今期の支払とし、残りの30は来期の支払とします。

この場合、今期のリトンベーシス・ロスレシオは $(30÷100)×100＝30\%$ と

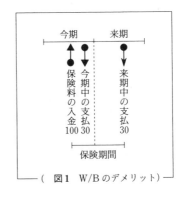

（ 図1 W/Bのデメリット ）

なって、実態損害率（この例の場合は60%）とはかなりかけ離れたものとなってしまうことが分かります。

また、リトンベーシス・ロスレシオと実態損害率との乖離は増収または減収の度合が著しい時には、さらに大きくなります。

特に、近年において成長著しい積立型保険においては、3年～10年という長期の保険期間の補償に充当するための正味保険料が一時期に収入される一時払契約の比重が大きく、また契約量自体の変動も他の保険種目に比べて非常に大きいのでリトンベーシスでの損害率は、たとえその傾向をいくら分析しようとしても経営管理上は全く役に立たないものになるのです。

また、わずかの収益率の変動が経営に重大な影響を与えるような種目、例えば、自動車保険等の種目においては判断材料として、リトンベーシスの損害率を用いてはなりません。

2. アーンドベーシス・ロスレシオ（e/b）

(1) アーンドベーシス・ロスレシオの計算方法

アーンドベーシス・ロスレシオは前述のリトンベーシスを改良したものであり、分子の支払保険金に対して分母には当期間中の補償に充当するべき保険料を使用して、その比率をみるものです。

「当期間中の補償に充当すべき保険料」を**既経過保険料**といいます。

アーンドベーシス・ロスレシオを算式で表せば、次のようになります。

$$\text{アーンドベーシス・ロスレシオ}(e/b) = \frac{\text{支払保険金}}{\text{既経過保険料}} \times 100 \quad (\%)$$

(2) 既経過保険料

既経過保険料の計算方法には次の二つの方法があります。

① チルメル式既経過保険料

これは既経過保険料を計算するに際して、決算上の責任準備金た

る未経過保険料を利用する方法であり、計算式は次のとおりです。

> チルメル式既経過保険料＝収入保険料＋前期末未経過保険料
> 　　　　　　　　　　　　－当期末未経過保険料

　実際の決算においては、本来の未経過保険料とは別に保険業法施行規則第33条収支残が、決算未経過保険料として用いられていることがあるので、注意を要します。

　しかし、チルメル式既経過保険料においても、例えば、積立型保険の一時払契約においては、全期間分の代理店手数料が契約の一時期に収入されるため、初年度の保険料が膨らんでしまい、損害率が変動してしまうことになります。

② 平準式既経過保険料（1/24法…24分法による）

　これはロスの実態をできる限り正確に表す目的で考えられたものであり、基本的に次のようにして、1件別に計算されるものです。

> 平準式既経過保険料＝収入保険料×$\dfrac{保険期間のうち当期に属する期間}{保険期間}$

　この方法によれば、代理店手数料のように、一時期に支払いのあるような支出も含めて、期間の割合で按分されるのですから、チルメル式既経過保険料のようなデメリットはなく、契約量の増減が損害率に与える影響を排除できます。

　平準式既経過保険料は実務上は、24分法と呼ばれる方法で計算されます。

（24分法について）

　24分法においては、まず、既経過件数が求められます。

　契約はすべて、月央において締結されるものとみなして、半月が

経過する度に、24分の1件を計上するものとします。そうすると、年度単位で損害率を計算する時、例えば、10月の契約は年度末まで解約されなければ、既経過5.5カ月ですから $5.5 \div 12 = \dfrac{11}{24}$ 件が既経過件数となります。

表1　年度末時における既経過件数

契約月	既経過件数
年初有効	24/24 件
4月	23/24
5	21/24
6	19/24
7	17/24
8	15/24
9	13/24
10	11/24
11	9/24
12	7/24
1	5/24
2	3/24
3	1/24

この場合の契約月と既経過件数の関係を表1に示します。

年初において有効であった契約は既経過件数として24/24件を計上しておけばよいのです。

表2　年度末時における既経過件数（消滅による修正分）

解約月	既経過件数修正
4月	▲ 23/24 件
5	▲ 21/24
6	▲ 19/24
7	▲ 17/24
8	▲ 15/24
9	▲ 13/24
10	▲ 11/24
11	▲ 9/24
12	▲ 7/24
1	▲ 5/24
2	▲ 3/24
3	▲ 1/24

次に、解約・失効・満期があったとき、表2の分だけ既経過件数を修正します。

例えば先の例に挙げた10月契約が、翌年の1月になって解約されたとすると、既経過件数の修正として $2.5 \div 12 = 5/24$ 件が用いられるので年度内の既経過件数は結局 $\frac{11}{24} - \frac{5}{24} = \frac{6}{24}$ 件となります。

このようにして計算された既経過件数を用いれば、平準式既経過保険料は次の計算式により求められます。

平準式既経過保険料＝既経過件数×年間保険料

ここで用いた年間保険料は

年間保険料＝1回分保険料×分割回数

ですが、積立型保険の一時払契約の場合は

年間保険料＝1回分保険料×$\frac{1}{保険期間}$

の金額を毎年計上するものとします。

こうした、契約一件別に計算された平準式既経過保険料を集計して、当期の既経過保険料とすればよいことになります。

3. アーンド・(インカード) ベーシス・ロスレシオ (E/B または E・I/B)

前項で説明したアーンドベーシス・ロスレシオ (e/b) は、分母に既経過保険料を契約量に左右されないよう、工夫したものですが、分子にくる支払保険金については何の問題もないのでしょうか。

当期中に発生した事故についての保険金の支払は当期中に行われる場合もありますが、当期中には支払われずに来期に支払がずれ込む場合もあり得ます。(図2参考)

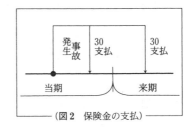

(図2 保険金の支払)

この時、当期中に支払われるもの

だけ支払保険金として、損害率を計算する算式の分子に計上し、来期に支払が延びたものは含めずに計算したのであっては、その損害率は当期のロスの実態を正確に表していないことが分かります。

そこで当期に発生した事故についての保険金は当期中に支払われるか、当期末において備金として計上されるかに着目し、次の算式により計算したものがアーンド・(インカード)ベーシス・ロスレシオです。

$$\text{アーンド・(インカード)ベーシス ロスレシオ (E/B)} = \frac{\text{支払保険金}+\text{当期末備金}-\text{前期末備金}}{\text{既経過保険料}} \times 100(\%)$$

分子の式は支払保険金＋当期末備金－前期末備金という式ですが、これで、当期発生のロスを把握できていることは次のようにして説明できます。

図3を参考にしながら説明します。

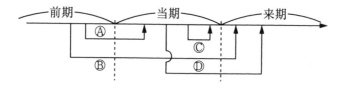

図3　当期に関係ある支払備金

まず、前期末における備金は、当期中に支払われるものⒶと当期中には支払われず当期末においても備金として残っているものⒷに分けられます。

また、当期に発生した事故についての保険金は当期中に支払の行われるものⒸ、来期以降の支払として当期末において備金とされるものⒹに分かれます。

(但し、このモデルは支払備金の異動（金額の増減、取消）は考えないものとします)

ここで、現実の数値として把握できるものは次の三つです。

1) 前期末備金＝Ⓐ＋Ⓑ

2) 当期中の支払保険金＝Ⓐ＋Ⓒ

3) 当期末備金＝Ⓑ＋Ⓓ

したがって、アーンド・(インカード)・ベーシス・ロスレシオの算式における分子は

支払保険金＋当期末備金－前期末備金

＝(Ⓐ＋Ⓒ)＋(Ⓑ＋Ⓓ)－(Ⓐ＋Ⓑ)

＝Ⓒ＋Ⓓ

＝当期発生保険金

となって、当期発生ベースのロスを正しく把握することができます。
(ここではIBNRについては考慮しないものとします。)

アーンド・(インカード)・ベーシス・ロスレシオは契約の増減に影響されることがなく、また当期中の発生事故の保険金を反映したものであり、その意味で、かなり正確な損害率指標として経営判断に使用するという前提の指標としても有効です。

4. **インカード・(アーンド) ベーシス・ロスレシオ (I/E)**

経営指標というより自動車保険などの料率算定に用いられる損害率に、インカード・ベーシス・ロスレシオがあります。

$$\text{インカード・ベーシス・ロスレシオ (I/E)} = \frac{支払保険金^* ＋ 未払備金^*}{既経過保険料} \times 100$$

＊当期の事故の保険金、備金

この指標は理論的には、正確ですが、実際には事故通知の遅れによりインカード・ベーシス・ロスレシオは実態よりもかなり低めになります。

なお、以上、説明した4種類の損害率指標はリトンベーシス・ロスレシオを**ダブリュー・ビー**(W/B)、アーンドベーシス・ロスレシオを**スモール・**

イービー (e/b)、アーンド・(インカード) ベーシス・ロスレシオを**ラージ・イービー** (E/B)、インカード・ベーシス・ロスレシオを**アイ・イー** (I/E) と呼びます。

5. **ポリシー・イヤー・ベーシスロスレシオ (P/Y)**

最後にポリシー・イヤー・ベーシスロスレシオですがこれは当期中の収入保険料に対して、当期発生の事故に関する保険金をたとえ何年かかろう（オーバーな言い方ですが）と把握して最終的な損害率を計算しようとするものです。

ポリシー・イヤー・ベーシスロスレシオを式で表せば、次のようになります。

$$\text{ポリシー・イヤー・ベーシスロスレシオ (P/Y)} = \frac{\text{当該営業年度中に契約した全契約の事故による保険金}}{\text{当該営業年度中に契約した保険料}} \times 100(\%)$$

このポリシーイヤー・ベーシスロスレシオは最終的に損害率が確定するまで非常に長い期間がかかるため、経営管理上の損害率指標としては用いられることは少ないです。（自動車保険では6年以上かかります）。

例題①

次の年掛傷害保険（掛捨）の既経過保険料を計算せよ。

(単位千円)

	前年度		当年度
4月	1,000	4月	1,100
5	1,500	5	1,800
6	2,000	6	2,100
7	2,500	7	3,000
8	800	8	1,000
9	1,100	9	1,200

第4章　損害率の計算方式とその見方

10	1,500	10	1,700
11	2,000	11	2,100
12	3,000	12	3,500
1	600	1	1,000
2	1,500	2	500
3	2,500	3	3,000
計	20,000	計	22,000

問① 1/2法による既経過保険料はいくらか（P_1）

② 1/12法による既経過保険料はいくらか（P_2）

③ 1/24法による既経過保険料はいくらか（P_3）

（解答）

① $P_1 = \dfrac{1}{2}(20,000 + 22,000) = 21,000$(千円)

② P_2 は当年度契約の当年度既経過保険料 P_2^A と前年度の未経過保険料の当年度既経過保険料 P_2^B に分けられる。

$P_2^A = \dfrac{1}{12}(1,100 \times 12 + 1,800 \times 11 + 2,100 \times 10 + 3,000 \times 9$

$\qquad + 1,000 \times 8 + 1,200 \times 7 + 1,700 \times 6 + 2,100 \times 5$

$\qquad + 3,500 \times 4 + 1,000 \times 3 + 500 \times 2 + 3,000 \times 1)$

$\quad \fallingdotseq 11,592$(千円)

$P_2^B = \dfrac{1}{12}(1,500 \times 1 + 2,000 \times 2 + 2,500 \times 3 + 800 \times 4$

$\qquad + 1,100 \times 5 + 1,500 \times 6 + 2,000 \times 7 + 3,000 \times 8$

$\qquad + 600 \times 9 + 1,500 \times 10 + 2,500 \times 11)$

$\quad \fallingdotseq 9,717$(千円)

$P_2 = P_2^A + P_2^B = 11,592 + 9,717 = 21,309$(千円)

③ ②と同様に考えて、1/24法を用いると、

$$P_3^A = \frac{1}{24}(1{,}100 \times 23 + 1{,}800 \times 21 + 2{,}100 \times 19 + 3{,}000 \times 17$$
$$+ 1{,}000 \times 15 + 1{,}200 \times 13 + 1{,}700 \times 11 + 2{,}100 \times 9$$
$$+ 3{,}500 \times 7 + 1{,}000 \times 5 + 500 \times 3 + 3{,}000 \times 1)$$
$$= 10{,}675 (千円)$$

$$P_3^B = \frac{1}{24}(1{,}000 \times 1 + 1{,}500 \times 3 + 2{,}000 \times 5 + 2{,}500 \times 7$$
$$+ 800 \times 9 + 1{,}100 \times 11 + 1{,}500 \times 13 + 2{,}000 \times 15$$
$$+ 3{,}000 \times 17 + 600 \times 19 + 1{,}500 \times 21 + 2{,}500 \times 23)$$
$$= 10{,}550 (千円)$$

$$P_3 = P_3^A + P_3^B = 10{,}675 + 10{,}550 = 21{,}225 (千円)$$

① 1/2法　21,000 千円

② 1/12法　21,309 千円

③ 1/24法　21,225 千円

とこのケースの場合、ほとんど差異はなかった。

何故か？　前年度、当年度の月別保険料構成比がほとんど同じであるから。月別増収率の変化があまりなければ①の1/2法でもかなり正確に算出できる。しかし、増収率が月別にかなり増減しているなら、②、③の方式で計算する方がよい。

②と③では③の方が若干、少ない。契約始期を月始とみるか月央でみるかの違いであるが、L/Rをきびしくみるなら③の方がよいかも知れない。決算では②が使用されている。

次のような表を作成しておくと、1/12法（表3）、1/24（表4）法の既経過保険料を計算が容易である。

第4章 損害率の計算方式とその見方

表3 (1/12法)

	月別保険料Ⓐ	率Ⓑ	Ⓐ×Ⓑ		月別保険料Ⓐ	率Ⓑ	Ⓐ×Ⓑ
前年/4		—	—	当年/4		12/12	
5		1/12		5		11/12	
6		2/12		6		10/12	
7		3/12		7		9/12	
8		4/12		8		8/12	
9		5/12		9		7/12	
10		6/12		10		6/12	
11		7/12		11		5/12	
12		8/12		12		4/12	
1		9/12		1		3/12	
2		10/12		2		2/12	
3		11/12		3		1/12	
		小計	(イ)			小計	(ロ)

総計 (イ) + (ロ)

表4 (1/24法)

	月別保険料Ⓐ	率Ⓑ	Ⓐ×Ⓑ		月別保険料Ⓐ	率Ⓑ	Ⓐ×Ⓑ
前年/4		1/24		当年/4		23/24	
5		3/24		5		21/24	
6		5/24		6		19/24	
7		7/24		7		17/24	
8		9/24		8		15/24	
9		11/24		9		13/24	
10		13/24		10		11/24	
11		15/24		11		9/24	
12		17/24		12		7/24	
1		19/24		1		5/24	
2		21/24		2		3/24	
3		23/24		3		1/24	
		小計	(イ)			小計	(ロ)

総計 (イ) + (ロ)

例題②

　85a/c のある損保会社の傷害保険（掛捨）の数字は次のようになった。

　　正味収入保険料（$Pr(\omega)$)56,474 百万円（対前年増収率 12.3%）

　　支払保険金　　（L）　　23,534

　　（内 L(I) は　　　　　　10,590）

　　支払備金　繰入（O_n）　10,401

　　　　　　　戻入（O_{n-1}）9,678

　　なお　　O(I) は　　　2,730　　　である。

この時、

　問①　E/B(Earned Basis Loss Ratio) を求めよ

　　②　I/E(Incurred to Earned Basis Loss Ratio) を求めよ。

　　③　W/B(Written Basis Loss Ratio) を求めよ。

（解答）　既経過保険料 $Pr(e)$ が不明であるので例題①の 1/2 法を用いて算出する。

　当年度正味保険料が 56,474（百万円）で対前年増収率 12.3% なので前年度正味保険料は

　$56,474 \div (1+0.123) \fallingdotseq 50,289$（百万円）

　1/2 法による $Pr(e) = \dfrac{1}{2}(50,289 + 56,474) \fallingdotseq 53,382$（百万円）

①　$E/B = \dfrac{L + O_n - O_{n-1}}{Pr(e)} = \dfrac{23,534 + 10,401 - 9,678}{53,382} = \dfrac{24,257}{53,382}$

　　$\fallingdotseq 45.4(\%)$

②　$I/E = \dfrac{L(I) + O(I)}{Pr(e)} = \dfrac{10,590 + 2,730}{53,382} = \dfrac{13,320}{53,382}$

　　$\fallingdotseq 25.0(\%)$

③　$W/B = \dfrac{L}{Pr(\omega)} = \dfrac{23,534}{56,474} \fallingdotseq 41.7(\%)$

第4章 損害率の計算方式とその見方

§2. 支払備金の計算方法

(1) ラン・オフ三角形 (**Run off Triangle**) の作成

支払パターンを求めるために支払保険金を契約年度別、経過年数別に整理します。(事故年度別、支払年度(事故年度から支払った年数)別であってもよいです) ここで経過年数とは、契約年度から保険金支払年度までの年数をいい、契約年度を起点に当該年度内を経過年数1、翌年度内を2、以降順次3、4、5……とします。

図1のように縦軸に契約年度 (i)[*1]、横軸に経過年数 (j)[*2] をとり、C_{ij} 欄に支払保険金を累計ベースで並べて、ラン・オフ三角形を作成します。

図1

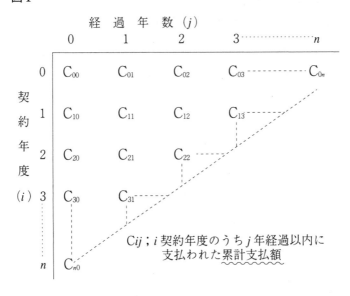

C_{ij} ; i 契約年度のうち j 年経過以内に支払われた累計支払額

ラン・オフ三角形を作成した目的は、支払保険金のない三角形の右下半分を統計的手法により予測し、n カ年間の支払パターンを求めることにあ

－115－

ります。

(＊1) 統計的手法を用いて未払保険金を求める場合に縦軸に事故年度をとることが多いです。ここでは実際の契約時(年度)から保険金支払が完了するまでのパターンを求めることを目的としたので契約年度としています。

(＊2) 経過年数は、使用可能なデータまでとると良いが、一般的には6～7年までとればよいです。

(2) チェイン・ラダー法(Chain Ladder Method)

この手法は、各契約年度における保険金の支払パターンが等しいであろうことを前提とし、既知の支払データから、経過年数の進行に伴う累計支払額の増加額(Loss Development Factor)をラン・オフ三角形を用いて求め、未払保険金および最終発生保険金を推定する方法です。

[実際的計算方法]

経過年数 j から $j+1$ への累計支払い増加率を $M(j \sim j+1)(j=0$、1、…、5) とすると、$M(j \sim j+1)$ は次の算式で求められます。

第4章 損害率の計算方式とその見方

図2

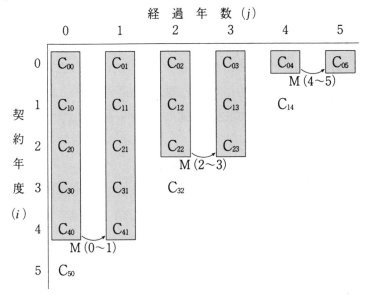

$$M(0\sim 1)=\frac{C_{01}+C_{11}+C_{21}+C_{31}+C_{41}}{C_{00}+C_{10}+C_{20}+C_{30}+C_{40}}$$

$$M(1\sim 2)=\frac{C_{02}+C_{12}+C_{22}+C_{32}}{C_{01}+C_{11}+C_{21}+C_{31}}$$

$$M(2\sim 3)=\frac{C_{03}+C_{13}+C_{23}}{C_{02}+C_{12}+C_{22}}$$

$$M(3\sim 4)=\frac{C_{04}+C_{14}}{C_{03}+C_{13}}$$

$$M(4\sim 5)=\frac{C_{05}}{C_{04}}$$

従って、この $M(j\sim j+1)$ を用いてラン・オフ三角形の右下半分の未知の支払保険金を推定できます。

例えば、

$C_{15}=C_{14}\times M(4\sim 5)$

$C_{52}=C_{50}\times M(0\sim 1)\times M(1\sim 2)$

他の方法として、

(3) ファーガソン法 (Ferguson Method)

この方法は(2)と同じようにラン・オフ三角形による保険金増加率を用いて未払保険金を推定するものですが、(2)と異なる点はデータに**支払備金も含める点**と、保険金増加率計算を**直近3カ年データ**で行う点です。

(4) ド・ヴィルダー法 (De Vylder Method)

この方法はラン・オフ三角形だけでなく、支払年度が最終までない台形のデータ配列でもよく、事故年度別最終支払（発生）保険金、支払年度保険金出現率およびインフレ率の3要素を用いて各事故年度別の未払保険金を推定します。

(5) セパレーション法 (Separation Method)

この方法はラン・オフ三角形をベースに各事故年度と支払年度の関係から保険金出現率とインフレ率などの外的要素に分離 (Separation) して、将来の未払保険金を予測します。

§3. 損害率を使用する際の注意

(1) **対枠損害率**

自動車保険における損害率（たとえばE/B）と積立傷害保険のそれとは意味が異なります。これは自動車保険と積立損害保険では、純率の水準が違うためであり、見かけは同じ55％の損害率であるのに、自動車保険においては会社の利益が出るのに、積立傷害保険では損失となります。

このような純率水準の違いは、自動車保険と積立傷害保険に限らず、

第4章　損害率の計算方式とその見方

すべての種目間で大なり小なり存在します。また同じ保険種目の中においても担保種目や払込方法によって、純率水準は相違します。

例えば、積立ファミリーの払込方法別純率は次のとおりでした。

＊積立ファミリーの純率＊　　図；一時払の例

払込方法	純率
一時払	約52％
年払	38
半年払	33
月払	28
団体払	43

純保険料（約52％）

一般保険料　　積立保険料

営業保険料

(*)　純率＝純保険料÷一般保険料

　純率が異なれば、E/B水準の比率で判断を下すことができないということです。そこで、損害率が純率に対して、どのような状態にあるかを示すのに「**対枠損害率**」という指標を導入します。

$$対枠損害率 = \frac{損害額}{純保険料}$$

　この「対枠損害率」も W/B、e/b、E/B、I/E ベースで考えることができます。損害差益が ±0 となるのは「対枠損害率」で見て 100％ の時です（ここで考えたかったのは、同じ保険種目であっても、注意が必要になるということです）。

〈例題①〉

　上記の「積立ファミリーの純率」を用いて次の3通り（A、B、C）の払込方法別の構成比の異なる会社について、次の問に答えよ。

	A	B	C
一時払	5%	30%	80%
年 払	6	20	5
半年払	2	5	5
月 払	85	35	5
団体払	2	10	5

問① 対枠の純率を A、B、C について求めよ。

問② 一時払、年払、半年払、月払、団体月払の対枠損害率が各々 70%、85%、85%、95%、65% の時、A、B、C について対枠損害率を求めよ。

(解答)

問①

A $52\%\times0.05+38\%\times0.06+33\%\times0.02+28\%\times0.85+43\%\times0.02$
$=\mathbf{30.2}(\%)$

B $52\%\times0.30+38\%\times0.20+33\%\times0.05+28\%\times0.35+43\%\times0.10$
$=38.95\fallingdotseq\mathbf{39.0}(\%)$

C $52\%\times0.80+38\%\times0.05+33\%\times0.05+28\%\times0.05+43\%\times0.05$
$=\mathbf{48.7}(\%)$

このように、払込方法別構成比が異なるだけで、対枠の純率が大幅に異なるのである。

問② まず損害率を求めると

A $5\%\times0.52\times0.7+6\%\times0.38\times0.85+2\%\times0.33\times0.85+85\%\times0.28\times0.95+2\%\times0.43\times0.65=27.488\fallingdotseq\mathbf{27.5}(\%)$

第4章　損害率の計算方式とその見方

B　$30\% \times 0.52 \times 0.7 + 20\% \times 0.38 \times 0.85 + 5\% \times 0.33 \times 0.85 + 35\% \times 0.28 \times 0.95 + 10\% \times 0.43 \times 0.65 = 30.8875 ≒ \mathbf{30.9}(\%)$

C　$80\% \times 0.52 \times 0.7 + 5\% \times 0.38 \times 0.85 + 5\% \times 0.33 \times 0.85 + 5\% \times 0.28 \times 0.95 + 5\% \times 0.43 \times 0.65 = 34.865 ≒ \mathbf{34.9}(\%)$

したがって、対枠損害率は

A　$27.5 \div 30.2 ≒ 0.911$　　**91.1**(%)
B　$30.9 \div 39.0 ≒ 0.792$　　**79.2**(%)
C　$34.9 \div 48.7 ≒ 0.717$　　**71.7**(%)

こうしてみると分かるように損害率が高いからといって、必ずしも対枠損害率が高いとは限らないのである。

このケースでは

A　$1 - 0.911 = 0.089$　すなわち　8.9%
B　$1 - 0.792 = 0.208$　すなわち　20.8%
C　$1 - 0.717 = 0.283$　すなわち　28.3%

の損害差益が出るのである。

(2) **事故頻度**

　各種の損害率を経営指標として使用する際、死亡事故等の大口支払による損害率の悪化状況にのみ注意を払っていると、入院や通院を過度に繰り返すなどの悪質な契約の発見が遅れることがあります。長期的な経営の健全性という観点からは、一過性の大口支払事故よりも、このようなモラルリスクの排除に気を配らなければならないのです。しかし地域別や店別・契約者別の損害率は、大口支払事故の有無により大きく変動してしまうので、損害率とは別の管理指標を工夫しなくてはなりません。

そこで、ある契約を1年間保有していた時に、平均的に事故の起こる件数を考え、**事故頻度**と名付けます。店別や契約者別、あるいは払込別、担保条件別等、ロスを細かい区分でみていく時は、1件の死亡事故で何百％にもはね上がってしまう損害率指標で判断するより、多重支払契約や集団のロス実態を把握できる事故頻度という指標によって判断した方が合理的なのです。

事故頻度も損害率と同様いくつかの種類がありますが、そのうち代表的なものを次に示します。

(a) W/B 事故頻度 $= \dfrac{支払件数}{契約件数} \times 100$

(b) e/b 事故頻度 $= \dfrac{支払件数}{既経過件数} \times 100$

(c) E/B 事故頻度 $= \dfrac{支払件数 + \overset{当期末}{支払備金件数} - \overset{前期末}{支払備金件数}}{既経過件数} \times 100$

このうち(b)及び(c)の分母に使用されている既経過件数は、アーンドベーシスロスレシオ（$=e/b$）の既経過保険料の算出過程で使われたものです。また(c)の分子の部分は変形すると

支払件数 + 支払備金積増件数

であり、既経過事故件数と呼ばれます。

〈例題②〉

次の扱者の損害率と事故頻度を計算しなさい。

	契約件数 件	保険料 千円	事故件数 件	保険金 千円
2007年	213	7,201	10	2,430
2008年	240	8,800	10	17,970
2009年	265	9,870	12	3,400

（解答）

損害率　　2007 年　　2,430÷7,201×100＝ 33.7%

　　　　　2008 年　　17,970÷8,800×100＝204.2%

　　　　　2009 年　　3,400÷9,870×100＝ 34.4%

事故頻度　2007 年　　　　10÷213×100＝4.7%

　　　　　2008 年　　　　10÷240×100＝4.2%

　　　　　2009 年　　　　12÷265×100＝4.5%

　この例題においては、2008 年に損害率が高騰しているが、一方事故頻度は低位に安定していることから、このロス高騰は死亡事故等の一過性の大口支払事故によるものと判断される。

第4章　練習問題

問題①　ある年度の自動車保険の損害率（E/B、W/B）を会社別に算出せよ。
　　　　（年実績）

（単位百万円）

	正味保険料（増収率）	正味支払保険金	支払備金（繰入）	支払備金（戻入）
A社	263,838 (7.5%)	146,699	108,937	104,712
B社	201,774 (5.3)	110,033	85,710	84,103
C社	124,826 (6.9)	67,262	54,581	53,464
D社	124,070 (7.2)	65,844	45,945	41,760
E社	99,969 (6.2)	56,038	34,246	31,464
F社	99,696 (5.3)	55,678	52,257	50,084
G社	99,570 (7.5)	55,305	35,647	32,779
H社	97,073 (8.1)	53,112	45,152	40,139

問題②　次の自動車保険の既経過保険料を計算せよ。（単位千円）

前年度		当年度	
4月	1,200	4月	1,800
5	1,500	5	2,100
6	1,000	6	1,300
7	2,500	7	2,300
8	1,000	8	900
9	1,700	9	1,900
10	2,000	10	2,300
11	2,100	11	2,500
12	4,500	12	5,500

1	1,000	1	1,200
2	800	2	1,100
3	3,500	3	4,000

問Ⓐ 1/2 法による既経過保険料はいくらか。

Ⓑ 1/12 法による既経過保険料はいくらか。

Ⓒ 1/24 法による既経過保険料はいくらか。

問題③ チェイン・ラダー法 (Chain Ladder Method) によって、次の支払保険金のラン・オフ三角形によって、未知の支払保険金 (C_{24}、C_{43}) を推定せよ。(単位百万円)

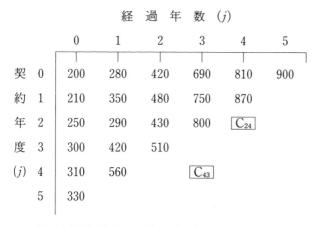

次の括弧を埋めて、C_{24}、C_{43} を求めよ。

$$M(0 \sim 1) = \frac{\boxed{}}{\boxed{}} = \frac{\boxed{}}{\boxed{}} = \boxed{} *$$

$$M(1 \sim 2) = \frac{\boxed{}}{\boxed{}} = \frac{\boxed{}}{\boxed{}} = \boxed{} *$$

$$M(2 \sim 3) = \frac{\boxed{}}{\boxed{}} = \frac{\boxed{}}{\boxed{}} = \boxed{} *$$

$$M(3〜4)=\frac{\boxed{}}{\boxed{}}=\frac{\boxed{}}{\boxed{}}=\boxed{}*$$

$$M(4〜5)=\frac{\boxed{}}{\boxed{}}=\boxed{}*$$

$$C_{24}=800\times\boxed{}=800\times\boxed{}≒\boxed{}(百万円)$$

$$C_{43}=560\times\boxed{}\times\boxed{}=560\times\boxed{}\times\boxed{}≒\boxed{}$$
(百万円)

(*) 小数第4位を四捨五入せよ。

問題④ ある年度の積立ファミリー保険の正味保険料(積立保険料を除外)はA社、B社払込方法別に次のようであった。

	A社	B社	(単位百万円)
一時払	100	3,000	
年 払	200	200	
半年払	50	200	
月 払	1,500	200	
団体払	150	400	
計	2,000	4,000	

問① 対枠の純率の保険料はA、B社各々いくらか。

問② 一時払、年払、半年払、月払、団体月払の対枠損害率はA、B両社とも各々同一で85%、95%、110%、120%、60%の時の損害額(保険金額)を求めよ。

問③ 対枠損害率はA、B社、各々いくらか。

問④ A、B社の損害差益は各々いくらか。

問題⑤ C社の傷害保険の成績と損害率は下記の結果であった。

第4章 損害率の計算方式とその見方

	正味保険料	実際損害率	（予定損害率）
普　傷	8,927 百万円	48.0%	45%
家　傷	726 百万円	52.5%	48%
ファミリー交傷	359 百万円	48.0%	50%
所　得	2,708 百万円	65.0%	60%

問① 　C 社の予定損害額はいくらか。

問② 　C 社の実際損害額はいくらか。

問③ 　C 社の傷害保険の対枠損害率はいくらか。

問題⑥ 　A、B 両扱者の、直近 3 年間の傷害保険の成績状況は、次のようであった。両扱者のロス実態について、分析しコメントを加えなさい。なおこの保険の予定損害率は 50% である。

		〈 契　約 〉		〈 事　故 〉	
		件数 件	保険料 千円	件数 件	保険金 千円
（扱者 A）	2007 年	280	10,110	24	3,560
	2008 年	312	12,760	28	22,800
	2009 年	355	15,380	32	5,020
	計	947	38,250	84	31,380
（扱者 B）	2007 年	360	14,370	51	10,490
	2008 年	412	16,010	60	11,360
	2009 年	431	15,800	72	12,150
	計	1,203	46,180	183	34,000

第 5 章

保険経営に役立つ確率・統計の実例

〔平均値〕

例題① 積立ファミリー保険契約(保険期間5年)で満期を迎えた215,623件中保険金請求(クレーム請求)をした回数が次の場合、クレーム数の平均値はいくらか。

クレーム回数	保険契約者数
0	183,280
1	29,111
2	1,920
3	1,029
4	213
5	70
計	215,623

(解答)

$$0 \times \frac{183,280}{215,623} + 1 \times \frac{29,111}{215,623} + 2 \times \frac{1,920}{215,623}$$

$$+ 3 \times \frac{1,029}{215,623} + 4 \times \frac{213}{215,623} + 5 \times \frac{70}{215,623} \fallingdotseq 0.1727$$

(公式Ⅰ) 平均値(期待値)E(X)

X	x_1	x_2	x_3	$\cdots$	x_n	計
P(X)	p_1	p_2	p_3	$\cdots$	p_n	1

$$E(X) = x_1 \cdot p_1 + x_2 \cdot p_2 + x_3 \cdot p_3 + \cdots + x_n \cdot p_n$$

〔分散・標準偏差〕

例題② 例題①のデータを用いて、5年間で1保険契約から発生するクレーム件数の分散と標準偏差を求めよ。

(解答)

$$\text{分散}(\sigma^2) = 0^2 \times \frac{183,280}{215,623} + 1^2 \times \frac{29,111}{215,623} + 2^2 \times \frac{1,920}{215,623} + 3^2 \times \frac{1,029}{215,623}$$

$$+ 4^2 \times \frac{213}{215,623} + 5^2 \times \frac{70}{215,623} - 0.1727^2 \fallingdotseq 0.2077 \text{ となり、}$$

標準偏差 (σ) は $\sigma = \sqrt{0.2077} \fallingdotseq 0.4557$

(公式Ⅱ) 分散・標準偏差

X	x_1	x_2	x_3	$\cdots$	x_n	計
P(X)	p_1	p_2	p_3	$\cdots$	p_n	1

分散 $(V(X)) = x_1^2 \cdot p_1 + x_2^2 \cdot p_2 + x_3^2 \cdot p_3 + \cdots + x_n^2 \cdot p_n - \{E(X)\}^2$
標準偏差 $(\sigma) = \sqrt{V(X)}$

〔正規分布の標準化〕

例題③ A社のクレーム額統計によりますと、クレーム額をC円とすると、Cは平均値200,000円、標準偏差74,000円の正規分布に従うことが過去の経験から分かっているとすると、
　　あるクレームが次の範囲に入る確率はいくらになるだろうか。
　(イ) 300,000円より大きい確率。

(ロ) 30,000 円未満となる確率。

(ハ) 100,000 円から 150,000 円までの確率。

(解答)

(イ) $0.5 - \phi\left(\dfrac{300,000 - 200,000}{74,000}\right) = 0.5 - \phi(1.35) = 0.5 - 0.41149$
$= 0.08851$

(ロ) $Z = \dfrac{30,000 - 200,000}{74,000} \fallingdotseq -2.30 \to 0.48928$

∴ $0.5 - 0.48928 = 0.01072$

(ハ) $Z_1 = \dfrac{150,000 - 200,000}{74,000} \fallingdotseq -0.68$, $Z_2 = \dfrac{100,000 - 200,000}{74,000} = -1.35$

∴ $0.41149 - 0.25175 = 0.15974$

(イ) 図 (ロ) 図 (ハ) 図

正規分布の標準化

X が正規分布 $N(m, \sigma^2)$ に従う確率変数であるとき

$Z = \dfrac{X - m}{\sigma}$

を満たす Z は標準正規分布 $N(0, 1)$ に従う確率変数である。

〔対数正規分布〕

例題④ ある保険種類の保険金額(クレーム)統計によると、クレーム額を X(万円)とする場合、確率変数 $Y = \log_{10} X$ は平均値 6(万円)、分

散 $1.44(万円)^2$ の正規分布に従うことが分かっている。あるクレームが保険金額 1000 万円 (10^7 円) より大きい確率はいくらか。

(解答)

$$z = \frac{\log_{10} x - m}{\sigma} = \frac{7-6}{\sqrt{1.44}} = 0.83$$

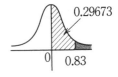

$z = 0.83$ までの面積が 0.29673 であるので

求める確率は

$0.5 - 0.29673 = 0.20327$

例題⑤ 次の表は、B 社の 100 件のクレームについて、そのクレーム額分布を示している。対数正規分布に適合すると仮定して、平均値 (μ)、標準偏差 (σ) を求めよ。

クレーム額 (万円)	クレーム件数
0 ～ 200	1
200 ～ 400	23
400 ～ 600	34
600 ～ 800	20
800 ～ 1000	11
1000 ～ 1200	5
1200 ～ 1400	4
1400 ～ 1600	1
1600 ～ 1800	1
1800 ～ 2000	0
計	100

(解答)

クレーム額に幅があるのでその中央値をとって、平均値、分散を求める。

平均値 (μ) は

$$\mu = 100 \times \frac{1}{100} + 300 \times \frac{23}{100} + 500 \times \frac{34}{100} + 700 \times \frac{20}{100} + 900 \times \frac{11}{100}$$

$$+1{,}100 \times \frac{5}{100} + 1{,}300 \times \frac{4}{100} + 1{,}500 \times \frac{1}{100} + 1{,}700 \times \frac{1}{100} + 1{,}900 \times \frac{0}{100}$$

$$=618 \quad (\text{公式I より})$$

分散 (σ^2) は

$$\sigma^2 = 100^2 \times \frac{1}{100} + 300^2 \times \frac{23}{100} + 500^2 \times \frac{34}{100} + 700^2 \times \frac{20}{100} + 900^2 \times \frac{11}{100}$$

$$+1{,}100^2 \times \frac{5}{100} + 1{,}300^2 \times \frac{4}{100} + 1{,}500^2 \times \frac{1}{100} + 1{,}700^2 \times \frac{1}{100} + 1{,}900^2$$

$$\times \frac{0}{100} - 618^2 = 90{,}476 \quad (\text{公式II より})$$

$$\left\{ \begin{array}{l} e^{(\mu + \frac{1}{2}\sigma^2)} = 618 \quad\quad —① \\ e^{(2\mu + \sigma^2)}(e^{\sigma^2} - 1) = 90{,}476 —② \end{array} \right. \left\{ \begin{array}{l} exp\left(\mu + \frac{1}{2}\sigma^2\right) = 618 \\ exp(2\mu + \sigma^2)\{exp(\sigma^2) - 1\} = 90{,}476 \end{array} \right\} \text{と書く}$$

ことが多い。

①の両辺を2乗すると

$$e^{2\mu + \sigma^2} = 618^2 = 381{,}924 \quad (\because (e^a)^2 = e^{2a})$$

この関係を②に代入すると

$$381{,}924 \cdot (e^{\sigma^2} - 1) = 90{,}476$$

$$\therefore \ (e^{\sigma^2} - 1) \fallingdotseq 0.2369$$

$$e^{\sigma^2} = 1.2369$$

両辺に底をeとする対数をとると (e: 自然対数 $2.71828\cdots$)

$$\sigma^2 \cdot \log_e e = \log_e 1.2369$$

$$\therefore \ \sigma^2 = \log_e 1.2369 \fallingdotseq 0.21261 \quad (\because \log_e e = 1)$$

$$\therefore \ \underline{\sigma \fallingdotseq 0.4611} \ \cdots ③$$

③を①に代入すると

$$e^{\mu + 0.10631} = 618$$

$$\therefore \ (\mu + 0.10631)\log_e e = \log_e 618 \fallingdotseq 6.4265$$

$$\therefore \ \mu + 0.10631 = 6.4265$$

∴ $\mu \fallingdotseq 6.3202$

（答）　平均値　6.3202　（556万円）

　　　　標準偏差 0.4611　（1.59万円）

対数正規分布

確率密度関数 $f(x)$ は $f(x) = \dfrac{1}{\sigma x \sqrt{2\pi}} exp\left[-\dfrac{1}{2}\left(\dfrac{\log_e x - \mu}{\sigma}\right)^2\right]$ $(x > 0)$

平均値　　　　　$exp\left(\mu + \dfrac{1}{2}\sigma^2\right)$

分散　　　　　　$exp(2\mu + \sigma^2)\{exp(\sigma^2) - 1\}$

例題⑥　例題⑤のクレーム分布に従っている時、あるクレームKが2,000万円を超える確率はどれほどか。

　　また、(イ)　クレームが1,000万円以上

　　　　　(ロ)　クレームが600万円未満

となる件数が対数正規分布の標準化によって求めた件数と比較せよ。

（解答）

$$Z = \dfrac{\log_e K - \mu}{\sigma} = \dfrac{7.6009 - 6.3202}{0.4611} \quad (\because K = 2000)$$

$\fallingdotseq 2.78$

したがって、求める確率は正規分布表の面積より

$0.5 - 0.49728 = 0.00272 \fallingdotseq 0.003$

<u>約 0.3%</u>

(イ)　$\log_e 1000 = 6.9078$ だから

$$z_1 = \frac{\log_e X - \mu}{\sigma} = \frac{6.9078 - 6.3202}{0.4611} \fallingdotseq 1.27$$

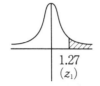

求める確率は

$$0.5 - 0.39796 = 0.10204$$

<u>約 10.2%</u>

⇒ 10.2 件（実積 11 件）

(ロ)　$\log_e 600 = 6.3969$ だから

$$z_2 = \frac{\log_e X - \mu}{\sigma} = \frac{6.3969 - 6.3202}{0.4611} \fallingdotseq 0.17$$

求める確率は

$$0.5 + 0.06749 = 0.56749$$

<u>約 56.7%</u>　（実積 58 件）

非常に適合していることが分かった。

〔ポアソン分布〕

　自動車保険 100 件中、1 年間の対人事故で死亡事故数 x の分布を調べる。各契約の事故数 P が一定であるとすると、これは $n=100$ と、その P をもつ二項分布になる。各契約は 1 年間のうちに対人事故、とりわけ死亡する確率は非常に小さい。したがって、$n=100$ の二項分布での平均 $\lambda = nP$ と小さく、$x=0$、1、2、3 ぐらいの事象はよく起こるが、$x \geq 10$、すなわち 10 件以上の死亡事故が起こることはまずないであろう。

　このような現象の理論モデルとして、二項分布を考えるよりも、**ポアソン分布**を想定するほうが便利である。

　「ポアソン分布とは、二項分布で、その平均 $\lambda = nP$ を一定にしたまま、n を十分大きく、P を十分小さくした極限の分布である。

　その確率 P は

$$\boxed{P(X_n=x)=\frac{\lambda^x}{x!}\cdot e^{-\lambda}}$$ 　$(x=0、1、2、\cdots)$で与えられる。

ここで e は自然対数の底で $e=2.71828\cdots$ である」

二項分布とポアソン分布がどのくらい近いかは図1を参照してみると理解できるであろう。そこでは、平均 $\lambda=nP$ の等しい二つの二項分布と同じ平均 λ をもつ、ポアソン分布の確率が図示されている。

図1　二項分布とポアソン分布

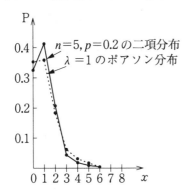

ポアソン分布の確率密度関数は

$$P(X_n=x)=\frac{\lambda^x}{x!}\cdot e^{-\lambda}$$ である。

これは二項分布

$$P(X_n=x)={}_nC_x p^x\cdot(1-p)^{n-x}$$ において

平均値 $np=\lambda$ とした時に、$n\to\infty$ の極限として求めることができる。

(証明) 二項分布において

$$P(X_n=x)={}_nC_x p^x\cdot(1-p)^{n-x}$$

$$= \frac{n!}{x!(n-x)!} \cdot \left(\frac{\lambda}{n}\right)^x \cdot \left(1-\frac{\lambda}{n}\right)^{n-x}$$

$$= \frac{\lambda^x}{x!} \cdot \left(1-\frac{1}{n}\right)\left(1-\frac{2}{n}\right)\cdots\left(1-\frac{k-1}{n}\right)\left(1-\frac{\lambda}{n}\right)^{-x}$$

$$\cdot \left(1-\frac{\lambda}{n}\right)^n$$

n→∞ とすると

上式は $\frac{\lambda^x}{x!} \cdot e^{-\lambda}$ となる。

ポアソン分布は $p=\frac{\lambda}{n}$ という条件のもとでn→∞の極限として、二項分布より導かれたものであるので、pが0に限りなく近いような事象（たとえば超大口のロス発生）の生起数の分布として適当であると考えられる。

そこで、ポアソン分布の応用として、次の事例を考えてみよう。

例題⑦ A社で、被保険者本人の死亡後遺障害だけを担保する傷害保険を1億2000万円の高額なアマウントで販売する企画を検討していた。マーケットも良好である上、1億2000万円の高額補償が大きな魅力となって販売企画として、大いに有望である。

しかし、企画担当者の心配は、こんな商品を販売して、もし支払いが続出したらどうなるかということであった。

さて、企画担当者は、経験的に次の事柄は把握していたが、これだけの数字から、この販売企画の良否をどのように判断できるだろうか。

〈経験的にわかっている事柄〉

① 支払事故は0.045％の頻度で発生する。

② 支払事故があった時、支払額はアマウントの38.5％となる。

　例：アマウントが1億2000万円であれば

$$12000 \times 0.385 = 4620 \quad (万円)$$

〈その他の事柄〉

③ 傷害保険全体では、正味保険料で 14,863 百万円に達している。

④ 純率（危険保険料率）はアマウント 1,000 円につき、0.2349 円である。

―考え方―

まず、経験上の事故頻度 0.045% に対して、料率上許容されている事故頻度は②の 1 事故当たり支払額 4620 万円を確かなものとする時、次の算式より、0.061% であることが分かる。

（計算式）

$$\frac{12000 \times 0.2349}{4620} \times \frac{1}{1000} = 0.061\%$$

これは例えば、この企画商品を 10,000 件販売した時、経験的には 4.5 件の支払事故（上記①より）が発生するが、6.1 件までは料率上許容できることを示している。

支払事故が 6.1 件を超えて発生する確率は、事故件数がポアソン分布に従うと仮定して、計算すると、

$$P(X_n > 6.1) = P(X_n \geq 7)$$

$$= 1 - \sum_{x \leq 6} \frac{4.5^x}{x!} e^{-4.5}$$

$$= 0.169 \quad (約 17\%) となる。$$

他のケースについて、許容限度突破の確率を計算してみると、次表（表 2）のようになる。

表2 販売件数と許容限度突破の確率との関係

販売件数	支払見込件数	許容限度	許容限度突破の確率
1,000件	0.45件	0.61件	36.2%
5,000	2.25	3	19.1
10,000	4.5	6	16.9
20,000	9.0	12	12.4
50,000	22.5	30	5.1
100,000	45.0	61	0.93
200,000	90.0	122	0.055

　これより、一定以上の販売件数を確保すれば、ロスは安定に向かうことが分かる。しかし、保有件数が少ない時は、かなり高い確率で、一発事故で赤字に転落することが予想される。

　さて、次に、この販売企画はあくまで傷害保険の販売形態の一つであるので、傷害保険全体で考えてみたらどうなるであろうか？

　傷害保険全体のロスの悪化を損害率で1％アップの範囲内で収められるなら、O.Kであると仮定すると、傷害保険全体の保険料は14,863百万円（上記③より）であったから、

　　14,863百万 ×1％÷4,620万 ＝3.2件

　すなわち、この販売企画による事故件数が3件以内であれば、傷害のロス悪化は1％以内ということになる。

　再び、販売件数別に、プラス1％水準を突破する確率を計算してみると、次表のようになる。（表3）

第5章 保険経営に役立つ確率・統計の実例

表3

販売件数	事故件数			プラス1%水準突破する確率
	支払見込	許容限度	ロス +1%水準	
1,000件	0.45件	0.61件	3件	0.12%
5,000	2.25	3	6	0.84
10,000	4.5	6	9	1.71
20,000	9.0	12	15	2.20
50,000	22.5	30	33	1.41
100,000	45.0	61	64	0.30
200,000	90.0	122	125	0.002

　この表をみると、販売件数20,000件程度のところが危ないことが分かる。（プラス1%水準を突破する確率2.20%）

　販売件数が20,000件より小さければ、事故は3件もぶれることは確率的に起こりにくい。また、20,000件より大きければロスは安定に向かうことになる。

　いずれにしても、97.8%以上の確率で（1−0.0220＝0.978）、ぶれはロスを1%プラスさせる水準に収まることになる。

　ただし、実際の販売が、ポアソン分布を成立させないような契約にシフトする時、例えば、モラル・リスク、集積リスクが排除できない時には、ロス悪化の確率は更に高くなる。

〔推定〕

> **例題⑧** ある損保会社のA支社で、過去1年間に取り扱った所得補償保険について無作為に400件を抽出して調査したところ、36件が最低1回保険金支払いが行われていた。
> この支社の所得補償保険全契約についてのLOSS頻度を信頼度95%で推定せよ。

(**解説**)

標本比率 $R = \dfrac{36}{400} = \dfrac{9}{100}$、$n = 400$

また、信頼度95%の信頼区間は

$$R - 2 \cdot \sqrt{\dfrac{R(1-R)}{n}} \leq p \leq R + 2 \cdot \sqrt{\dfrac{R(1-R)}{n}}$$ である。

$$2\sqrt{\dfrac{R(1-R)}{n}} = \sqrt{\dfrac{0.09 \times 0.91}{400}} = 0.0286$$

したがって、信頼区間は

$0.09 - 0.0286 \leq p \leq 0.09 + 0.0286$

∴ $0.0614 \leq p \leq 0.1186$ ……(答)

> **例題⑨** ある保険会社で100件の積立ファミリーの契約者についてその同居の親族の人数を調査したところ下の表のようであった。この保険会社の一家族当たりの同居の親族の人数の平均値を信頼度95%で推定せよ。
>
> | 同居の親族の人数 | 1 | 2 | 3 | 4 | 5 | 計 |
> |---|---|---|---|---|---|---|
> | 度　　数 | 39 | 36 | 16 | 7 | 2 | 100 |

(**解説**) 100 件の平均を $\overline{X}$、標準偏差を S とすると、

$$\overline{X} = \frac{1}{100}(1\times39 + 2\times36 + 3\times16 + 4\times7 + 5\times2) = 1.97$$

$$S^2 = \frac{1}{100}\{(1-1.97)^2\cdot39 + (2-1.97)^2\cdot36 + (3-1.97)^2\cdot16 + (4-1.97)^2\cdot7 + (5-1.97)^2\cdot2\}$$

$$S^2 = 1.0091$$

$$\therefore\ S \fallingdotseq 1.0045$$

よって

$$1.97 - 2\cdot\frac{1.0045}{\sqrt{100}} \leq x \leq 1.97 + 2\cdot\frac{1.0045}{\sqrt{100}}$$

$$\therefore\ 1.77 \leq x \leq 2.17 (人) \quad \cdots\cdots (答)$$

◆ 母平均の推定

母集団の母平均 m が分からない時、無作為標本を作る。

標本の大きさ n を大きくすると、正規分布で近似することができる。

また、母集団が正規分布 (m, σ^2) に従う時は、n が大きくなくても常に正規分布 $N\left(m, \dfrac{\sigma^2}{n}\right)$ に従う。

$S = \sqrt{\dfrac{\sigma^2}{n}} = \dfrac{\sigma}{\sqrt{n}}$ とすれば

$$P\left(m - 1.96\times\frac{\sigma}{\sqrt{n}} \leq \overline{X} \leq m + 1.96\times\frac{\sigma}{\sqrt{n}}\right) \fallingdotseq 0.95$$

また

$$P\left(m - 2.58\times\frac{\sigma}{\sqrt{n}} \leq \overline{X} \leq m + 2.58\times\frac{\sigma}{\sqrt{n}}\right) \fallingdotseq 0.99$$

が成立する。

上の式を変形すると

$$P\left(\overline{X} - 1.96\times\frac{\sigma}{\sqrt{n}} \leq m \leq \overline{X} + 1.96\times\frac{\sigma}{\sqrt{n}}\right) \fallingdotseq 0.95$$

ここで、母平均 m、母標準偏差 σ が判明していないのが普通である。σ の方は標本標準偏差 S で代用し、その代わり、未知の m が含まれる範囲を少し拡大して $1.96 \to 2$ に置き換えると

$$P\left(\overline{X} - 2 \times \frac{S}{\sqrt{n}} \leq m \leq \overline{X} + 2 \times \frac{S}{\sqrt{n}}\right) \fallingdotseq 0.95$$

この式は、標本調査によって求められる n、$\overline{X}$、S によって定められる。区間

$$\boxed{\overline{X} - 2 \times \frac{\sigma}{\sqrt{n}} \leq x \leq \overline{X} + 2 \times \frac{\sigma}{\sqrt{n}}} \quad \text{(信頼度 95\%)}$$

の中に、未知の母平均 m が含まれている可能性が約 95% の「確からしさ」を期待できる。

この区間を、**信頼度 95%** の母平均 m の**信頼区間**という。また、信頼度 99% にすると、同様に、$2.58 \to 3$ に直し、信頼区間は、次のようになる。

$$\boxed{\overline{X} - 3 \times \frac{\sigma}{\sqrt{n}} \leq x \leq \overline{X} + 3 \times \frac{\sigma}{\sqrt{n}}} \quad \text{(信頼度 99\%)}$$

> **例題⑩** ある保険会社で、C 町の家族傷害の LOSS 頻度を信頼度 95% で推定したい。この LOSS 頻度はほぼ 5% であると予想できるとする。信頼区間の幅を 3% 以下にするには標本をいくつにしたらよいか。

(解説)

標本比率を R、標本の大きさを n とすると、
信頼度 95% で

$$R - 2\sqrt{\frac{R(1-R)}{n}} \leq p \leq R + 2 \cdot \sqrt{\frac{R(1-R)}{n}} \quad \text{で}$$

信頼区間の幅は $4 \cdot \sqrt{\dfrac{R(1-R)}{n}}$

信頼区間の幅を 3%、すなわち 0.03 以下とすると

$$4\sqrt{\frac{R(1-R)}{n}} \leq 0.03$$

R は LOSS 頻度で 5% の値の近似値とみてよいから

R＝0.05 を代入し

$$4 \times \sqrt{\frac{0.05 \times 0.95}{n}} \leq 0.03$$

よって

$$\sqrt{n} \geq \frac{4\sqrt{0.05 \times 0.95}}{0.03}$$

したがって

$$n \geq 844.4$$

(答)　845 以上

◆　比率の推定

例えば、ある損保商品の事故率を調査したいとする。

大きさ n の標本中に X 個の事故契約が含まれているなら、事故率 R は $\frac{X}{n}$ である。

このような調査の対象となる性質をもつものの標本中の比率を**標本比率**、母集団における比率を**母比率**という。

これも、母比率の信頼度 95% の区間を求めてみよう。

大きさ n が十分大きな標本は二項分布 $B(n, p)$ に従っており、正規分布 $N(np, npq)$ で近似される。

標本において、対象となる性質をもつものを表す確率変数をXとすると

$$P(np - 1.96 \times \sqrt{npq} \leq X \leq np + 1.96 \times \sqrt{npq}) \fallingdotseq 0.95$$

すなわち、n でわって

$$P\left(p-1.96\sqrt{\frac{pq}{n}} \leq \frac{X}{n} \leq p+1.96\sqrt{\frac{pq}{n}}\right) \fallingdotseq 0.95$$

$\frac{X}{n}=R$ とし変形すると

$$P\left(R-1.96\sqrt{\frac{pq}{n}} \leq p \leq R+1.96\sqrt{\frac{pq}{n}}\right) \fallingdotseq 0.95$$

さて、$q=1-p$ として、上の区間内の p を求める計算は複雑であるので、大数の法則によって、n が大きい時、R は p に近いから、p を R に、q を $1-R$ に置き換えて、$1.96 \to 2$ に直すと

$$P\left(R-2\cdot\sqrt{\frac{R(1-R)}{n}} \leq p \leq R+2\cdot\sqrt{\frac{R(1-R)}{n}}\right) \fallingdotseq 0.95$$

信頼度 99% の場合も、同様に考えて

$$P\left(R-3\cdot\sqrt{\frac{R(1-R)}{n}} \leq p \leq R+3\cdot\sqrt{\frac{R(1-R)}{n}}\right) \fallingdotseq 0.99$$

〔検定〕

> 例題⑪　ある A 損保会社では、過去数年にわたって、代理店研修生を採用し、育成してきた。採用後 6 カ月の成績は平均 420 万円、標準偏差 30 万円の正規分布に従うことが分かっている。
>
> 　さて A 社では、採用した代理店研修生の 10 人をランダムに選んで、その 10 人に、あるメニューにそって、「育成」教育を行った結果、採用後 6 カ月の成績は次のようなものであった。この「育成」教育メニューは良い影響があったか、すなわち効果的であったか、有意水準 5% で検定せよ。
> 　　410、390、530、470、490、510、480、450、470、500(万円)

第5章　保険経営に役立つ確率・統計の実例

(解説)

仮説 H：特別な「育成」教育メニューには効果がない。

したがって、大きさ 10 の標本の標本平均 $\overline{X}$ は平均値 420 万円、標準偏差

$\dfrac{30}{\sqrt{10}}$ の正規分布に従う。

有意水準は 5% であるから

$$P\left(420-2\cdot\dfrac{30}{\sqrt{10}}\leq \overline{X}\leq 420+2\cdot\dfrac{30}{\sqrt{10}}\right)≒0.95$$

$2\cdot\dfrac{30}{\sqrt{10}}=\dfrac{60\sqrt{10}}{10}=6\sqrt{10}≒19.0$　であるから

検定の棄却域は

$\overline{X}<420-19,\ 420+19<\overline{X}$　∴　$\overline{X}<401,\ 439<\overline{X}$

また、10 人の平均値は

$$\overline{x}=\dfrac{1}{10}(410+390+530+470+490+510+480+450+470+500)=470$$

したがって、5% の棄却域の中にある。

よって、仮説を棄却する。

(答)　この「育成」教育メニューは効果的だと考えられる。

例題⑫　ある保険の 10 万人当たりの男性・女性事故件数は各々、2,096 人、2,000 人であった。男性と女性の事故率は相等しいと認めてよいか、有意水準 (危険率)5% で検定せよ。

ただし $\int_0^{1.50}\dfrac{1}{\sqrt{2\pi}}e^{-\frac{x^2}{2}}dx≒0.433$ である。

(解説)

仮説 H：この保険の男性・女性の事故率は等しい。

男性の数 X は確率変数であり、二項分布 B(4096,0.5) に従う。n が大き

― 145 ―

いから、X は N(np、npq) に従う。

平均　　$(2096+2000)\times 0.5 = 2{,}048$　……np

標準偏差　$S = \sqrt{4096 \times \dfrac{1}{2} \times \dfrac{1}{2}} = \dfrac{\sqrt{(64)^2}}{2} = 32$　……$\sqrt{npq}$

したがって N(2,048、32) の正規分布に従うので、変数変換 $U = \dfrac{X - np}{S}$ により、標準正規分布 N(0、1) に従う。

X=2096 のとき

$U = \dfrac{2{,}096 - 2{,}048}{32} = \dfrac{48}{32} = 1.5$

また $P(|U| \geq 1.50) = 1 - 2 \cdot P(0 \leq U \leq 1.50)$
　　　　　　　　　　$= 1 - 2 \times 0.433$
　　　　　　　　　　$= 0.134 > 0.05$　だから

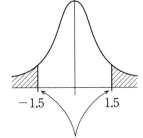

0.134（斜線の面積）

したがって、危険率 5% の棄却域は $u < -1.50$, $1.50 < u$ より狭い。
U=1.5 はこの範囲に入っていない。

よって、仮説 H は棄却できない。

（答）　男性・女性の事故率は等しいと認めてよい。(相違しているとはいえない)（消極的容認）

例題⑬　ある保険の団体扱の被保険者グループ 400 人のうち、1 年間に 8 人に事故が発生した。従来からのこの保険の事故発生率は 4% とみられていた。

　　この団体扱の契約は、他の被保険者と比較して発生率が低いといえるだろうか。

　　二項分布の計算には正規分布を用い、危険率（有意水準）5% で検定せよ。また、危険率 1% ではどうか。

(解説)

仮説 H：事故率は変わらない。(すなわち 4%)

事故の発生した被保険者数 X は $n=400$、$p=0.04$ として

$m=np=400\times 0.04=16$

$\sigma=\sqrt{np(1-p)}=\sqrt{400\times 0.04\times 0.96}\fallingdotseq 3.92$ であるから、X は平均値16、標準偏差3.92の正規分布に従う。また、変数変換 $U=\dfrac{X-16}{3.92}$ によって、標準正規分布 N(0、1) に従う。

正規分布 N(0、1)

k	$P(0\leqq X\leqq k)$
1.8	0.464
1.9	0.471
2.0	0.477
2.1	0.482
2.2	0.486
2.3	0.489
2.4	0.492
2.5	0.494

X=8 のとき、$U\fallingdotseq -2.04$

$P(0\leqq U\leqq k)=\dfrac{0.95}{2}=0.475$

となる k は与えられた表から2.0より小。したがって、危険率5%では、$U=-2.04$ は棄却域に含まれる。(すなわち、発生数が95%の外に出るから低いといえる)

・危険率1%では

$P(0\leqq U\leqq k')=\dfrac{0.99}{2}=0.495$

となり、k' は表から2.5より大、U=2.04 は棄却域には含まれない。

(答) 5%の危険率では発生率は低いといえるが、1%の危険率では発生率は低いとはいえない。

◆ 検定の意味

1) 母集団について、母平均 m とか母比率 R とかがいくらであると**仮説を立てる。**

2) その仮説のもとで、ある一定の範囲(確率が5%とか1%の非常に起こりにくい範囲)を定めておき、標本から求めた値が、その範囲に入っ

たら、1)で立てた仮説が正しくないと判断する。上に述べた「範囲」を**棄却域**といい、5% とか 1% などを**危険率**という。

◆ **検定の手順**

1) 仮説 H を立てる。(H は仮説 **hypothesis** の頭文字)
2) 危険率(有意水準)を定め、仮説をもとにして棄却域を求める。
3) 標本から求めた値が
   a) 棄却域にあるなら、「**仮説は棄却する**」
   b) 棄却域にないときは、「**仮説は棄却しない**」＊——結論は保留。

＊「仮説が棄却されない」時は仮説を積極的に採択するわけではなく、より多くのデータや情報を持って判断する。(**消極的容認**)

◆ **母平均の検定**

1) 仮説 H ; 母平均 m を立てる。
2) 危険率を 5% あるいは 1% とする。
3) a) 危険率 5% のとき

$$P\left(m - 2 \times \frac{\sigma}{\sqrt{n}} \leq \overline{X} \leq m + 2 \times \frac{\sigma}{\sqrt{n}}\right) \fallingdotseq 0.95$$

   b) 危険率 1% のとき

$$P\left(m - 3 \times \frac{\sigma}{\sqrt{n}} \leq \overline{X} \leq m + 3 \times \frac{\sigma}{\sqrt{n}}\right) \fallingdotseq 0.99$$

より棄却域を求める。

◆ **母比率の検定**

1) 仮説 H ; 母比率 p を立てる。
2) 危険率を 5% あるいは 1% とする。
3) a) 危険率 5% のとき

$$P(np - 2\sqrt{np(1-p)} \leq X \leq np + 2\sqrt{np(1-p)}) \fallingdotseq 0.95$$

   b) 危険率 1% のとき

$$\boxed{P(np - 3\sqrt{np(1-p)} \leq X \leq np + 3\sqrt{np(1-p)}) \fallingdotseq 0.99}$$

より棄却域を求める。

〔標本比率〕

(標本分布)

> **例題⑭** ある損保会社のあまり活動していない副業代理店 82 店の年間収入保険料に関するデータがある。それによると、1 代理店当たり平均 $m=120$ 万円、標準偏差 $\sigma=40$ 万円である。この母集団 (N=82) から標本の大きさが $n=25$ で、標本平均が 100 万円以下の標本を選ぶ確率はいくらか。

(解答)

これは図③の影の部分の標本平均の標本分布の割合を求めればよい。

$$S = \frac{\sigma}{\sqrt{n}} \times \sqrt{\frac{N-n}{N-1}} = \frac{40}{\sqrt{25}}$$
$$\times \sqrt{\frac{82-25}{82-1}}$$
$$\fallingdotseq 6.71$$

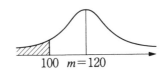

$$Z = \frac{\overline{X} - m}{S} = \frac{100 - 120}{6.71}$$
$$= -2.98$$

正規分布表で対応する $Z=-2.98$ は $0.00144 (=0.5-0.49856)$ である。

したがって、標本平均が 100 万円以下である標本を選ぶ確率は 0.0014、すなわち 0.14% となる。

> **例題⑮** 埼玉県の家庭で損保の自動車保険契約者からなる母集団のうち、20% が D 社の契約者である。
> 大きさ $n=625$ の標本で、標本比率が 0.18 以下の標本を選ぶ確

率はいくらか。

(**解答**)

図④の影の面積を求めればよい。

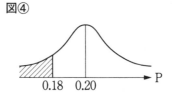

図④

$$s_p = \sqrt{\frac{\pi(1-\pi)}{n}} \cdot \sqrt{\frac{N-n}{N-1}} \fallingdotseq \sqrt{\frac{\pi(1-\pi)}{n}} = \sqrt{\frac{0.2 \times 0.8}{625}} = \frac{0.4}{25}$$

$$= 0.016$$

$$z = \frac{p-\pi}{s_p} = \frac{0.18-0.20}{0.016} = \frac{-0.02}{0.016} = -1.25$$

$\left(\sqrt{\frac{N-n}{N-1}} \text{ で } N \gg n \text{ すなわち } N \text{ は } n \text{ に比べて、はるかに大きいから} \right.$

$\left. \sqrt{\frac{N-n}{N-1}} \fallingdotseq \sqrt{\frac{N}{N}} = 1 \right)$

そこで、$z = -1.25$ に対応する面積を正規分布から求めると

0.10565 である。　　（$= 0.5 - 0.39435$）

すなわち、$\pi = 0.20$ である母集団から大きさ $n = 625$ で標本比率 p が 0.18 以下である標本を選ぶ確率は約 0.106 すなわち 10.6% である。

例題⑯　ある損保会社で 1,000 人の火災保険（家財）契約者のうち 30% の顧客が更改時に増額すると考えている。

この母集団から標本の大きさ $n = 200$ で、標本比率 $p \geqq 0.35$ である標本を選ぶ確率はいくらか。（すなわち、35% の顧客が増額更改する確率）

第5章　保険経営に役立つ確率・統計の実例

(**解答**)

図⑤の影の部分の面積を求めればよい。

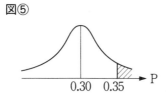

図⑤

$$s_p = \sqrt{\frac{\pi(1-\pi)}{n}} \cdot \sqrt{\frac{N-n}{N-1}} = \sqrt{\frac{0.3 \times 0.7}{200}} \times \sqrt{\frac{1000-200}{1000-1}} = 0.0290$$

$$z = \frac{p-\pi}{s_p} = \frac{0.35-0.30}{0.0290} \fallingdotseq 1.72$$

$z=1.72$ から　表より

$\mathrm{P}(p \geqq 0.35 \mid \pi = 0.30) = 0.5 - 0.45728 = 0.04272$

すなわち

$\pi=0.30$ である母集団から $n=200$ で標本比率が 0.35、すなわち 35% 以上である標本を選ぶ確率は約 4.3% である。(35% の顧客が増額更改するのは約 4.3% にすぎない)

母集団比率 π を持つ大きさ N の母集団が与えられる時、大きさ n の標本の標本比率 p の標本分布は、

平均値：	π	(1)
分　散	$\dfrac{\pi(1-\pi)}{n} \cdot \dfrac{N-n}{N-1}$	(2)

である。

また、標本比率 p についても中心極限定理が成立し、N と n が大であれば、p の標本分布は漸近的に正規分布に従い、p の期待値と分散は(1)、(2)で与えられる。

(この数学的証明は統計学で証明されている)

この場合の標本の大きさ n は $n \geq 25$ ならよい。

◆ 中心極限定理

今、平均値 m、分散 σ^2 を持つ大きさ N の母集団から、大きさ n の標本をランダムに復元抽出する時、これらの標本は n 個の独立な確率変数 X_1、X_2、X_3、……、X_n とみることができる。

この標本から

$$\overline{X} = \frac{1}{n}(X_1 + X_2 + X_3 + \cdots\cdots + X_n)$$

は標本平均である。

この $\overline{X}$ について中心極限定理によって次のことがいえる。

n が十分大きければ(特に $n \geq 30$ あれば)、$\overline{X}$ の分布は(漸近的に)正規分布になる。

そして、その確率変数 $\overline{X}$ の期待値と分散はそれぞれ m(期待値)、$\frac{\sigma^2}{n} \cdot \frac{N-n}{N-1}$ (分散)となる。(この結果の証明は数理統計学にゆずることにする)

(参考書:「確率統計演習1」確率　国沢清典著〈培風館〉p163、195)

第5章　練習問題

問題①　1軒の家が1年間に失火する確率を $\frac{3}{1000}$、隣りの家が出火した時、類焼する確率を $\frac{2}{1000}$ とする。

ここに1列に隣り合わせの3軒の家がある。端の家（Ⅰ）が1年間に火事になる確率Pを求めよ。ただし、家を隔てて飛火はしないものとする。

問題②　ある町の世帯主に生命保険にどれほど加入しているかを尋ねたところ、次の結果であった。

加入契約件数	世帯主数
1 件	5,296 人
2	1,824
3	320
4	57
5	12
計	7,509

問①　世帯主一人当たりの加入契約件数の平均件数はいくらか。

問②　その分散はいくらか。

問③　標準偏差はいくらか。

問題③　免責額ゼロのある保険種目のクレーム統計によると、クレーム金額

をXとすると、Xは平均値100,000（円）、標準偏差40,000（円）の正規分布に従うことが分かっている。免責額を30,000（円）とするとクレーム件数は何パーセント減少するか。

問題④　クレーム頻度率を$\frac{1}{100}$、平均クレーム額を10万円と考え、これをベースに保険料を算出し、発売した。ある年度に1,000件の契約を引き受けた。15件のクレームが発生し、支払が完了し、その平均クレーム額は10.2万円でほぼ予定通りであった。しかし実際に発生したクレーム件数15件は予想を50％上回った。（$1,000 \times \frac{1}{100} = 10$）

　　　この会社は保険料算出に当たり、クレーム頻度を低く見積もりすぎたのか、それとも単に運が悪かったのだろうか。

問題⑤　ある保険種目のクレーム統計によると、クレーム金額をXとすると確率変数$Y = \log_e X$は平均値16.81、標準偏差の0.78の正規分布に従うことが分かっている。あるクレームYが18.42より大きい確率はいくらか。

問題⑥　ある5,000人の従業員のいる企業（この10年ほど従業員数の変化はほとんどなし）で、この5年間で、交通事故による死亡者が4年、1名ずつあった。これは交通事故が多発したと判断すべきだろうか。

　　　「交通事故」による死亡者が1名以上出る確率は$\frac{1}{2}$であるという仮説を危険率5％で検定せよ。

問題⑦　J町での地震保険の加入率を信頼度99％で推定したい。この加入率はほぼ5％であると予想できるとすると、信頼区間の幅を1％以下にするには標本をいくつにしたらよいだろうか。

問題⑧　ある地方委員会で代理店の上級資格試験が行われ、その結果、その平均点は58.4であった。ところがその地方委員会のある県（A）の代理

店225を抽出すると、その平均点は56.1、標準偏差13.2であった。

　この場合、A県全体の平均点が、この地方委員会の平均点と異なっているとみてよいだろうか。危険率5％で検定せよ。

第6章

「保険数学」①
──アクチュアリー試験用の補講──

§1. 死力

x 歳の**死力** (force of mortality) または**瞬間死亡率** (instantaneous rate of mortality) を μ_x で表します。μ_x は次のように定義します。

$$\boxed{\mu_x = -\frac{1}{l_x} \cdot \frac{dl_x}{dx}} \quad （定義）\cdots\cdots Ⓐ$$

これを図にしてみると、下図で、x 歳のところの勾配（傾き）は l_x が減少関数（年令の増加と共に死亡する）なので $-\dfrac{dl_x}{dx}(-l'_x)$ であるので、死亡割合は x 歳の時点で $\dfrac{-\dfrac{dl_x}{dx}}{l_x}$ となり、それを x 歳の死力（瞬間死亡率）μ_x で表します。

また、$\log l_x$ を微分すると $\dfrac{l'_x}{l_x} = \dfrac{1}{l_x} \cdot \dfrac{dl_x}{dx}$ なので

$$\boxed{\mu_x = -\frac{d\log l_x}{dx}}$$

と書くことができ、これは大変便利な式で

す。(後述)……Ⓑ

> **例題①** $l_x = k \cdot a^x$ （k、a：定数）のとき μ_x はいくらか。

(解答)

定義Ⓐより $l_x = k \cdot a^x$ を代入して

$$\mu_x = -\frac{1}{l_x} \cdot \frac{dl_x}{dx} = -\frac{1}{k \cdot a^x} \cdot k \cdot a^x \cdot \log a = -\log a$$

(テスト付録4、微分法(16)　$y = a^x \to \dfrac{dy}{dx} = a^x \cdot \log a$)

> **例題②** $l_x = l_0\left(1 - \dfrac{x^2}{100^2}\right)$ 　（$0 \leq x \leq 100$) のとき μ_x を求めよ。

(解答)

定義Ⓐより

$$\mu_x = -\frac{1}{l_x} \cdot \frac{dl_x}{dx} = -\frac{1}{l_0\left(1 - \dfrac{x^2}{100^2}\right)} \cdot l_0 \left(-\frac{2x}{100^2}\right) = \frac{2x}{100^2 - x^2} \text{ となる。}$$

さて、死力の定義Ⓐより、両辺に l_x を掛けて、$l_x \cdot \mu_x = -\dfrac{dl_x}{dx}$ であるので x の代わりに $x+t$（x：定数、t：変数）を代入して $0 \leq t \leq 1$ の範囲で積分すると、

$$\int_0^1 l_{x+t} \cdot \mu_{x+t} \cdot dt = \int_0^1 \left(-\frac{dl_{x+t}}{dt}\right) \cdot dt = \Big[-l_{x+t}\Big]_0^1 = l_x - l_{x+1} = dx$$

ここで大切な公式

$$\boxed{dx = \int_0^1 l_{x+t} \cdot \mu_{x+t} dt}$$ ……Ⓒ(*) が導けた。

(*) 右辺の $l_{x+t} \cdot \mu_{x+t}(0 \leq t \leq 1)$ は $x+t$ 歳の時の生存数 l_{x+t} にその時点の瞬間死亡率を掛けると、その時点の死亡数 $dx+t$ が分かり $0 \leq t \leq 1$ で集計すると x 歳の年間の死亡数が出ると考えることができます。

この©式の両辺を l_x で割ると、

$$\frac{dx}{l_x} = q_x = \frac{1}{l_x} \int_0^1 l_{x+t} \cdot \mu_{x+t} dt = \int_0^1 {}_t p_x \cdot \mu_{x+t} dt \quad \text{で}$$

すなわち

$$q_x = \int_0^1 {}_t p_x \cdot \mu_{x+t} dt \quad \text{である。} \quad \cdots\cdots ①$$

q_x は ${}_1 q_x$ と同じ意味であることを考えると

$${}_\infty q_x = \int_0^\infty {}_t p_x \cdot \mu_{x+t} \cdot dt \quad \text{で } x \text{ 歳の人が死亡する総確率で } 1 \text{ である。} \left({}_\infty q_x = {}_{\omega-x} q_x = \int_0^{\omega-x} {}_t p_x \cdot \mu_{x+t} dt \quad \text{で } \omega \text{ は最終年齢 } l_\omega = 0 \right)$$

★公式Ⓐを用いて、例題①、②を解いたように、l_x が分かると μ_x を求めることができたが、今度は逆に μ_x が分かると l_x を導くのはどうしたらよいか？ l_x を微分して μ_x を求めたのだから、μ_x を積分すれば求めることができるはずである。

そこで、公式Ⓑの登場となる。

$$\mu_x = -\frac{d\log l_x}{dx} \quad \cdots\cdots Ⓑ$$

これを $x \to x+t$ にして両辺を t で積分すると (0 から n まで)

$$\int_0^n \mu_{x+t} \cdot dt = -\int_0^n d(\log l_{x+t}) = -\Big[\log l_{x+t} \Big]_0^n = -(\log l_{x+n} - \log l_x)$$

$$= -\log \frac{l_{x+n}}{l_x} = -\log {}_n p_x$$

$$\therefore \quad -\log {}_n p_x = \int_0^n \mu_{x+t} \cdot dt$$

$$\therefore \quad \boxed{{}_n p_x = e^{-\int_0^n \mu_{x+t} \cdot dt}} \quad \cdots\cdots Ⓓ$$

Ⓓ式は変形すると

$$l_{x+n} = l_x \cdot e^{-\int_0^n \mu_{x+t} \cdot dt} \quad \text{となり、これに } x \text{ の代わりに } 0、n \text{ の代わりに } x$$

第6章 「保険数学」①－アクチュアリー試験用の補講－

を代入すると、

$$\boxed{l_x = l_0 \cdot e^{-\int_0^x \mu_t \cdot dt}} \quad \cdots\cdots \text{Ⓔ} \quad \text{となる。}$$

$$\left(\text{これを } l_0 \cdot \exp\left\{ -\int_0^x \mu_t \cdot dt \right\} \text{とも書く} \right)$$

> **例題③** $\mu_x = \dfrac{1}{100-x}$ $(0 \leq x \leq 100)$ であるとき、l_x はどんな式となるか。

(解答)

Ⓔより

$$l_x = l_0 \cdot e^{-\int_0^x \frac{1}{100-t} \cdot dt} = l_0 \cdot \exp\left\{ -\left[-\log(100-t) \right]_0^x \right\}^{(*1)}$$

$$= l_0 \cdot \exp\left\{ \log\frac{100-x}{100} \right\} = \frac{l_0}{100}(100-x)^{(*2)} = \underline{\underline{A(100-x)}}(A:\text{定数})$$

(＊1) $e^a = \exp a$, $\displaystyle\int_0^x \frac{f'(t)}{f(t)} \cdot dt = \left[\log f(t) \right]_0^x$

(＊2) $e^{\log f(x)} = f(x)$（両辺の対数をとれば明らか）

> **例題④** 死力が余命 $(\omega-x)$ に逆比例するとき、l_x を求めよ。

(解答)

題意より

$$\mu_x = \frac{k}{\omega-x} \quad (k:\text{定数}) \text{ であるので}$$

Ⓔより

$$l_x = l_0 \cdot \exp\left\{ -\int_0^x \frac{k}{\omega-t} dt \right\} = l_0 \cdot \exp\left\{ -\left[-k \cdot \log(\omega-t) \right]_0^x \right\}$$

$$= l_0 \cdot \exp\left\{ k\log\frac{\omega-x}{\omega} \right\} = l_0 \cdot \exp\left\{ \log\left(\frac{\omega-x}{\omega}\right)^k \right\}$$

$$= l_0 \cdot \left(\frac{\omega-x}{\omega}\right)^k = \mathrm{A}\cdot(\omega-x)^k \quad (\mathrm{A}、k：定数)$$

$$\therefore \quad l_x = \mathrm{A}(\omega-x)^k$$

(確認)

Ⓐ式に $l_x = \mathrm{A}(\omega-x)^k$ を代入すると

$$\mu_x = -\frac{1}{l_x}\cdot\frac{dl_x}{dx} = -\frac{1}{\mathrm{A}(\omega-x)^k}\cdot\left\{-\mathrm{A}\cdot k(\omega-x)^{k-1}\right\} = \frac{k}{\omega-x}$$

例題⑤ $\mu_x = \dfrac{x}{a-x^2}$ （a：定数）のとき p_x はどのように表されるか。

(解答)

Ⓓ式に $n=1$ を代入すると

$$_1p_x = p_x = e^{-\int_0^1 \mu_{x+t} dt} = e^{-\int_x^{x+1} \mu_t \cdot dt} = \exp\left\{-\int_x^{x+1}\frac{t}{a-t^2}dt\right\}$$

$$= \exp\left\{\frac{1}{2}\int_x^{x+1}\frac{-2t}{a-t^2}\cdot dt\right\} = \exp\left\{\frac{1}{2}\Big[\log(a-t^2)\Big]_x^{x+1}\right\}$$

$$= \exp\left\{\log\left(\frac{a-(x+1)^2}{a-x^2}\right)^{\frac{1}{2}}\right\} = \sqrt{\frac{a-(x+1)^2}{a-x^2}}$$

§2. 平均余命

x 歳の人が今後、何年生存できるかの平均（期待値）を、**完全平均余命**（complete expectation of life）と呼び、$\overset{\circ}{e}_x$ で表すと

$$l_x \cdot \overset{\circ}{e}_x = \int_0^\infty t\cdot l_{x+t}\cdot \mu_{x+t}\cdot dt \text{ が成り立ちます。……①}$$

（左辺は x 歳の l_x 人の完全平均余命の延年数、右辺は $x+t$ 歳における死亡人数 $l_{x+t}\cdot \mu_{x+t}$ で、その時点での死亡者の延生存年数は $t\cdot l_{x+t}\cdot \mu_{x+t}$ であるので、それを 0 から ∞ まで集計（積分）します）

①の右辺を計算すると

第6章 「保険数学」①―アクチュアリー試験用の補講―

$$\int_0^\infty t \cdot l_{x+t} \cdot \mu_{x+t} \cdot dt = \int_0^\infty t \cdot l_{x+t}\left(-\frac{1}{l_{x+t}} \cdot \frac{dl_{x+t}}{dt}\right) \cdot dt$$

$$= -\int_0^\infty t \cdot dl_{x+t} = -\Big[t \cdot l_{x+t}\Big]_0^\infty + \int_0^\infty l_{x+t} \cdot dt = \int_0^\infty l_{x+t} \cdot dt$$

$$\therefore \quad l_x \cdot \overset{\circ}{e}_x = \int_0^\infty l_{x+t} \cdot dt$$

$$\therefore \quad \overset{\circ}{e}_x = \frac{1}{l_x}\int_0^\infty l_{x+t} \cdot dt$$

$$\therefore \quad \boxed{\overset{\circ}{e}_x = \int_0^\infty {}_t p_x dt} \quad \cdots\cdots Ⓐ$$

特に $\overset{\circ}{e}_0$ を**完全平均寿命**といいます。

例題⑥ $l_x = l_0\left(1 - \frac{x^2}{\omega^2}\right)$、$0 \leq x \leq \omega$ のとき、$\overset{\circ}{e}_0$ に等しいものは次のうちどれか。

(A) $\frac{3\omega}{4}$ (B) $\frac{2\omega}{3}$ (C) $\frac{3\omega}{5}$ (D) $\frac{\omega}{2}$ (E) $\frac{\omega}{3}$

（解答）

Ⓐ式で $x=0$ とすると

$\overset{\circ}{e}_0 = \int_0^\infty {}_t p_0 \cdot dt$ であるが $0 \leq x \leq \omega$ であるので余命は最大で $\omega - x$ であるのでこの場合、$x=0$ であるから

$$\overset{\circ}{e}_0 = \int_0^{\omega-x} {}_t p_0 dt = \int_0^\omega {}_t p_0 \cdot dt \text{ である。}$$

$${}_t p_0 = \frac{l_t}{l_0} = 1 - \frac{t^2}{\omega^2} \quad \left(l_x = l_0\left(1 - \frac{x^2}{\omega^2}\right) \text{だから}\right) \text{ となるので}$$

$$\therefore \quad \overset{\circ}{e}_0 = \int_0^\omega \left(1 - \frac{t^2}{\omega^2}\right)dt = \left[t - \frac{t^3}{3\omega^2}\right]_0^\omega = \omega - \frac{\omega^3}{3\omega^2} = \frac{2}{3}\omega \quad \text{(B)}$$

さて、ここで図を参考に略算平均余命 e_x を考えてみよう。

```
   l_{x+1}    l_{x+2}   l_{x+3}   l_{x+1}
l_x ―(イ)― ―(ロ)― ―(ハ)― ―(ニ)― ―――
    d_x     d_{x+1}  d_{x+2}  d_{x+3}
```

x 歳の l_x 人があと平均何年生きられるか、ただし、1年未満の生存年数はカットする (これを**略算平均余命**という)

- x 歳で死亡する d_x 人は1年未満の死亡 (x 歳から数えるから) だから x 歳からの余命の延年数は $0 \cdot d_x$(年)　……(イ)

- $(x+1)$ 歳で死亡する d_{x+1} 人は x 歳から数えて (1年未満をカット以下同様) 1年だから x 歳からの余命の延年数は $1 \cdot d_{x+1}$(年)　……(ロ)

- $(x+2)$ 歳で死亡する d_{x+2} 人は x 歳から数えて、2年だから、x 歳からの余命の延年数は $2 \cdot d_{x+2}$(年)　……(ハ)

- $(x+3)$ 歳で死亡する d_{x+3} 人は x 歳から数えて、3年だから、x 歳からの余命の延年数は $3 \cdot d_{x+3}$(年)　……(ニ)

　　⋮

したがって、$\overset{\circ}{e}_x$ と同じように考えて

$$l_x \cdot e_x = 0 \cdot d_x + 1 \cdot d_{x+1} + 2 \cdot d_{x+2} + 3 \cdot d_{x+3} + \cdots\cdots$$
$$= 0(l_x - l_{x+1}) + 1 \cdot (l_{x+1} - l_{x+2}) + 2(l_{x+2} - l_{x+3}) + 3(l_{x+3} - l_{x+4}) + \cdots\cdots$$
$$= l_{x+1} + l_{x+2} + l_{x+3} + l_{x+4} + \cdots\cdots$$

∴　$\boxed{e_x = \dfrac{1}{l_x} \sum_{t=1}^{\infty} l_{x+t}}$　……Ⓑ　(**略算平均余命**)

★では、$\overset{\circ}{e}_x$ (完全平均余命) と e_x (略算平均余命) は、どのような関係が成り立つだろうか？

　x 歳の l_x 人中、最初の1年間 (x 歳の誕生日から $x+1$ 歳の誕生日の直前まで) に死亡する d_x 人の、x 歳の誕生日よりの生存年数をその期間の中央で死亡するものとし[*]平均0.5年、第2年目 ($x+1$ 歳の誕生日から x

第6章 「保険数学」①―アクチュアリー試験用の補講―

+2歳の誕生日の直前まで）に死亡する d_{x+1} 人は（同様に考えて）、平均1.5年以下同じように考えると

$$l_x \cdot \overset{\circ}{e}_x = 0.5 d_x + 1.5 d_{x+1} + 2.5 d_{x+2} + \cdots\cdots$$

$$= \frac{1}{2} \{ (l_x - l_{x+1}) + 3(l_{x+1} - l_{x+2}) + 5(l_{x+2} - l_{x+3}) + \cdots\cdots \}$$

$$= \frac{1}{2} \{ l_x + 2(l_{x+1} + l_{x+2} + l_{x+3} + \cdots\cdots) \}$$

$$= \frac{1}{2} \left(l_x + 2\sum_{t=1}^{\infty} l_{x+t} \right)$$

$$\therefore \overset{\circ}{e}_x = \frac{1}{2} + e_x$$

x 歳の人が今後 n 年間に生存する延期間の平均（期待値）を、**n 年定期完全平均余命**といい、$_n\overset{\circ}{e}_x$ で表し、n 年経過後の生存延期間の平均（期待値）を n

―――――――――――――――――――――

（＊） 死亡数が年間を通じて一様に生じる、例えば1年365日間、毎日一人ずつ死亡すると仮定すると（1月1日が誕生日として、1月1日の午前0時に誕生し、その日の正午に一人ずつ死亡するとする）

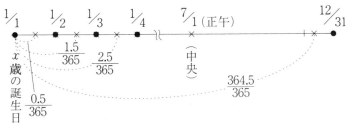

上の図より、x 歳の誕生日からの余命は

$$\frac{0.5}{365} \times 1 + \frac{1.5}{365} \times 1 + \frac{2.5}{365} \times 1 + \cdots\cdots + \frac{364.5}{365} \times 1$$

$$= \frac{0.5}{365}(1 + 3 + 5 + \cdots\cdots + 729)$$

$$= \frac{0.5}{365} \times 133,225$$

$$= 182.5 (日)$$

したがって

$$\frac{182.5}{365} = 0.5 (年) \text{ となる。}$$

年据置完全平均余命といい $_{n|}\overset{\circ}{e}_x$ で表す。

$$_{n|}\overset{\circ}{e}_x = \frac{1}{l_x}\int_0^n l_{x+t}\,dt = \frac{1}{l_x}\left\{\int_0^\infty l_{x+t}\cdot dt - \int_n^\infty l_{x+t}\cdot dt\right\}$$

$$= \overset{\circ}{e}_x - {}_{n|}\overset{\circ}{e}_x \quad (*)$$

$${}^{(*)}{}_{n|}\overset{\circ}{e}_x = \frac{1}{l_x}\int_n^\infty l_{x+t}\cdot dt = \frac{1}{l_x}\int_0^\infty l_{x+n+t}\cdot dt$$

★ $\overset{\circ}{e}_x$ と μ_x はどのような関係があるのだろうか？

Ⓐ式より

$\overset{\circ}{e}_x = \int_0^\infty {}_tp_x\cdot dt$ であるので、両辺を微分すると

$$\frac{d\,\overset{\circ}{e}_x}{dx} = \frac{d}{dx}\left(\int_0^\infty {}_tp_x\cdot dt\right) = \int_0^\infty \frac{d}{dx}({}_tp_x)\,dt \quad \cdots\cdots ①$$

さて

$$\frac{d}{dx}({}_tp_x) = \frac{d}{dx}\left(\frac{l_{x+t}}{l_x}\right) = \frac{l_x\cdot\dfrac{dl_{x+t}}{dx} - l_{x+t}\dfrac{dl_x}{dx}}{l_x^2}$$

$$= \frac{l_{x+t}}{l_x}\left(\frac{\dfrac{dl_{x+t}}{dx}}{l_{x+t}} - \frac{\dfrac{dl_x}{dx}}{l_x}\right)$$

$$= {}_tp_x\left(\frac{1}{l_{x+t}}\cdot\frac{dl_{x+t}}{dx} - \frac{1}{l_x}\cdot\frac{dl_x}{dx}\right)$$

$$= {}_tp_x\left\{-\mu_{x+t} - (-\mu_x)\right\}$$

$$= {}_tp_x(\mu_x - \mu_{x+t}) \quad \cdots\cdots ②$$

②を①に代入して

$$\int_0^\infty \frac{d}{dx}({}_tp_x)\,dt = \int_0^\infty {}_tp_x(\mu_x - \mu_{x+t})\,dt$$

$$= \mu_x\cdot\int_0^\infty {}_tp_x\cdot dt - \int_0^\infty {}_tp_x\cdot\mu_{x+t}\cdot dt$$

$$= \mu_x\cdot\overset{\circ}{e}_x - 1$$

$$\left(\because \int_0^\infty {}_tp_x\cdot\mu_{x+t}\cdot dt = \int_0^\infty \frac{l_{x+t}}{l_x}\left(-\frac{1}{l_{x+t}}\cdot\frac{dl_{x+t}}{dt}\right)\cdot dt\right.$$

第6章 「保険数学」①―アクチュアリー試験用の補講―

$$= \frac{1}{l_x}\int_0^\infty -dl_{x+t} = \frac{1}{l_x}\Big[-l_{x+t}\Big]_0^\infty = \frac{1}{l_x}(-0+l_x) = 1)$$

すなわち

$$\boxed{\frac{d\overset{\circ}{e}_x}{dx} = \mu_x \cdot \overset{\circ}{e}_x - 1} \quad \text{Ⓒ}$$

$$\therefore \quad \mu_x = \frac{1}{\overset{\circ}{e}_x} + \frac{1}{\overset{\circ}{e}_x} \cdot \frac{d\overset{\circ}{e}_x}{dx} \quad \text{Ⓒ}'$$

例題⑦ $\overset{\circ}{e}_x = 0.6(100-x)$ のとき、l_x はどのように表されるか。ただし、$l_0 = 100{,}000$ とする。

(解答)

Ⓒ′式に $\overset{\circ}{e}_x = 0.6(100-x)$ を代入すると

$$\mu_x = \frac{1}{0.6(100-x)}\{1+(-0.6)\} = \frac{0.4}{0.6(100-x)} = \frac{2}{3(100-x)}$$

これを§1のⒺに代入すると

$$l_x = l_0 \cdot e^{-\int_0^x \mu_t \cdot dt} = l_0 \cdot \exp\left\{-\int_0^x \frac{2}{3(100-t)}dt\right\}$$

$$= l_0 \cdot \exp\left\{-\frac{2}{3}\Big[-\log(100-t)\Big]_0^x\right\} = l_0 \cdot \exp\left\{\frac{2}{3}\log\frac{100-x}{100}\right\}$$

$$= l_0 \cdot \exp\left\{\log\left(\frac{100-x}{100}\right)^{\frac{2}{3}}\right\} = l_0 \left(\frac{100-x}{100}\right)^{\frac{2}{3}}$$

$$\therefore \quad l_x = 100{,}000\left(\frac{100-x}{100}\right)^{\frac{2}{3}}$$

★ さて、ここで $l_x({}_np_x)$、μ_x、$\overset{\circ}{e}_x$ の関係を図と式で表すと

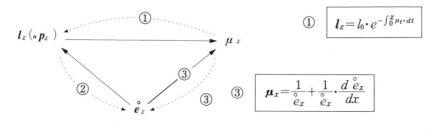

$$② \quad \overset{\circ}{e}_x = \int_0^\infty {}_tp_x \cdot dt$$

——— 積分
--------- 微分

　この図を頭に入れておけば、例題⑦の問題は $\overset{\circ}{e}_x$ から l_x を求めるので③式で μ_x を求め、次いで①式で l_x を求めるのが急がば回れである。

例題⑧　$\mu_{x+t}=0.5$ のとき、次式を証明せよ。

$$\frac{1}{a_x} = \frac{1}{e_x} + \frac{1}{a_\infty} + \frac{1}{e_x \cdot a_\infty}$$

(解答)

$$a_x = v \cdot p_x + v^2 \cdot {}_2p_x + v^3 \cdot {}_3p_x + \cdots\cdots ①$$

e_x は⑧より

$$e_x = p_x + {}_2p_x + {}_3p_x + \cdots\cdots \text{となるので} \quad \cdots\cdots②$$

$\mu_{x+t} = 0.5$ より

$$_tp_x = e^{-\int_0^t \mu_{x+t} \cdot dt} \qquad (\S 1. ①\text{で}n=t\text{として})$$

$$= e^{-\int_0^t 0.5 dt} = e^{-0.5t}$$

この関係式を①、②式に代入すると

$$a_x = ve^{-0.5} + v^2 e^{-1} + v^3 \cdot e^{-1.5} + \cdots\cdots = \frac{v \cdot e^{-0.5}}{1 - v \cdot e^{-0.5}} \quad (\because \quad v \cdot e^{-0.5} < 1)$$

$$e_x = e^{-0.5} + e^{-1} + e^{-1.5} + \cdots\cdots \quad = \frac{e^{-0.5}}{1 - e^{-0.5}} \quad (\because \quad e^{-0.5} < 1)$$

第6章 「保険数学」①－アクチュアリー試験用の補講－

また $a_\infty = v + v^2 + v^3 + \cdots\cdots = \dfrac{v}{1-v}$ （∵ $v < 1$）

したがって、題意の右辺にこれらを代入すると

$\dfrac{1-e^{-0.5}}{e^{-0.5}} + \dfrac{1-v}{v} + \dfrac{1-e^{-0.5}}{e^{-0.5}v} \cdot (1-v)$

$= \dfrac{v - v \cdot e^{-0.5} + e^{-0.5} - v \cdot e^{-0.5} + 1 - e^{-0.5} - v + v \cdot e^{-0.5}}{v \cdot e^{-0.5}}$

$= \dfrac{1 - v \cdot e^{-0.5}}{v \cdot e^{-0.5}} = \dfrac{1}{a_x}$ （Q. E. D）

例題⑨ ゴンパーツ（**Gompertz**）の死亡法則（$\mu_x = \mathrm{B} \cdot \mathrm{C}^x$：B. C 定数）において x 歳の人がその死力の 2 倍になるまで、生存する確率は l_x に比例することを証明せよ。

（解答）

$\mu_x = \mathrm{B} \cdot \mathrm{C}^x$ より $-\dfrac{1}{l_x} \cdot \dfrac{dl_x}{dx} = \mathrm{B} \cdot \mathrm{C}^x$

両辺を積分すると

$\log l_x = -\dfrac{\mathrm{B} \cdot \mathrm{C}^x}{\log \mathrm{C}} + \log k$ （$\log k$：積分定数） ……①

$-\dfrac{\mathrm{B}}{\log \mathrm{C}} = \log g$ （g：定数）とすれば①式は

$\log l_x = \mathrm{C}^x \cdot \log g + \log k = \log(k \cdot g^{\mathrm{C}^x})$

∴ $l_x = k \cdot g^{\mathrm{C}^x}$ ……② （定数をうまくおくとスマートな式となる）

今、死力が 2 倍となる年齢を $x+n$ 歳とすれば $\mu_{x+n} = 2 \cdot \mu_x$ で

$\mathrm{B} \cdot \mathrm{C}^{x+n} = 2 \cdot \mathrm{B} \cdot \mathrm{C}^x$ となり $\mathrm{C}^n = 2$ ……③

したがって x 歳の人がその死力が 2 倍となるのは $x+n$ 歳としたのだから、その確率は

$\dfrac{l_{x+n}}{l_x} = \dfrac{k \cdot g^{\mathrm{C}^{x+n}}}{k \cdot g^{\mathrm{C}^x}} = g^{\mathrm{C}^x(\mathrm{C}^n - 1)} = g^{\mathrm{C}^x} = \dfrac{l_x}{k}$ （∵ ②、③より）

すなわち $_np_x$ は l_x に正比例する。

§3. 定常人口

実は、生命表(死亡表)は「**定常の状態**」を仮定しています。どういうことかというと、毎年 l_0 (例えば 100,010) 人の赤ちゃんが1年間を通じて<u>一様に出生し</u>(毎日 274 人ずつ出生するなら1年間 365 日で 100,010 人となる) 生命表(死亡表)どおり、死亡(d_0 人)し、また生存していく、1歳の l_1 人が2歳までに d_1 人死亡していく……

そうすると、その1年間の死亡数の合計は

$$d_0+d_1+d_2+\cdots\cdots=\sum_{t=0}^{\infty}d_t$$
$$=(l_0-l_1)+(l_1-l_2)+(l_2-l_3)+\cdots\cdots$$
$$=l_0 \quad \text{となる。}$$

すなわち、生まれた人数(l_0 人)だけ、死亡し、死亡しただけ生まれるということで、そのような人口の移出入のない社会を仮定すると、その社会の年齢構成はやがて一定の状態となりそれをその死亡表(生命表)の示す**定常人口**の社会といいます。(「年金数理」では定常人口を仮定して将来の財政運営を考えることが基本)

さて、この社会の**総人口**(生命表の人口) は

$$\int_0^{\infty} l_x \cdot dx \quad (\mathbf{T}_0 \text{ で表す}) \text{ で}$$

$$\mathbf{L}_x=\int_0^1 l_{x+t}\,dt \quad (x \text{ 歳と } x+1 \text{ 歳の間の人口}) \text{ とすれば}$$

明らかに $\int_0^{\infty} l_{x+t}\,dt$ は x 歳以上の人口 ($\mathbf{T}_x$ で表す) ですから、

$$\mathbf{L}_x=\int_0^1 l_{x+t}\,dt=\mathbf{T}_x-\mathbf{T}_{x+1} \text{ となります。}$$

第6章 「保険数学」①－アクチュアリー試験用の補講－

また、x 歳と $x+1$ 歳の間の死亡が1年を通じ**一様に分布**しているなら、$d_{x+t}(0 \leqq t \leqq 1)$ が t の1次関数と仮定すれば

$$l_{x+t} = l_x - t \cdot dx$$

である。(下図参照)

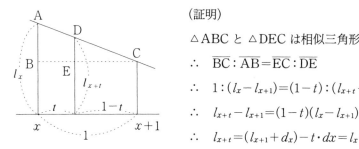

(証明)

△ABC と △DEC は相似三角形

∴ $\overline{BC} : \overline{AB} = \overline{EC} : \overline{DE}$

∴ $1 : (l_x - l_{x+1}) = (1-t) : (l_{x+t} - l_{x+1})$

∴ $l_{x+t} - l_{x+1} = (1-t)(l_x - l_{x+1})$

∴ $l_{x+t} = (l_{x+1} + d_x) - t \cdot dx = l_x - t \cdot dx$

その条件では

$$L_x = \int_0^1 l_{x+t}\, dt = \int_0^1 (l_x - t \cdot dx)\, dt = \left[l_x \cdot t - \frac{1}{2} dx \cdot t^2 \right]_0^1$$

$$= l_x - \frac{1}{2} \cdot dx = \frac{1}{2}(l_x + l_{x+1}) \quad \cdots\cdots ① (図を考えれば明らか)$$

さて、x 歳の完全平均余命 $\overset{\circ}{e}_x$ と T_x の関係は

$$\overset{\circ}{e}_x = \int_0^\infty {}_t p_x\, dt \qquad (§2 の Ⓐ より)$$

$$= \frac{1}{l_x} \int_0^\infty l_{x+t}\, dt = \frac{T_x}{l_x}$$

∴ $\boxed{T_x = l_x \cdot \overset{\circ}{e}_x}$ Ⓐ

したがって総人口 T_0 は $\quad T_0 = l_0 \cdot \overset{\circ}{e}_0$

ところでこの社会(生命表)全体の**平均死亡率**は毎年の総死亡数を総人口で割って

$$\frac{\int_0^\infty l_t \cdot \mu_t\, dt}{\int_0^\infty l_t\, dt} = \frac{\sum_{t=0}^\infty d_t}{T_0} = \frac{l_0}{T_0} = \frac{l_0}{l_0 \cdot \overset{\circ}{e}_0} = \frac{1}{\overset{\circ}{e}_0} \quad (\because §1.Ⓒ^*) となり、$$

全体の平均死亡率は0歳の完全平均寿命の逆数となります。

また $\dfrac{l_0}{T_0}$ は l_0 が $d_0+d_1+d_2+\cdots\cdots$ であるので、総死亡数 l_0 を総人口 T_0 で割るのは当然であり、これは同時に、全体の<u>出生率</u>でもあります。(これが定常状態の意味でもあります) 同じように、<u>x 歳以上の平均死亡率</u>は

$$\dfrac{d_x+d_{x+1}+\cdots\cdots}{T_x}=\dfrac{l_x}{T_x}=\dfrac{l_x}{l_x\cdot \overset{\circ}{e}_x}=\boxed{\dfrac{1}{\overset{\circ}{e}_x}} \quad \text{Ⓑ}$$

★ x 歳と $x+n$ 歳の間の毎年の死亡数は $d_x+d_{x+1}+\cdots\cdots+d_{x+n-1}$、すなわち l_x-l_{x+n}、この間の総人口は T_x-T_{x+n} なので、この<u>年齢範囲(x 歳と $x+n$ 歳の間)の平均死亡率</u>は $\boxed{\dfrac{l_x-l_{x+n}}{T_x-T_{x+n}}}$ である。

特に、$n=1$ のケースを中央死亡率 m_x といいます。

$$m_x=\dfrac{l_x-l_{x+1}}{T_x-T_{x+1}}=\dfrac{dx}{Lx}=\boxed{\dfrac{d_x}{\int_0^1 l_{x+t}dt}} \quad \text{(厳密な定義)}$$

これに①を用いれば(l_x と l_{x+1} の間が直線なら)、近似的に

$$m_x\fallingdotseq \dfrac{d_x}{\tfrac{1}{2}(l_x+l_{x+1})}=\dfrac{d_x}{l_x-\tfrac{1}{2}d_x} \quad \text{となります。}$$

★ x 歳の人の死亡率の平均年齢は $(x+t)$ 歳で死亡すればその期待値は

$$\dfrac{1}{l_x}\int_0^\infty (x+t)\cdot l_{x+t}\cdot \mu_{x+t}\cdot dt \quad \left(\because\ 確率\dfrac{d_{x+t}}{l_x}=\dfrac{l_{x+t}\cdot \mu_{x+t}}{l_x}\right)$$

$$=\dfrac{x}{l_x}\int_0^\infty l_{x+t}\cdot \mu_{x+t}\cdot dt+\dfrac{1}{l_x}\int_0^\infty t\cdot l_{x+t}\cdot \mu_{x+t}\cdot dt$$

$$=x+\overset{\circ}{e}_x \quad (\because\ \S1.\,\S2) \quad\quad \text{Ⓒ}$$

特に $x=0$ とすれば $\overset{\circ}{e}_0$ となり、完全平均寿命となります。

★ ところで、x 歳と $(x+n)$ 歳の間の死亡者の<u>平均死亡年齢</u>はどうやって計算するのでしょうか、上で考えたように、x 歳の l_x 人の死亡年齢の合計は平均的に $l_x(x+\overset{\circ}{e}_x)$ で、$(x+n)$ 歳の人の死亡年齢の合計は同様に平均的に $l_{x+n}(x+n+\overset{\circ}{e}_{x+n})$ であるので、x 歳と $x+n$ 歳の間に死亡する人数、d_x

第6章 「保険数学」①―アクチュアリー試験用の補講―

$+d_{x+1}+d_{x+2}+\cdots+d_{x+n-1}=l_x-l_{x+n}$(人) の死亡年齢の総合計は

$l_x(x+\overset{\circ}{e}_x)-l_{x+n}(x+n+\overset{\circ}{e}_{x+n})$

$=x\cdot l_x+\mathrm{T}_x-\{(x+n)l_{x+n}+\mathrm{T}_{x+n}\}$ （∵ Ⓐより）

$=\mathrm{T}_x-\mathrm{T}_{x+n}+\{x\cdot l_x-(x+n)l_{x+n}\}$

よって、この間（x 歳と $x+n$ 歳の間）の平均死亡年齢は

$$\frac{\mathrm{T}_x-\mathrm{T}_{x+n}+\{x\cdot l_x-(x+n)l_{x+n}\}}{l_x-l_{x+n}}=\frac{x(l_x-l_{xївн+n})+\mathrm{T}_x-\mathrm{T}_{x+n}-n\cdot l_{x+n}}{l_x-l_{x+n}}$$

$$=\boxed{x+\frac{\mathrm{T}_x-\mathrm{T}_{x+n}-n\cdot l_{x+n}}{l_x-l_{x+n}}} \quad \cdots\cdots Ⓓ$$

★ さて、この社会の**平均年齢**はどうなるでしょうか。

x 歳以上の人の平均年齢は

$$\frac{\int_0^\infty (x+t)\cdot l_{x+t}\,dt}{\int_0^\infty l_{x+t}\,dt}=\frac{x\int_0^\infty l_{x+t}\,dt+\int_0^\infty t\cdot l_{x+t}\,dt}{\int_0^\infty l_{x+t}\,dt}=x+\frac{\int_0^\infty t\cdot l_{x+t}\,dt}{\mathrm{T}_x}$$

したがって、この社会の平均年齢は上式で $x=0$ とすればよいので

$$\frac{\int_0^\infty t\cdot l_t\,dt}{\mathrm{T}_0} \quad \text{となります。} \quad \cdots\cdots Ⓔ$$

> **例題⑩** 定常人口において、$l_x=a-x\,(0\leq x\leq a)\ \overset{\circ}{e}_0=72$ のときその社会の平均年齢はいくらか。

（解答）

平均年齢はⒺで与えられ、$0\leq x\leq a$ なので

$$\frac{\int_0^\infty t\cdot l_t\,dt}{\mathrm{T}_0}=\frac{\int_0^a t\cdot l_t\,dt}{\int_0^a l_t\,dt}=\frac{\int_0^a t(a-t)\,dt}{\int_0^a (a-t)\,dt}$$

$$= \frac{\left[\frac{a}{2}t^2 - \frac{t^3}{3}\right]_0^a}{\left[at - \frac{t^2}{2}\right]_0^a} = \frac{\frac{a^3}{6}}{\frac{a^2}{2}} = \frac{a}{3} \quad \cdots\cdots ①$$

さて、

$\overset{\circ}{e}_0 = 72$ より

$$\overset{\circ}{e}_0 = \int_0^a \frac{l_t}{l_0} \cdot dt = \int_0^a \frac{a-t}{a} \cdot dt = \frac{1}{a}\left[at - \frac{t^2}{2}\right]_0^a = \frac{a}{2} = 72$$

∴ $a = 144$ ……②

②を①に入れて、48歳 ……(答)

例題⑪ ある定常人口の社会で毎年の死亡数は2,000人であり、毎年の出生率は2%である。また年齢55歳までの人口は総人口の60%に等しくかつ55歳未満で死亡する人の平均年齢は15歳である。

問① 平均寿命(出生時の平均余命)

問② 55歳以上の総人口

問③ 毎年55歳に達する人の数

問④ 55歳以上の総人口の平均死亡率

を求めよ。ただし、「出生率」とは、その年の中央の総人口に対する、その年の出生数の比である。

(解答)

題意より $d_0 + d_1 + \cdots\cdots = 2{,}000$ だから $l_0 = 2{,}000$

出生率が2%なので

$\dfrac{l_0}{T_0} = 0.02$ であるので、$l_0 = 2{,}000$ を代入すると

$T_0 = 100{,}000$

平均寿命 $\overset{\circ}{e}_0 = \dfrac{T_0}{l_0} = \dfrac{100{,}000}{2{,}000} = 50$ ……問①の答

55歳以上の総人口 T_{55} は55歳までの人口 (T_0-T_{55}) は総人口の60%だから

$T_0-T_{55}=T_0\times 0.6$

∴ $T_{55}=T_0\times 0.4=40{,}000$ ……問②の答

さて、55歳未満で死亡する人の平均年齢は15歳なので⑪式を用いると $x=0$、$n=55$ だから

$$\frac{T_0-T_{55}-55\,l_{55}}{l_0-l_{55}}=15$$ で

$T_0=100{,}000$、$l_0=2{,}000$ を上式に代入していくと

$l_{55}=750$ ……問③の答

さて、55歳以上の総人口の平均死亡率は

$$\frac{d_{55}+d_{56}+\cdots}{T_{55}}=\frac{l_{55}}{T_{55}}=\frac{750}{40{,}000}=0.01875$$ ……問④の答

§4. 連生

今までは一人の被保険者の生死を問題にした単生命のことでしたが被保険者が二人以上の保険、たとえば親子、夫婦、家族保険を考えるに当たって連生のことを理解しておきましょう。

① x歳の被保険者(以下(x)と書く)、y歳の被保険者(以下(y)と書く)が二人ともn年後まで生存する確率を ${}_np_{xy}$(共存確率)と書きます。すなわち

${}_np_{xy}={}_np_x\cdot{}_np_y$

② (x)、(y)が二人ともn年以内に死亡する確率を ${}_nq_{\overline{xy}}$ と書きます。

${}_nq_{\overline{xy}}={}_nq_x\cdot{}_nq_y \to 1-({}_np_x+{}_np_y)+{}_np_{xy}$

③ (x)、(y)の中、少なくとも一人がn年後まで生存する確率を ${}_np_{\overline{xy}}$ と書きます。

$_n p_{\overline{xy}} = 1 - _n q_{\overline{xy}} \rightarrow _n p_x + _n p_y - _n p_{xy}$

④ (x)、(y) の中、ただ一人のみが n 年間生存する確率を $_n p_{xy}^{[1]}$ と書きます。

$_n p_{xy}^{[1]} = _n p_x (1 - _n p_y) + _n p_y (1 - _n p_x) = _n p_x + _n p_y - 2 \cdot _n p_{xy}$

⑤ (x)、(y) の二人とも n 年間生存しない確率を $_n q_{xy}$ と書きます。

$_n q_{xy} = 1 - _n p_{xy}$

⑥ (x)、(y) の中の生存者が第 $(t+1)$ 年目に死亡する確率を $_{t|}q_{\overline{xy}}$ と書きます。

$_{t|}q_{\overline{xy}} = _t p_{\overline{xy}} - _{t+1} p_{\overline{xy}}$

これを③を用いて整理すると

$_{t|}q_{\overline{xy}} = _t p_x(1 - p_{x+t}) + _t p_y(1 - p_{y+t}) - _t p_{xy}(1 - p_{x+t\,;\,y+t})$

こうしてみると意味が分かりやすくなります。

⑦ (x)、(y) が今後第 $(t+1)$ 年目に共存でなくなる確率を $_{t|}q_{xy}$ と書きます。

$_{t|}q_{xy} = _t p_{xy}(1 - p_{x+t\,;\,y+t})$

あるいは $_t p_{xy} - _{t+1} p_{xy}$

これらを図にしてみると (①〜⑤) 下図のようになります。

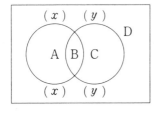

まず

$_n p_x = A + B$
$_n p_y = B + C$ とし
$_n p_{xy} = B$

$A + B + C + D = 1$

①の $_n p_{xy} = B$

②の $_n q_{\overline{xy}} = D$

③の $_n p_{\overline{xy}} = A + B + C$

④の $_n p_{xy}^{[1]} = A + C$

⑤の $_n q_{xy} = A + C + D$

第6章 「保険数学」①ーアクチュアリー試験用の補講ー

> **例題⑫** (x)、(y) の二人を被保険者として、年金支払期間 n 年、年1回期始払年金額を次のとおりとする年金の現価を求めよ。
> (1) 二人とも生存しているときの年金額　……S
> (2) いずれか一人が生存しているときの年金額　……0.6S
> (3) 二人とも死亡したときの以後の年金額　……0.2S

(解答)

図にすると

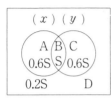

- (x)、(y) ともに生存している場合の年金現価は
  $S \cdot \ddot{a}_{xy:\overline{n}|}$ (*)

- (x) が生存し、(y) が死亡している場合の年金現価は図Aのところで確率を考えると

  第一年度　　$p_x - p_{xy}$

  第二年度　　$_2p_x - {_2p_{xy}}$

  $\vdots$

  第 t 年度　　$_tp_x - {_tp_{xy}}$

  $\vdots$

したがって、その年金現価は $0.6S(\ddot{a}_{x:\overline{n}|} - \ddot{a}_{xy:\overline{n}|})$

- (y) が生存し、(x) が死亡している場合の平均現価は、上記と同じように考えて

  $0.6S(\ddot{a}_{y:\overline{n}|} - \ddot{a}_{xy:\overline{n}|})$

- (x)、(y) ともに死亡している場合の年金現価は図Dのところで、確率で考えると②の $_nq_{\overline{xy}} = 1 - (_np_x + {_np_y}) + {_np_{xy}}$ を頭に入れておけば、価格 (0.2S)×

(*) $\ddot{a}_{xy:\overline{n}|} = 1 + v \cdot p_{xy} + v^2 {_2p_{xy}} + \cdots\cdots + v^{n-1} {_{n-1}p_{xy}}$ $\left(= \sum_{t=0}^{n-1} v^t \cdot {_tp_{xy}} \right)$

評価×確率で求める年金現価は $\sum_{t=0}^{n-1} 0.2S \cdot v^t \cdot {}_tq_{\overline{xy}} = 0.2S(\ddot{a}_{\overline{n}|} - \ddot{a}_{x:\overline{n}|} - \ddot{a}_{y:\overline{n}|} + \ddot{a}_{xy:\overline{n}|})$ で、求める年金現価は以上の合計であるから

$S \cdot \ddot{a}_{xy:\overline{n}|} + 0.6S\{(\ddot{a}_{x:\overline{n}|} - \ddot{a}_{xy:\overline{n}|}) + (\ddot{a}_{y:\overline{n}|} - \ddot{a}_{xy:\overline{n}|})\}$
$+ 0.2S(\ddot{a}_{\overline{n}|} - \ddot{a}_{x:\overline{n}|} - \ddot{a}_{y:\overline{n}|} + \ddot{a}_{xy:\overline{n}|})$
$= 0.2S \cdot \ddot{a}_{\overline{n}|} + 0.4S \cdot \ddot{a}_{x:\overline{n}|} + 0.4S \cdot \ddot{a}_{y:\overline{n}|}$

§5. 連続型

分割払生命年金(例えば $\ddot{a}_x^{(m)}$)の分割回数 m を無限に大きくした極限 ($m \to \infty$) を連続生命年金といいます。

年金額1、(x) に対する連続終身年金現価を $\bar{a}_x$ で表現すれば

$\bar{a}_x = \int_0^\infty v^t \cdot {}_tp_x dt$ (cf. $\ddot{a}_x = \sum_{t=0}^\infty v^t \cdot {}_tp_x$) です。

したがって、次のようにすると表現しやすいでしょう。

$\ddot{a}_{\overline{n}|} = \sum_{t=0}^{n-1} v^t \quad \to \quad \bar{a}_{\overline{n}|} = \int_0^n v^t \cdot dt$

$\ddot{s}_{\overline{n}|} = \sum_{t=1}^n (1+i)^t \quad \to \quad \bar{s}_{\overline{n}|} = \int_0^n (1+i)^t \cdot dt$

$\ddot{a}_{x:\overline{n}|} = \sum_{t=0}^{n-1} v^t \cdot {}_tp_x \quad \to \quad \bar{a}_{x:\overline{n}|} = \int_0^n v^t \cdot {}_tp_x dt$

$A^{\;1}_{x:\overline{n}|} = \sum_{t=0}^{n-1} v^{t+1} \cdot {}_{t|}q_x \quad \to \quad \bar{A}^{\;1}_{x:\overline{n}|} = \int_0^n v^t \cdot {}_tp_x \cdot \mu_{x+t}\, dt$

(保険金期末払)　　　($\because {}_{t|}q_x = {}_tp_x \cdot q_{x+t}$)

$A_x = \sum_{t=0}^\infty v^{t+1} {}_{t|}q_x \quad \to \quad \bar{A}_x = \int_0^\infty v^t \cdot {}_tp_x \cdot \mu_{x+t}\, dt$

(cf $\bar{A}_{x:\overline{n}|} = \int_0^n v^t {}_tp_x \cdot \mu_{x+t}\, dt + v^n {}_np_x = 1 - \delta \cdot \bar{a}_{x:\overline{n}|}$)

さて $\bar{A}^{\;1}_{x:\overline{n}|} = \int_0^n v^t {}_tp_x \cdot \mu_{x+t} \cdot dt$ は保険金(1)の即時払の一時払保険料で

第6章 「保険数学」①―アクチュアリー試験用の補講―

```
―――――+……t……⊕――dt――*―――
       (x)    生   死
              存   亡
```

x 歳の人が t 年間生存 ($_tp_x$) して、次の dt の間 (その時 $x+t$ 歳) に死亡する確率は $_tp_x \cdot \mu_{x+t}$

評価は v^t

保険金 (価格) は 1

すなわち価格×評価×確率すなわち $v^t \cdot {}_tp_x \cdot \mu_{x+t}$ これを $0 \sim n$ まで積分します。

さて、この $\overline{A}{}^{\,1}_{x:\overline{n}|}$ を各年度の中央で支払うとすると (死亡の一様分布を仮定すれば)

$$\overline{A}{}^{\,1}_{x:\overline{n}|} \fallingdotseq v^{\frac{1}{2}} \cdot q_x + v^{1\frac{1}{2}} \cdot {}_{1|}q_x + v^{2\frac{1}{2}} {}_{2|}q_x + \cdots + v^{n-\frac{1}{2}} \cdot {}_{n-1|}q_x$$

となります。

第2章では、死亡は期末死亡を仮定していましたが、**即時払**を年央払とした基数を導入すると

$$\boxed{\begin{aligned} \overline{C}_x &= v^{x+\frac{1}{2}} d_x \qquad (\text{cf} \quad C_x = v^{x+1} d_x) \\ \overline{M}_x &= \overline{C}_x + \overline{C}_{x+1} + \cdots \cdots \\ \overline{R}_x &= \overline{M}_x + \overline{M}_{x+1} + \cdots \cdots \end{aligned}}$$

したがって

$$\overline{A}{}^{\,1}_{x:\overline{n}|} = \frac{\overline{C}_x + \overline{C}_{x+1} \cdots + \overline{C}_{x+n-1}}{D_x}$$

$$= \frac{\overline{M}_x - \overline{M}_{x+n}}{D_x}$$

例題⑬ 生存基数 $D_x (= v^x l_x)$ が K^x ($K : 0 < K < 1$ なる定数) で表されるとき

$$\overline{A}_{x:\overline{n}|} = 1 + \frac{\delta(1-K^n)}{\log K} \text{ なることを示せ。}$$

(解答) $\overline{A}_{x:\overline{n}|} = 1 - \delta \cdot \overline{a}_{x:\overline{n}|}$ (cf $A_{x:\overline{n}|} = 1 - d \cdot \ddot{a}_{x:\overline{n}|}$)

$$= 1 - \delta \cdot \int_0^n \frac{D_{x+t}}{D_x} \cdot dt$$

$$= 1 - \delta \cdot \int_0^n \frac{K^{x+t}}{K^x} \cdot dt = 1 - \delta \int_0^n K^t dt$$

$$= 1 - \delta \cdot \left[\frac{K^t}{\log K} \right]_0^n$$

$$= 1 - \delta \cdot \frac{1}{\log K}(K^n - 1)$$

$$= 1 + \frac{\delta(1-K^n)}{\log K} \quad \text{(Q. E. D)}$$

例題⑭ $\dfrac{d\overline{a}_{x:\overline{n}|}}{dx} = \mu_x \cdot \overline{a}_{x:\overline{n}|} - \overline{A}{}^1_{x:\overline{n}|}$ を示せ。

(解答)

$$\frac{d\overline{a}_{x:\overline{n}|}}{dx} = \frac{d}{dx} \int_0^n v^t \cdot {}_tp_x dt$$

$$= \int_0^n v^t \cdot \frac{d}{dx}({}_tp_x) dt$$

$$= \int_0^n v^t \cdot {}_tp_x (\mu_x - \mu_{x+t}) dt \quad (\S 2.\text{②})$$

$$= \mu_x \int_0^n v^t \cdot {}_tp_x \cdot dt - \int_0^n v^t \cdot {}_tp_x \cdot \mu_{x+t} \, dt$$

$$= \mu_x \cdot \overline{a}_{x:\overline{n}|} - \overline{A}{}^1_{x:\overline{n}|} \quad \text{(Q. E. D)}$$

第6章 「保険数学」①―アクチュアリー試験用の補講―

§6. 利力

複利計算においては、年利率 i、期間 n の終価(元金1とすれば)は $(1+i)^n$ です。

ところで1年間を m 等分(よく利用するのは $m=12$)し、毎期末 $\left(\dfrac{1}{m}\text{、}\dfrac{2}{m}\text{、}\cdots\text{、}\dfrac{m}{m}\right)$ にその期の利息を元金に繰り入れて、新元金とし、また $\dfrac{1}{m}$ 年間運用します。……

各期の利息を計算するにあたって、使用する年利率を j とすると、

$$\left(1+\frac{j}{m}\right)^m = 1+i \quad (i:1\text{年間の総利息})$$

$$\therefore \boxed{i=\left(1+\frac{j}{m}\right)^m - 1} \quad \cdots\text{Ⓐ}$$

(i を**実利率**といい、j を**名称利率**、m を**転化回数**といいます)

Ⓐを変形すると
$$j = m\{(1+i)^{\frac{1}{m}} - 1\}$$
$$= m\{e^{\frac{1}{m}\log(1+i)} - 1\}$$
$$= \log(1+i) + \frac{1}{2!}\cdot\frac{1}{m}\{\log(1+i)\}^2 + \cdots$$

$$\left(\begin{array}{l}\because \quad e^{\log f(x)} = f(x) \\ \text{両辺の対数をとれば明らか。}\end{array}\right)$$

$$\left(\because \quad e^x = 1 + x + \frac{1}{2!}x^2 + \frac{x^3}{3!} + \cdots\cdots\right)$$

これより $m \to +\infty$ なら、実利率 i が与えられたとき、転化回数 m の名称利率 $i^{(m)}(=j)$ は極限では $\log(1+i)$ となります。

これを**利力** δ で表すと

$$\boxed{\delta = \log(1+i)} \quad \cdots\cdots\text{Ⓑ}$$

★利力 δ の意味。

実利率 i に応じてその瞬間時毎に、すなわち連続的に利息を元金に転化する場合の名称利率で、これを**利力** (force of interest) といいます。
これを式で表すと (時間 t における利力を δ_t とすると)

$$\boxed{\begin{aligned}\delta_t &= \frac{1}{F_t} \cdot \frac{dF_t}{dt} \\ &= \frac{d\log F_t}{dt}\end{aligned}}$$ ……ⓒ (時間 t の資金を Ft とする)

上式ⓒは§1死力のⒶ (死力の定義)

$\mu_x = -\frac{1}{l_x} \cdot \frac{dl_x}{dx}$ とよく似ていることが分かります。

死力の式がマイナスがあるのに利力はプラス。

これは l_x が減少関数に対して、F_t が増加関数 ($i>0$) であるからです。
これが理解されていれば、

$$\boxed{\begin{aligned}F_x &= F_0 \cdot e^{\int_0^x \delta t \cdot dt} \\ &(x \text{ 年後})\end{aligned}}$$ Ⓓ $(cf \quad l_x = l_0 \cdot e^{-\int_0^x \mu t \cdot dt})$

> **例題⑮** 総資産の額は時間 t の2次式と仮定し、年度始、年央、年度末の残高をそれぞれ A、B、C とする。利力 δ は一定とし、年度内の利息収入を I とするとき、δ を表す式はどうなるか。

(解答)

$f(t) = \alpha + \beta t + \gamma \cdot t^2$ とする。……①

$f(0)=A$、$f\left(\frac{1}{2}\right)=B$、$f(1)=C$ だから①に代入して解くと、

$\alpha = A$、$\beta = -3A+4B-C$、$\gamma = 2A-4B+2C$

ところで

$I = \int_0^1 \delta \cdot f(t) dt$ だから

$$\delta = \frac{\mathrm{I}}{\int_0^1 f(t)dt} = \frac{\mathrm{I}}{\alpha + \frac{\beta}{2} + \frac{\gamma}{3}} = \frac{6\mathrm{I}}{\mathrm{A} + 4\mathrm{B} + \mathrm{C}}$$

> **例題⑯** 元金1を投資して利殖する場合、t 年後の利力 (δ_t) を $\dfrac{3}{5(1+kt)^2}$ (k：定数) として、t が増大するにつれて、終価は $e^{\frac{33}{5}}$ に近づくものとするとき、$t=100$ の終価はいくらになるか。

(解答)

上記⑪より　$F_t = \exp\left\{\displaystyle\int_0^t \frac{3}{5(1+kt)^2}dt\right\} = \frac{3}{5}\left[\frac{1}{k} \cdot \frac{-1}{(1+kt)}\right]_0^t$

$= \dfrac{3}{5k}\left(1 - \dfrac{1}{1+kt}\right)$

$F_\infty = \exp\left\{\displaystyle\int_0^\infty \delta_t dt\right\} = e^{\frac{33}{5}} = e^{\frac{3}{5k}} \quad \left(\because \displaystyle\int_0^\infty \delta_t dt = \frac{3}{5k}\right)$

$\therefore \quad \dfrac{3}{5k} = \dfrac{33}{5} \quad \rightarrow \quad k = \dfrac{1}{11}$

$\therefore \quad \displaystyle\int_0^{100} \delta_t \cdot dt = \dfrac{3}{5k}\left(1 - \dfrac{1}{1+100k}\right)$ に $k = \dfrac{1}{11}$ を代入すると 5.96

第6章 練習問題

問題① $\mu_{60\frac{3}{4}}$ を次の二つの仮定について、それぞれ算出せよ。

ここで $l_{60}=6,417$、$l_{61}=6,249$ とする。

(1) 死亡数が一様に分布する。

(2) $_{1-t}q_{x+t}=(1-t)\cdot q_x \quad (0\leqq t\leqq 1)$

問題② t の区間 $[0, n]$ において $_tp_x\cdot\mu_{x+t}$ が t の一次関数で表され、

$_tp_x\cdot\mu_{x+t}=\dfrac{1}{100}+\dfrac{1}{500}t$ となるとき

(1) q_x　(2) μ_{x+1} はどうなるか。

問題③ 死亡は絶えず起こり、死力 (μ_x) は絶えず増加するものと仮定して、次の不等式を証明せよ。

$$q_{x-1}<\mu_x<\dfrac{q_x}{p_x}$$

問題④ 第1の生命が $l_x=90-x \;(0\leqq x\leqq 90)$ に従い、第1の生命表での生存確率 $_tp_{60}$ と、第2の生命表での生存確率 $_tp'_{60}=e^{0.01t}\cdot {_tp_{60}}\;(0\leqq t\leqq 30)$ であるとき、第2の生命表での死力 μ'_{66} の値はいくらか。但し、e は自然対数の底 ($e\fallingdotseq 2.71828$)

問題⑤ $\overset{\circ}{e}_x=a+bx$ のとき μ_x を a、b、x で表せ。

問題⑥ 死亡率が $_tq_x=\dfrac{t}{\omega-x}\;(0\leqq t\leqq \omega-x)$ で与えられ、かつ $\overset{\circ}{e}_{50}=25$ のとき、$_{30|}\overset{\circ}{e}_{20}$ の値はいくらになるか。

問題⑦ $\dfrac{d}{dx}{_{n|}\overset{\circ}{e}_x}=\mu_x\cdot {_{n|}\overset{\circ}{e}_x}-{_np_x}$ を証明せよ。

問題⑧ $\overset{\circ}{e}_x=50-0.5_x$ のとき l_x はどのように表されるか。但し $l_0=100,000$ 人

第6章 「保険数学」①―アクチュアリー試験用の補講―

問題⑨ 定常人口において $l_x = a - x$ $(0 \leq x \leq a)$、$\overset{\circ}{e}_0 = 81$ のとき平均年齢は次のうちどれか。

(A) 51 (B) 52 (C) 53 (D) 54 (E) 55

問題⑩ 次の式のうち、正しくないものはどれか。

(A) $q_{\overline{xy}} = q_x + q_y - q_{xy}$ (B) $_nq_{xy} = 1 - {}_np_{xy}$

(C) $_{t|}q_{xy} = 1 - q_{x+t\,;\,y+t}$ (D) $q_{xy} = 1 - p_{xy}$

(E) $_{t|}q_{\overline{xy}} = {}_{t|}q_x + {}_{t|}q_y - {}_{t|}q_{xy}$

問題⑪ 次の式のうちで $_np_{xy}$ を表しているのはどれか。

(A) $1 - {}_nq_{\overline{xy}}$ (B) $_np_x + {}_np_y - {}_np_{\overline{xy}}$ (C) $_nq_x \cdot {}_np_y$

(D) $_np_x + {}_np_y - 1$ (E) $_nq_{\overline{xy}} + {}_np_x + {}_np_y$

問題⑫ 次の式のうち、$_{n|}a_{\overline{xy}}$ を表している式はどれか。

(A) $v^n \cdot {}_np_x \cdot a_{x+n} + v^n \cdot {}_np_y \cdot a_{y+n} - v^n \cdot {}_np_{xy} \cdot a_{x+n\,;\,y+n}$

(B) $v^n \cdot {}_np_{\overline{xy}} \cdot a_{\overline{x+n\,;\,y+n}}$

(C) $v^n \cdot {}_np_{xy} \cdot a_{\overline{x+n\,;\,y+n}}$

(D) $v^n \cdot {}_np_x \cdot a_{x+n} + v^n \cdot {}_np_y \cdot a_{y+n} - v^n \cdot {}_np_{\overline{xy}} \cdot a_{x+n\,;\,y+n}$

(E) $v^n \cdot {}_np_x \cdot a_{x+n} + v^n \cdot {}_np_y \cdot a_{y+n} - v^n \cdot {}_np_{xy} \cdot a_{\overline{x+n\,;\,y+n}}$

問題⑬ 次の式のうちで、$_nq_{\overline{xy}}$ を表しているのはどれか。

(A) $_nq_x + {}_nq_y$ (B) $_nq_x + {}_nq_y + {}_nq_{xy}$ (C) $_nq_x + {}_nq_y - {}_nq_{xy}$

(D) $_nq_x + {}_nq_y + 2 \cdot {}_nq_{xy}$ (E) $_nq_x + {}_nq_y - 2 \cdot {}_nq_{xy}$

問題⑭ x 歳の人と y 歳の人のうち一人が、n 年後に生存し、他の一人が n 年以内に死亡する確率を求めよ。

問題⑮ $\displaystyle\int_0^n t \cdot v^t \, dt$ を計算せよ。（ただし、$\delta = -\log v$）

問題⑯ $l_{x+t} = l_x(1 - b \cdot t)$ $(0 \leq t \leq n)$ であるときに、$\overline{a}_{x\,:\,\overline{n}|}$ はどのような式で表されるか。

問題⑰ $\overline{a}_\infty$ ($\overline{a}_{\overline{n}|}$ の $n \to \infty$) はいくらか。

問題⑱　$\overline{A}{}^{1}_{x:\overline{n}|} = 1 - v^n \cdot {}_np_x - \delta \cdot \overline{a}_{x:\overline{n}|}$ を証明せよ。

問題⑲　μ_x が年齢に関係なく定数 k に等しいとき $\overline{a}_x = \dfrac{1}{k+\delta}$ $(\delta = -\log v)$ であることを示せ。

問題⑳　$\dfrac{d}{dt}({}_tp_x \cdot \overset{\circ}{e}_{x+t}) = -{}_tp_x$ であることを証明せよ。

問題㉑　(難問)
$$\int_0^\infty v^t \cdot {}_tp_x \cdot \overset{\circ}{e}_{x+t} \cdot dt = \dfrac{1}{\delta}(\overset{\circ}{e} - \overline{a}_x)$$ を示せ。(δ：利力 $= -\log v$)

問題㉒　$\dfrac{d\overline{a}_{x:\overline{n}|}}{dx} = \mu_x \cdot \overline{a}_{x:\overline{n}|} - \overline{A}{}^{1}_{x:\overline{n}|}$ を示せ。

問題㉓　$\dfrac{d\overline{a}_x}{dx} = \overline{a}_x(\mu_x + \delta) - 1$ を示せ。

問題㉔　死力が定数 k ならば $\overline{A}_x$ はいくらか。

問題㉕　年齢 x 歳から $x+n$ 歳までの間で $l_{x+t} = l_x(1 - k \cdot t)$ なる式が成り立つ時，$\overline{a}_{\overline{n}|} - \overline{a}_{x:\overline{n}|} = \dfrac{k}{\delta}(\overline{a}_{\overline{n}|} - n \cdot v^n)$ を示せ。

問題㉖　$\int_0^n \overline{a}_{x+t}(\mu_{x+t} + \delta)dt = \overline{a}_{x+n} - \overline{a}_x + n$ を証明せよ。

問題㉗　年始の資産を A、年末の資産を B、年度内に収入した利息を I とするとき、利力 δ はどのように表されるか。ただし、利力 δ は一定で、資産は一次式で表されるものとする。

問題㉘　$\overline{S}_{\overline{20}|} = 3 \cdot \overline{S}_{\overline{10}|}$ のとき、利力 $\delta(\delta \neq 0)$ の値に最も近いのは次のうちどれか。

($\log_e 2 \fallingdotseq 0.693$、$\log_e 3 \fallingdotseq 1.099$)

(A)　0.0347　(B)　0.0406　(C)　0.0550　(D)　0.0693
(E)　0.1099

問題㉙　次の保険種類で、30歳加入者の第10保険年度末の純保険料積立金を求めよ。

第 6 章 「保険数学」①―アクチュアリー試験用の補講―

(イ) 60 歳未満の死亡に対しては 150 万円を支払い、60 歳以後の死亡に対して 100 万円を支払う終身保険、ただし保険金即時払とする。

(ロ) 保険料払込期間は 60 歳までで年払とする。

(ハ) 基数で表すこと。

第7章

「保険数学」②
── アクチュアリー試験用の補講 ──

§1. 多重脱退①

　第2章「生命保険料率算定の仕組み」で考えたように、「事故発生の確率」として「生命表」あるいは「死亡表」を考えましたがこれはあくまでもその保険集団から脱退するのが「死亡」のみでしたが、この節では二つ以上の原因によって脱退が生じる場合を考えましょう。それを「**多重脱退**」といい、その脱退表を「**多重脱退表**」といいます。

　次のことを理解しておくと、分かりやすいと思います。

　今、脱退原因を n 個 $(1、2、3、\cdots、n)$ にしましょう。

　$d_x^{(1)}+d_x^{(2)}+d_x^{(3)}+\cdots+d_x^{(n)}=d_x^{(T)}$ と書くことにします。

　$d_x^{(i)}$ $(i=1、2、\cdots、n)$ は x 歳の人が原因（あるいは要因）、i で死亡した人数で $d_x^{(T)}$ は従来の d_x のことです。ですから d_x でなく $d_x^{(T)}$ とあれば逆に、原因がいくつかあると考えることができます。

　また、$\mu_x^{(1)}+\mu_x^{(2)}+\cdots+\mu_x^{(n)}=\mu_x^{(T)}$（従来の μ_x）

　$\mu_x^{(i)}=-\dfrac{1}{l_x^{(T)}}\cdot\dfrac{dl_x^{(i)}}{dx}$ $(i=1、2、\cdots、n)$ と表すことができます。

第7章 「保険数学」②—アクチュアリー試験用の補講—

そして、$l_x = d_x + d_{x+1} + d_{x+2} + \cdots$ ですから、記号として $l_x^{(i)} = d_x^{(i)} + d_{x+1}^{(i)} + \cdots$ を理解しておくとよいでしょう。

すなわち

$$d_x^{(1)} + d_x^{(2)} + d_x^{(3)} + \cdots + d_x^{(n)} = d_x^{(\mathrm{T})}$$

$$\mu_x^{(1)} + \mu_x^{(2)} + \mu_x^{(3)} + \cdots + \mu_x^{(n)} = \mu_x^{(\mathrm{T})}$$

$$\mu_x^{(i)} = -\frac{1}{l_x^{(\mathrm{T})}} \cdot \frac{dl_x^{(i)}}{dx} \quad (i = 1, 2, \cdots, n)$$

$$l_x^{(i)} = d_x^{(i)} + d_{x+1}^{(i)} + d_{x+2}^{(i)} + \cdots \quad (i = 1, 2, \cdots, n)$$

$$l_x^{(\mathrm{T})} = l_x^{(1)} + l_x^{(2)} + l_x^{(3)} + \cdots + l_x^{(n)}$$

例題① 二重脱退(残存)表で、$\mu_x^{(1)} = \dfrac{1}{10000 - x}$、$\mu_x^{(2)} = 0.5$、$l_0^{(\mathrm{T})} = 10{,}000$ のとき $l_x^{(\mathrm{T})}$、$d_x^{(1)}$ を求めよ。

(解答)

$$l_x^{(\mathrm{T})} = l_0^{(\mathrm{T})} exp\left\{ -\int_0^x \left(\frac{1}{10000-t} + 0.5 \right) dt \right\} \quad (\because 186p \, \text{Ⓔ})$$

$$= l_0^{(\mathrm{T})} exp\{ log(10000-x) - 0.5x - log\,10000 \}$$

$$= l_0^{(\mathrm{T})} exp\left\{ -0.5x + log\frac{10000-x}{10000} \right\}$$

$$= l_0^{(\mathrm{T})} \cdot e^{-0.5x} \cdot \frac{10000-x}{10000} \quad (\because exp(log f(x)) = f(x))$$

$$= e^{-0.5x}(10000-x) \quad (\because l_0^{(\mathrm{T})} = 10000)$$

次に $d_x^{(1)} = \displaystyle\int_0^1 l_{x+t}^{(\mathrm{T})} \cdot \mu_{x+t}^{(1)} \cdot dt \quad (\because 184p \, \text{Ⓒ} \text{そして} \; \mu_x^{(1)} = -\frac{1}{l_x^{(\mathrm{T})}} \cdot \frac{dl_x^{(1)}}{dx})$

$$= \int_0^1 e^{-0.5(x+t)} \cdot (10000-x-t) \cdot \frac{1}{10000-x-t} dt$$

$$= e^{-0.5x} \int_0^1 e^{-0.5t} dt$$

$$= e^{-0.5x} \left[-\frac{1}{0.5} e^{-0.5t} \right]_0^1$$

$$= 2(1-e^{-0.5})e^{-0.5x}$$

例題② ある三重脱退残存表で $\mu_{x+t}^{(1)}=0.4$、$\mu_{x+t}^{(2)}=0.2$
$\mu_{x+t}^{(3)}=0.1$ $(0 \leq t \leq 1)$ である。この時 $q_x^{(1)}$ の値を求めよ。

(解答)

$\mu_{x+t}^{(T)} = \mu_{x+t}^{(1)} + \mu_{x+t}^{(2)} + \mu_{x+t}^{(3)}$ であり

$$q_x^{(1)} = \frac{1}{l_x} \int_0^1 l_{x+t}^{(T)} \cdot \mu_{x+t}^{(1)} \cdot dt \quad (\because 185p) \text{ であるので}$$

$$= 0.4 \int_0^1 {}_t p_x^{(T)} \cdot dt \quad \cdots \text{Ⓐ}$$

さて、${}_t p_x^{(T)} = exp\left\{ -\int_0^1 \mu_{x+t}^{(T)} \cdot dt \right\} = exp\left\{ -\int_0^1 (0.4+0.2+0.1) dt \right\}$

$$= e^{-0.7t} \quad \cdots \text{Ⓑ}$$

ⒷをⒶに代入して

$$q_x^{(1)} = 0.4 \int_0^1 e^{-0.7t} \cdot dt = 0.4 \left[-\frac{e^{-0.7t}}{0.7} \right]_0^1 = \frac{4}{7}(1-e^{-0.7})$$

例題③ ある多重脱退残存表で、$l_x^{(T)} = (a-x^2) \cdot e^{-x}$、$d_x^{(1)} = e^{-x}(x+1) - e^{-x-1}(x+2)$
なるとき、$\mu_x^{(1)}$ を求めよ。

(解答)

$l_x^{(1)} = d_x^{(1)} + d_{x+1}^{(1)} + d_{x+2}^{(1)} + \cdots$

$= \{ e^{-x}(x+1) - e^{-x-1}(x+2) \} + \{ e^{-x-1}(x+2) - e^{-x-2}(x+3) \}$

$\quad + \{ e^{-x-2}(x+3) - e^{-x-3}(x+4) \} + \cdots$

$= e^{-x}(x+1)$

$$\mu_x^{(1)} = -\frac{1}{l_x^{(T)}} \cdot \frac{dl_x^{(1)}}{d_x} = -\frac{1}{(a-x^2)e^{-x}}\{e^{-x} - (x+1)e^{-x}\} = \frac{x}{a-x^2}$$

§2. 多重脱退②

保険金即時支払で、被保険者の死亡の順序を問題にして保険金を支払う場合でかつ、「多重脱退」が重なっているケースを考えてみましょう。
基礎知識として

① $\overline{A}_x$：これは $A_x = \sum_{t=0}^{w-x-1} v^{t+1} \cdot {}_{t|}q_x = \dfrac{M_x}{D_x}$ の即時払と考えて常に年度の中央で全死亡が起きると考え、

$\overline{M}_x = \overline{C}_x + \overline{C}_{x+1} + \overline{C}_{x+2} + \cdots + \overline{C}_{w-1}$ という記号を導入すれば

$\overline{A}_x = \dfrac{\overline{M}_x}{D_x}$ (ただし、$\overline{C}_x = v^{x+\frac{1}{2}} d_x$) となります。

しかし、$\overline{A}_x$ を積分の形で表すと

$\overline{A}_x = \displaystyle\int_0^\infty v^t \cdot {}_tp_x \cdot \mu_{x+t} \cdot dt$ となります。

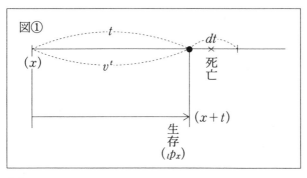

図①を参考にしながら説明すると、

(x) 歳の人が t 年後まで生存する確率は ${}_tp_x$ であり、$x+t$(歳)で微小期間内 (dt) で死亡する確率は μ_{x+t}(瞬間死亡率)であるので

価格×評価×確率は（テキスト 25 ページ参照）

— 189 —

$1 \times v^t \times {}_tp_x \cdot \mu_{x+t}$ となるので

$\overline{A}_x = \int_0^\infty v^t \cdot {}_tp_x \cdot \mu_{x+t} \, dt$ となります。

したがって

$\overline{A}{}_{x:\overline{n|}}^{\,1} = \int_0^n v^t \cdot {}_tp_x \cdot \mu_{x+t} \cdot dt$

$(\overline{I\,A}){}_{x:\overline{n|}}^{\,1} = \int_0^n t \cdot v^t \cdot {}_tp_x \cdot \mu_{x+t} \, dt$

(注) $(I\overline{A}){}_{x:\overline{n|}}^{\,1}$ と $(\overline{I\,A}){}_{x:\overline{n|}}^{\,1}$ の違い。

$(I\overline{A}){}_{x:\overline{n|}}^{\,1} = \dfrac{1}{D_x}(\overline{R}_x - \overline{R}_{x+n} - n\overline{M}_{x+n})$ で保険金即時支払であるがこれは、第 t 年度内の死亡に対しすべて同一の額 $t(t=1、2、3、…、n)$ とした場合のものです。

一方、$(\overline{I\,A}){}_{x:\overline{n|}}^{\,1}$ は死亡保険金も連続的に変化して、契約時からの経過 t で死亡した者には保険金 t を即時に支払う一時払保険料です。

② $\overline{A}{}_{xy:\overline{n|}}^{\,1}$：$(x)、(y)$ の二人を被保険者として、n 年以内に (x) が (y) に先立って死亡した場合のみ保険金を支払う保険の一時払保険料（保険金即時支払）

$\overline{A}{}_{xy:\overline{n|}}^{\,1} = \int_0^n v^t \cdot {}_tp_{xy} \cdot \mu_{x+t} \, dt$

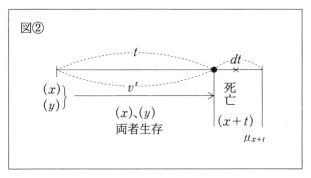

図②を参考にしながら説明すると、

$(x)、(y)$ 歳の二人が t 年後まで生存する確率は ${}_tp_{xy}$ で (x) の方が

第7章 「保険数学」②―アクチュアリー試験用の補講―

$x+t$(歳)で微小期間内(dt)で死亡する(瞬間死亡率)は μ_{x+t} であるので

価格×評価×確率は

$1 \times v^t \times {}_tp_{xy} \cdot \mu_{x+t}$ となり

$\overline{A}{}^1_{xy:\overline{n}|} = \int_0^n v^t \cdot {}_tp_{xy} \cdot \mu_{x+t}\, dt$ です。

例題④ 死因(i、j、k)によって次の支払いを行う x 歳加入一年定期保険がある。

$\Bigl[$ 死因 i によって(死力 $\mu_{x+t}^{(i)}$)、死亡したときは保険金2を即時に支払い
死因 j によって(死力 $\mu_{x+t}^{(j)}$)、死亡したときは保険金1を即時に支払い
死因 k によって(死力 $\mu_{x+t}^{(k)}$)、死亡したときは保険金4を即時に支払う。

この年払保険料は死因にかかわりなく保険金1を即時に支払う年払定期保険料の何倍か。ただし、$\mu_{x+t}^{(i)} = 2\mu_{x+t}^{(j)}$、$\mu_{x+t}^{(j)} = \dfrac{1}{4}\mu_{x+t}^{(k)}$

$(0 \leq t \leq 1)$

(解答)

$\mu_{x+t}^{(i)} + \mu_{x+t}^{(j)} + \mu_{x+t}^{(k)} = \mu_{x+t}^{(T)}$ と条件 $\mu_{x+t}^{(i)} = 2\mu_{x+t}^{(j)}$、$\mu_{x+t}^{(j)} = \dfrac{1}{4}\mu_{x+t}^{(k)}$ より、

$\mu_{x+t}^{(j)} = \dfrac{1}{7}\mu_{x+t}$、$\mu_{x+t}^{(i)} = \dfrac{2}{7}\mu_{x+t}$、$\mu_{x+t}^{(k)} = \dfrac{4}{7}\mu_{x+t}$

∴ この保険の年払純保険料は

$\displaystyle\int_0^1 v^t \cdot {}_tp_x (2\cdot\mu_{x+t}^{(i)} + 1\cdot\mu_{x+t}^{(j)} + 4\cdot\mu_{x+t}^{(k)})\,dt$

$= \displaystyle\int_0^1 v^t \cdot {}_tp_x \left(\dfrac{4}{7} + \dfrac{1}{7} + \dfrac{16}{7}\right)\mu_{x+t}\,dt$

$= 3\displaystyle\int_0^1 v^t \, {}_tp_x \cdot \mu_{x+t} \cdot dt$

$= 3 \cdot \overline{A}{}^1_{x:\overline{n}|}$

§3. 多重脱退③──死亡・就業不能脱退残存表

多重脱退表の一つに、脱退原因として「死亡」と「就業不能」の二つの二重脱退表を考えてみましょう。

就業者の母集団から「死亡」「就業不能」によって、その母集団から脱退し、就業不能になった者は就業不能者の母集団に加えられ、その母集団からは「死亡」のみが脱退原因となります。

この表で用いられている記号と意味は次のとおりです。

l_x^{aa}；x 歳の就業者数（a；就業者 active）
d_x^{aa}；x 歳と $(x+1)$ 歳の間における就業者の死亡数
i_x；x 歳と $(x+1)$ 歳の間で就業者が就業不能となる人数
l_x^{ii}；x 歳の就業不能者数
d_x^{ii}；x 歳と $(x+1)$ 歳の間における就業不能者の死亡数

以上から

$l_x^{aa} + l_x^{ii} = l_x$、$d_x^{aa} + d_x^{ii} = d_x$

これを図にしてみると、

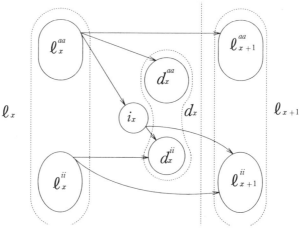

第7章 「保険数学」②－アクチュアリー試験用の補講－

図と意味から

$$l_{x+1}^{aa} = l_x^{aa} - d_x^{aa} - i_x$$

$$l_{x+1}^{ii} = l_x^{ii} + i_x - d_x^{ii}$$

$q_x = \dfrac{d_x}{l_x}$ であったが

$q_x^{aa} = \dfrac{d_x^{aa}}{l_x^{aa}}$、 $q_x^{ii} = \dfrac{d_x^{ii}}{l_x^{ii}}$

$q_x^{(i)} = \dfrac{i_x}{l_x^{aa}}$ となります。（定義）

$$\boxed{q_x^a = \dfrac{d_x^{aa} + \dfrac{1}{2} i_x \cdot q_x^i}{l_x^{aa}}}$$ （x 歳の就業者が1年以内に死亡する確率）

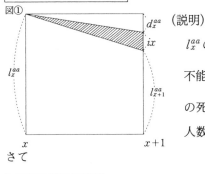

（説明）

l_x^{aa} のうち、d_x^{aa} の死亡数と年間 i_x 人の就業不能者が死亡する人数（斜線部分 $\dfrac{1}{2} i_x$ にその死亡率 (q_x^i) を掛けて加えた人数が該当人数です。）

さて

$$\boxed{q_x^i = \dfrac{d_x^{ii}}{l_x^{ii} + \dfrac{1}{2} i_x}}$$ （就業不能者の**絶対死亡率**）

（説明）

l_x^{ii} のうち、d_x^{ii} の死亡数がすべて発生したのではなく、上の図①で考えたように l_x^{aa} から i_x 人の就業不能者が出てそのうちの何人かが d_x^{ii} に含まれています。

$\dfrac{1}{2} i_x$ となるのは年間通じての既経過人数だからです。

また、$q_x^a = q_x^{aa} + q_x^{ai}$ とすると

$$\boxed{q_x^{ai} = \frac{\frac{1}{2} i_x \cdot q_x^i}{l_x^{aa}}}$$ となります。　(q_x^{ai}：x歳の就業者が1年以内に就業不能となり、その年度末までに死亡する確率)

あるいは、$q_x^{ai} = \dfrac{d_x^{ii} - l_x^{ii} \cdot q_x^i}{l_x^{aa}}$　$\left({}_{t|}q_x^{ai} = \dfrac{d_{x+t}^{ii} - l_x^{ii} \cdot {}_{t|}q_x^i}{l_x^{aa}} \right)$

また、${}_n p_x^a = \dfrac{l_{x+n} - {}_n p_x^i \cdot l_x^{ii}}{l_x^{aa}}$ を理解しておくと良いでしょう。

★絶対死亡率

　生命保険契約や損害保険契約でも長総や積立傷害等では死亡のほか解約や失効によって契約が消滅します。消滅を考慮に入れない（あるいはそれはないと仮定した）生命表では死亡率は $q_x = \dfrac{d_x}{l_x}$ でした。

　しかし、実際は解約・失効によって既経過契約件数は減少しています。従って、それを考慮した、より実体に近い死亡率を求めたいわけです。

　それを絶対死亡率として

$$\boxed{q_x^* = \frac{d_x}{l_x - \dfrac{w_x}{2}}}$$　(w_x：解約失効件数) として用います。

図で考えると

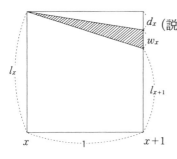

（説明）　l_x人のうち、d_x人の死亡が発生したわけですが、w_xからは死亡は出ません。（この部分は解約・失効したから）、従って既経過人数としては $l_x \times 1$ から $\dfrac{1}{2} \times w_x$（斜線部分）を減じたものです。

第7章 「保険数学」②―アクチュアリー試験用の補講―

ですから、$q_x = \dfrac{d_x}{l_x}$ は W／B(Written Basis Loss Ratio)で q_x^* は E／B（アーンド・ベーシス・ロスレシオ）の考え方です。

また、絶対解約率 $(wr)_x^*$ は

$$(wr)_x^* = \dfrac{w_x}{l_x - \dfrac{d_x}{2}}$$

です。

例題⑤ 死亡・就業不能脱退残存表が下表のように与えられている時、次の値を小数点第7位を四捨五入して、小数点第6位まで求めよ。

x	l_x^{aa}	d_x^{aa}	d_x^{ii}	ix	l_x^{ii}
59歳	88,504人	827人	18人	35人	170人
60	87,597	949	20	39	187
61	86,609	1,302	24	50	206

① q_{60}^{aa*}（60歳の就業者の絶対死亡率）、② q_{60}^{i}　③ q_{60}^{a}　④ q_{60}^{ai}
⑤ $q_{60}^{(i)}$（60歳の就業者が1年以内に就業不能になる確率）

（解答）

① $q_{60}^{aa*} = \dfrac{d_{60}^{aa}}{l_{60}^{aa} - \dfrac{1}{2} \cdot i_{60}} = \dfrac{949}{86.597 - \dfrac{1}{2} \times 39} = 0.010836$

② $q_{60}^{i} = \dfrac{d_{60}^{ii}}{l_{60}^{ii} + \dfrac{1}{2} i_{60}} = \dfrac{20}{187 + \dfrac{1}{2} \times 39} = 0.096852$

③ $q_{60}^{a} = \dfrac{d_{60}^{aa} + \dfrac{1}{2} \times i_{60} \times q_{60}^{i}}{l_{60}^{aa}} = 0.010855$

④ $q_{60}^{ai} = \dfrac{\frac{1}{2} \times i_{60} \times q_{60}^{i}}{l_{60}^{aa}} = 0.000022$

⑤ $q_{60}^{(i)} = \dfrac{i_{60}}{l_{60}^{aa}} = \dfrac{39}{87,597} = 0.000445$

例題⑥ 死亡および解約による二重脱退残存表において、$l_x = a - b \cdot x$ の法則が成立し、かつ各年齢において、解約の確率が死亡の確率の 10 倍とすれば、絶対死亡率は $q_x^* = 1 - \dfrac{l_x - k_1 \cdot b}{l_x - k_2 \cdot b}$ に従うことを証明し、かつ k_1 および、k_2 の値を定めよ。

(解答)

解約の確率を q_x^w とすると、題意より

$q_x^w = \dfrac{w_x}{l_x} = \dfrac{10 \cdot d_x}{l_x}$ (w_x：解約件数)

∴ $w_x = 10 \cdot d_x$ …①

また、$l_{x+1} = l_x - d_x - w_x$ だから①の関係を代入すると

$l_{x+1} = l_x - 11 \cdot d_x$

∴ $11 d_x = l_x - l_{x+1} = b$ ($\because l_x = a - bx$、$l_{x+1} = a - b(x+1)$)

∴ $d_x = \dfrac{b}{11}$

$w_x = 10 \cdot d_x = \dfrac{10}{11} \cdot b$

さて、

この場合の絶対死亡率 (q_x^*) は

$q_x^* = \dfrac{d_x}{l_x - \dfrac{w_x}{2}} = \dfrac{d_x}{l_x - \dfrac{1}{2} \cdot \dfrac{10}{11} b} = 1 - \dfrac{l_x - \left(\dfrac{5}{11} b + d_x\right)}{l_x - \dfrac{5}{11} b}$

$$=1-\frac{l_x-\frac{5}{11}b-\frac{b}{11}}{l_x-\frac{5}{11}b}=1-\frac{l_x-\frac{6}{11}b}{l_x-\frac{5}{11}b} \qquad \left(\therefore k_1=\frac{6}{11},\ k_2=\frac{5}{11}\right)$$

§4. チルメル式責任準備金

　A. Zillmer(独)が1863年に責任準備金積立の方式の一つとして考案したものです。平準純保険料の代わりに、第1年度の純保険料と第2年度以降の純保険料の間に差異を設け、前者を後者より新契約費だけ少なくしています。こうして第1年度の付加保険料は第2年度以降の付加保険料より多くすることにより、新契約費を円滑に支出することをできます。

　新契約費を保険金1に対して α (**チルメル割合**という)として、第1年度の純保険料を $P_{(1)}$、第2年度以降の純保険料を $P_{(2)}$ とすれば

$$\boxed{P_{(1)}=P_{(2)}-\alpha} \qquad (定義)\cdots ①$$

養老保険を例にして考えてみましょう。(x歳加入、n年満期、保険金1、保険金期末払)

・全期チルメル式(チルメル期間と保険期間が同じ場合)

保険料の現価より

$P_{x:\overline{n|}} \cdot \ddot{a}_{x:\overline{n|}} = P_{(1)} + P_{(2)}(\ddot{a}_{x:\overline{n|}} - 1)$ です。

①を上式に代入して

$$\boxed{P_{(2)}=P_{x:\overline{n|}}+\frac{\alpha}{\ddot{a}_{x:\overline{n|}}}} \quad \cdots ②$$

したがって

$$\boxed{P_{(1)} = P_{x:\overline{n}|} + \frac{\alpha}{\ddot{a}_{x:\overline{n}|}} - \alpha} \quad \cdots ③$$

この純保険料による、第 t 年度の責任準備金を ${}_tV'_{x:\overline{n}|}$ $(t \geq 1)$ とすれば、それを将来法に表せば

$$\begin{aligned}
{}_tV'_{x:\overline{n}|} &= A_{x+t:\overline{n-t}|} - P_{(2)} \cdot \ddot{a}_{x+t:\overline{n-t}|} \\
&= A_{x+t:\overline{n-t}|} - \left(P_{x:\overline{n}|} + \frac{\alpha}{\ddot{a}_{x:\overline{n}|}}\right) \cdot \ddot{a}_{x+t:\overline{n-t}|} \quad (\because ②) \\
&= A_{x+t:\overline{n-t}|} - P_{x:\overline{n}|} \cdot \ddot{a}_{x+t:\overline{n-t}|} - \frac{\alpha}{\ddot{a}_{x:\overline{n}|}} \cdot \ddot{a}_{x+t:\overline{n-t}|} \\
&= {}_tV_{x:\overline{n}|} - \frac{\alpha}{\ddot{a}_{x:\overline{n}|}} \cdot \ddot{a}_{x+t:\overline{n-t}|} \\
&= 1 - (1+\alpha) \cdot \frac{\ddot{a}_{x+t:\overline{n-t}|}}{\ddot{a}_{x:\overline{n}|}} \quad \left(\because {}_tV_{x:\overline{n}|} = 1 - \frac{\ddot{a}_{x+t:\overline{n-t}|}}{\ddot{a}_{x:\overline{n}|}}\right)
\end{aligned}$$

(これを**全期チルメル式責任準備金**といいます)

では、<u>短期チルメル式責任準備金</u>について考えてみましょう。

これは、チルメル期間が保険期間より短いのでこのように呼ばれています。

k 年チルメル式 $(k<n)$ について考えると

第 1 年度の純保険料 $P_{(1)}$、第 2 年度〜第 k 年度の純保険料 $P_{(2)}$、第 $(k+1)$ 年度以降 $P_{x:\overline{n}|}$ です。

したがって

$$P_{x:\overline{n}|} \cdot \ddot{a}_{x:\overline{n}|} = P_{(1)} + P_{(2)}(\ddot{a}_{x:\overline{k}|} - 1) + P_{x:\overline{n}|}(\ddot{a}_{x:\overline{n}|} - \ddot{a}_{x:\overline{k}|})$$

これに①の関係式 $(P_{(1)} = P_{(2)} - \alpha)$ を代入すると

$$\boxed{P_{(2)} = P_{x:\overline{n}|} + \frac{\alpha}{\ddot{a}_{x:\overline{k}|}}} \quad \cdots ④$$

$\therefore$ $$\boxed{P_{(1)} = P_{x:\overline{n}|} + \frac{\alpha}{\ddot{a}_{x:\overline{k}|}} - \alpha} \quad \cdots ⑤$$

この責任準備金は

・$t \leq k$ の時、将来法では

$$_t V'_{x:\overline{n|}} = A_{x+t:\overline{n-t|}} - P_{(2)} \cdot \ddot{a}_{x+t:\overline{k-t|}} - P_{x:\overline{n|}}(\ddot{a}_{x+t:\overline{n-t|}} - \ddot{a}_{x+t:\overline{k-t|}})$$

$$= A_{x+t:\overline{n-t|}} - P_{x:\overline{n|}} \cdot \ddot{a}_{x+t:\overline{n-t|}} - (P_{(2)} - P_{x:\overline{n|}}) \cdot \ddot{a}_{x+t:\overline{k-t|}}$$

$$= _t V_{x:\overline{n|}} - \frac{\alpha}{\ddot{a}_{x:\overline{k|}}} \cdot \ddot{a}_{x+t:\overline{k-t|}} \quad (\because ④)$$

・$n \geq t > k$ の時

$$_t V'_{x:\overline{n|}} = A_{x+t:\overline{n-t|}} - P_{x:\overline{n|}} \cdot \ddot{a}_{x+t:\overline{n-t|}} = _t V_{x:\overline{n|}}$$

> **例題⑦** n 年満期養老保険（保険金年末払、$n>1$）の全期チルメル式責任準備金のチルメル歩合（割合）α を、第1保険年度末チルメル式責任準備金が0となるように定める。このとき次式が成り立つことを証明せよ。
>
> $$\alpha = P_{x+1:\overline{n-1|}} - v \cdot q_x$$

（解答）

非常に簡単に証明することができる。

過去法による、第1保険年度末チルメル式責任準備金は

$$_1 V'_{x:\overline{n|}} = \frac{1}{D_{x+1}}(P_{(1)} \cdot D_x - C_x) \quad \cdots(a)$$

将来法のそれは

$$_1 V'_{x:\overline{n|}} = A_{x+1:\overline{n-1|}} - P_{(2)} \cdot \ddot{a}_{x+1:\overline{n-1|}} \quad \cdots(b)$$

題意より、(a)=(b)=0 なので

$$P_{(1)} = \frac{C_x}{D_x} = vq_x, \quad P_{(2)} = \frac{A_{x+1:\overline{n-1|}}}{\ddot{a}_{x+1:\overline{n-1|}}} = P_{x+1:\overline{n-1|}}$$

したがって、$P_{(1)} = P_{(2)} - \alpha$ だから

$$\alpha = P_{(2)} - P_{(1)} = P_{x+1:\overline{n-1|}} - vq_x \qquad \text{(Q.E.D)}$$

例題⑧ x 歳加入年払全期払込 n 年満期養老保険（保険金額1、保険金年末払）において、第1保険年度末の全期チルメル式責任準備金が0となるようにチルメル割合 α を決めたところ $\alpha = 0.03$ となった。$p_x = 0.9765$、$\ddot{a}_{x:\overline{n}|} = 10.3$ のとき、予定利率はいくらか。

(解答) 前述により

$$P_{(1)} = vq_x 、 P_{(2)} = P_{x+1:\overline{n-1}|} = P_{x:\overline{n}|} + \frac{\alpha}{\ddot{a}_{x:\overline{n}|}} \quad (\because ②)$$

$$\therefore \alpha = P_{(2)} - P_{(1)} = P_{x:\overline{n}|} + \frac{\alpha}{\ddot{a}_{x:\overline{n}|}} - vq_x = 0.03$$

$P_{x:\overline{n}|} = \frac{1}{\ddot{a}_{x:\overline{n}|}} - d$ を上式に代入して、$\alpha = 0.03$ を加味すれば

$$\frac{1}{\ddot{a}_{x:\overline{n}|}} - d + \frac{0.03}{\ddot{a}_{x:\overline{n}|}} - vq_x = 0.03$$

$$\frac{1 + 0.03}{\ddot{a}_{x:\overline{n}|}} - 0.03 = d + vq_x$$

$$\therefore \quad \frac{1.03}{\ddot{a}_{x:\overline{n}|}} - 0.03 = \frac{1}{1+i}(i + 1 - p_x)$$

$\ddot{a}_{x:\overline{n}|} = 10.3$、$p_x = 0.9765$ を代入すれば

$$0.07 = 1 - \frac{0.9765}{1+i}$$

これより $i = 0.05$ → <u>5%</u> (答え)

例題⑨ 40歳加入年払全期払込10年満期養老保険（保険金額1、保険金期末払）において責任準備金をチルメル割合0.020の3年チルメルで積み立てることとしたとき、年払平準営業保険料は(A)、年払平準純保険料は(B)、第1年度の付加保険料は(C)、第2年度の付加保険料は(D)、そして第4年度の付加保険料は(E)である。但し、予定新契約費は保険金額1に対して、0.025、予定集金費は年

第7章 「保険数学」② －アクチュアリー試験用の補講－

払平準営業保険料1に対して0.03、維持費は保険金1に対して、0.0024とし、予定利率は5%、$\ddot{a}_{40:\overline{10|}}=8.3680$、$\ddot{a}_{40:\overline{3|}}=2.7300$とする。(A)～(E)を求めよ。

(解答)

$$P_{40:\overline{10|}} = \frac{1}{\ddot{a}_{40:\overline{10|}}} - d = 0.071884 \cdots (B)$$

年払平準営業保険料を P' とすると

収支相等の原則より

$$P' \cdot \ddot{a}_{40:\overline{10|}} = P_{40:\overline{10|}} \cdot \ddot{a}_{40:\overline{10|}} + 0.025 + 0.03 P' \cdot \ddot{a}_{40:\overline{10|}} + 0.0024 \ddot{a}_{40:\overline{10|}}$$

$$\therefore \quad P' = \frac{1}{1-0.03} \left(P_{40:\overline{10|}} + \frac{0.025}{\ddot{a}_{40:\overline{10|}}} + 0.0024 \right) = 0.079661 \cdots (A)$$

また④の短期チルメル式の第2保険年度の純保険料で $k=3$ としたものだから

$$P_{(2)} = P_{40:\overline{10|}} + \frac{0.020}{\ddot{a}_{40:\overline{3|}}} = 0.079210$$

$$P_{(1)} = P_{40:\overline{10|}} + \frac{0.020}{\ddot{a}_{40:\overline{3|}}} - 0.020 \quad (\because ⑤より)$$

$$= 0.059210$$

ここで注意しなければならないのは、予定新契約費(0.025)は営業保険料算出のために用い、チルメル割合(0.020)は責任準備金積み立てに用いるので、チルメル期間中の $P_{(1)}$、$P_{(2)}$ の算出に用いられる。

さて、第1年度の付加保険料は

$$P' - P_{(1)} = 0.079661 - 0.05920 = 0.020461 \cdots (C)$$

第2年度の付加保険料は

$$P' - P_{(2)} = 0.079661 - 0.079210 = 0.000451 \cdots (D)$$

第4年度の付加保険料は

$$P' - P_{40:\overline{10|}} = 0.079661 - 0.071884 = 0.007777 \cdots (E)$$

これを図にしてみると

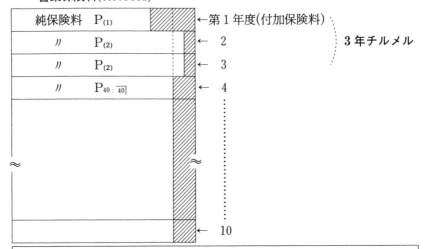

例題⑩ 養老保険（保険金期末払、保険金1）の全期チルメル式責任準備金 $_tV^z{}_{x:\overline{n|}}$ について、次のことを証明せよ。

$q_x = q_{x+1} = q_{x+2} = \cdots\cdots = q_{x+k-1}\ (2 \leq k \leq n)$ でかつ $_1V^z{}_{x:\overline{n|}} = 0$ となるようなチルメル割合 α の時、$_kV^z{}_{x:\overline{n|}} = \alpha / P_{x+1:\overline{k-1|}^1}$ である。

（解答）

　$_1V^z{}_{x:\overline{n|}} = 0$ から $P_{(2)} = P_{x+1:\overline{n-1|}}$、$P_{(1)} = vq_x$

$t \geq 2$ で責任準備金の再帰公式は第 t 保険年度において

　$_{t-1}V^z{}_{x:\overline{n|}} + P_{(2)} = vq_{x+t-1} + vp_{x+t-1} \cdot {}_tV^z{}_{x:\overline{n|}}$ である。

ここで $t \leq k$ のときは条件より

　$vq_{x+t-1} = vq_x = P_{(1)}$ 　　$(\because q_x = q_{x+1} = \cdots\cdots = q_{x+k-1})$

故に $2 \leq t \leq k$ に対し

　$_{t-1}V^z{}_{x:\overline{n|}} + P_{(2)} = P_{(1)} + vp_{x+t-1} \cdot {}_tV^z{}_{x:\overline{n|}}$

∴　$_{t-1}V^z{}_{x:\overline{n|}} = P_{(1)} - P_{(2)} + vp_{x+t-1} \cdot {}_tV^z{}_{x:\overline{n|}}$

∴　$_{t-1}V^z{}_{x:\overline{n|}} = -\alpha + vp_{x+t-1} \cdot {}_tV^z{}_{x:\overline{n|}}$

上式の両辺に D_{x+t-1} を乗じて整理すると

$$D_{x+t-1}({}_{t-1}V^z{}_{x:\overline{n|}}+\alpha)=D_{x+t}\cdot {}_tV^z{}_{x:\overline{n|}}$$

この式に $t=2$, 3, $\cdots$, k まで代入し辺々、加えれば

$$D_{x+1}({}_1V^z{}_{x:\overline{n|}}+\alpha)=D_{x+2}\cdot {}_2V^z{}_{x:\overline{n|}}$$

$$D_{x+2}({}_2V^z{}_{x:\overline{n|}}+\alpha)=D_{x+3}\cdot {}_3V^z{}_{x:\overline{n|}}$$

$$+)\underline{D_{x+k-1}({}_{k-1}V^z{}_{x:\overline{n|}}+\alpha)=D_{x+k}\cdot {}_kV^z{}_{x:\overline{n|}}}$$

$$D_{x+1}\cdot {}_1V^z{}_{x:\overline{n|}}+\alpha(D_{x+1}+\cdots+D_{x+k-1})=D_{x+k}\cdot {}_kV^z{}_{x:\overline{n|}}$$

ここで ${}_1V^z{}_{x:\overline{n|}}=0$ を代入してまとめると

$${}_kV^z{}_{x:\overline{n|}}=\alpha(N_{x+1}-N_{x+k})/D_{x+k}=\alpha/P_{x+1:\overline{k-1|}}^{\ 1} \quad \text{(Q.E.D)}$$

§5. 計算基礎の変更

　営業保険料を算出するに当たっては、予定死亡率、予定利率、予定事業費の計算基礎によって決定されますが、予定死亡率、予定利率の変更によって、どのくらい増収あるいは減収するか、計算は容易ではありません。このテーマは「**計算基礎の変更**」によって、保険料および責任準備金にどれほどの影響があるか考える問題です。

基本的な考え方を理解するのに次の問題を解説することにしましょう。

★**基本問題**（重要）

二組の養老保険 $\{i, q, P_{x:\overline{n|}}, {}_tV_{x:\overline{n|}}\}$、$\{i^*, q^*, P^*_{x:\overline{n|}}, {}_tV^*_{x:\overline{n|}}\}$ があり次の関係式を証明せよ。

(1) $({}_tV_{x:\overline{n|}} + P_{x:\overline{n|}})(i^* - i) + (P^*_{x:\overline{n|}} - P_{x:\overline{n|}})(1+i^*)$
$\quad - (q^*_{x+t} - q_{x+t})(1 - {}_{t+1}V_{x:\overline{n|}})$
$\quad = (1 - q^*_{x+t})({}_{t+1}V^*_{x:\overline{n|}} - {}_{t+1}V_{x:\overline{n|}}) - ({}_tV^*_{x:\overline{n|}} - {}_tV_{x:\overline{n|}})(1+i^*)$

(2) $\sum_{t=0}^{n-1} v^* \cdot D^*_{x+t} \{ (1 - q^*_{x+t})({}_{t+1}V^*_{x:\overline{n|}} - {}_{t+1}V_{x:\overline{n|}}) - ({}_tV^*_{x:\overline{n|}}$
$\quad - {}_tV_{x:\overline{n|}})(1+i^*) \} = 0$

これは、$\{i, q, P_{x:\overline{n|}}, {}_tV_{x:\overline{n|}}\}$ の養老保険（予定利率 i、死亡率 q、それによって純保険料 $P_{x:\overline{n|}}$、純保険料式責任準備金 ${}_tV_{x:\overline{n|}}$（第 t 年度末）が決定する）が利率 $i \to i^*$、死亡率 $q \to q^*$ に変更した時、純保険料が $P_{x:\overline{n|}}$ → $P^*_{x:\overline{n|}}$、第 t 年度末純保険料責任準備金が ${}_tV_{x:\overline{n|}} \to {}_tV^*_{x:\overline{n|}}$ に変わったことを意味することと同じである。

★（基本的な解法）

二本の再帰式を作成すること。

そして条件は養老保険のこの場合

$\quad {}_0V^*_{x:\overline{n|}} = {}_0V_{x:\overline{n|}}$、${}_nV^*_{x:\overline{n|}} = {}_nV_{x:\overline{n|}} (=1)$ である。

（解答）

養老保険の責任準備金の再帰公式より

$\begin{cases} ({}_tV_{x:\overline{n|}} + P_{x:\overline{n|}})(1+i) = q_{x+t} + p_{x+t} \cdot {}_{t+1}V_{x:\overline{n|}} \cdots (1) \\ ({}_tV^*_{x:\overline{n|}} + P^*_{x:\overline{n|}})(1+i^*) = q^*_{x+t} + p^*_{x+t} \cdot {}_{t+1}V^*_{x:\overline{n|}} \cdots (2) \end{cases}$

したがって、整理すると

$\quad ({}_tV_{x:\overline{n|}} + P_{x:\overline{n|}})(1+i) - q_{x+t} - (1 - q_{x+t}) \cdot {}_{t+1}V_{x:\overline{n|}} = 0 \cdots (1)'$

第7章 「保険数学」②―アクチュアリー試験用の補講―

$$({}_tV^*{}_{x:\overline{n}|}+P^*{}_{x:\overline{n}|})(1+i^*)-q^*_{x+t}-(1-q^*_{x+t})\cdot{}_{t+1}V^*{}_{x:\overline{n}|}=0\cdots(2)'$$

さて、一般に $A\cdot B - A^*\cdot B^* = A(B-B^*) + B^*(A-A^*)$ なる関係（実際に利用できるようにしておく）を用いて

$A={}_tV_{x:\overline{n}|}+P_{x:\overline{n}|}$、$A^*={}_tV^*{}_{x:\overline{n}|}+P^*{}_{x:\overline{n}|}$、$B=1+i$、$B^*=1+i^*$ として

$(1)' - (2)'$ を計算すると

$$({}_tV_{x:\overline{n}|}+P_{x:\overline{n}|})(i-i^*)+(1+i^*)({}_tV_{x:\overline{n}|}+P_{x:\overline{n}|}-{}_tV^*{}_{x:\overline{n}|}-P^*{}_{x:\overline{n}|})$$
$$+(q^*_{x+t}-q_{x+t})+(1-q^*_{x+t})({}_{t+1}V^*{}_{x:\overline{n}|}-{}_{t+1}V_{x:\overline{n}|})+{}_{t+1}V_{x:\overline{n}|}(q_{x+t}-q^*_{x+t})=0$$

これを展開して

$$({}_tV_{x:\overline{n}|}+P_{x:\overline{n}|})(i-i^*)+(1+i^*)({}_tV_{x:\overline{n}|}-{}_tV^*{}_{x:\overline{n}|})+(1+i^*)(P_{x:\overline{n}|}-P^*{}_{x:\overline{n}|})+(q^*_{x+t}-q_{x+t})(1-{}_{t+1}V_{x:\overline{n}|})+(1-q^*_{x+t})({}_{t+1}V^*{}_{x:\overline{n}|}-{}_{t+1}V_{x:\overline{n}|})=0$$

移項して符号をかえれば

$$({}_tV_{x:\overline{n}|}+P_{x:\overline{n}|})(i^*-i)+(P^*{}_{x:\overline{n}|}-P_{x:\overline{n}|})(1+i^*)-(q^*_{x+t}-q_{x+t})(1-{}_{t+1}V_{x:\overline{n}|})$$
$$=(1-q^*_{x+t})({}_{t+1}V^*{}_{x:\overline{n}|}-{}_{t+1}V_{x:\overline{n}|})-({}_tV^*{}_{x:\overline{n}|}-{}_tV_{x:\overline{n}|})(1+i^*)$$

(Q.E.D)

(2)、(1)の右辺（下段の式）に $v^*\cdot D^*_{x+t}$ をかけて $t=0,\cdots,n-1$ を加えると

$$\sum_{t=0}^{n-1} v^*D^*_{x+t}\{(1-q^*_{x+t})({}_{t+1}V^*{}_{x:\overline{n}|}-{}_{t+1}V_{x:\overline{n}|})-({}_tV^*{}_{x:\overline{n}|}-{}_tV_{x:\overline{n}|})(1+i^*)\}$$

$$=\sum_{t=0}^{n-1}\{v^*D^*_{x+t}(1-q^*_{x+t})({}_{t+1}V^*{}_{x:\overline{n}|}-{}_{t+1}V_{x:\overline{n}|})-D^*_{x+t}({}_tV^*{}_{x:\overline{n}|}-{}_tV_{x:\overline{n}|})\}$$

$$=\sum_{t=0}^{n-1}\{D^*_{x+t+1}({}_{t+1}V^*{}_{x:\overline{n}|}-{}_{t+1}V_{x:\overline{n}|})-D^*_{x+t}({}_tV^*{}_{x:\overline{n}|}-{}_tV_{x:\overline{n}|})\}$$

$$=D^*_{x+n}({}_nV^*{}_{x:\overline{n}|}-{}_nV_{x:\overline{n}|})-D^*_x({}_0V^*{}_{x:\overline{n}|}-{}_0V_{x:\overline{n}|})=0$$

$$(\because {}_0V^*{}_{x:\overline{n}|} = {}_0V_{x:\overline{n}|},\ {}_nV^*{}_{x:\overline{n}|} = {}_nV_{x:\overline{n}|})$$

(Q.E.D)

例題⑪ 死亡率をすべての年齢 x に対して、$q_x^* = q_x - \alpha$ と変更した場合

$$P_{x:\overline{n}|} - P^*{}_{x:\overline{n}|} = \frac{v \cdot \alpha}{\ddot{a}^*{}_{x:\overline{n}|}} \sum_{t=0}^{n-1} {}_tE^*{}_x(1 - {}_{t+1}V_{x:\overline{n}|})$$ になることを証明せよ。

但し、q_x^* を用いた記号を各々、$P^*{}_{x:\overline{n}|}$、$\ddot{a}^*{}_{x:\overline{n}|}$、${}_tE_x^*$ とする。

(解答)

二本の再帰式を作る。(第 $(t+1)$ 保険年度)

$$\begin{cases} {}_tV^*{}_{x:\overline{n}|} + P^*{}_{x:\overline{n}|} = v \cdot q^*_{x+t} + v \cdot p^*_{x+t} \cdot {}_{t+1}V^*{}_{x:\overline{n}|} \cdots (1) \\ {}_tV_{x:\overline{n}|} + P_{x:\overline{n}|} = v \cdot q_{x+t} + v \cdot p_{x+t} \cdot {}_{t+1}V_{x:\overline{n}|} \cdots (2) \end{cases}$$

(2)−(1)を作ると

$$v \cdot p^*_{x+t} \cdot {}_{t+1}V_{x:\overline{n}|} - v \cdot \alpha \cdot {}_{t+1}V_{x:\overline{n}|} - v \cdot p^*_{x+t} \cdot {}_{t+1}V^*{}_{x:\overline{n}|}$$
$$= {}_tV_{x:\overline{n}|} - {}_tV^*{}_{x:\overline{n}|} + P_{x:\overline{n}|} - P^*{}_{x:\overline{n}|} - v \cdot \alpha \quad (\because q^*_{x+t} = q_{x+t} - \alpha)$$

$$\therefore\ P_{x:\overline{n}|} - P^*{}_{x:\overline{n}|} = v \cdot \alpha(1 - {}_{t+1}V_{x:\overline{n}|}) - ({}_tV_{x:\overline{n}|} - {}_tV^*{}_{x:\overline{n}|})$$
$$+ v \cdot p^*_{x+t}({}_{t+1}V_{x:\overline{n}|} - {}_{t+1}V^*{}_{x:\overline{n}|})$$

上式の両辺に D^*_{x+t} を掛けると

$$(P_{x:\overline{n}|} - P^*{}_{x:\overline{n}|})D^*_{x+t} = v \cdot \alpha D^*_{x+t}(1 - {}_{t+1}V_{x:\overline{n}|}) - ({}_tV_{x:\overline{n}|} - {}_tV^*{}_{x:\overline{n}|})D^*_{x+t}$$
$$+ ({}_{t+1}V_{x:\overline{n}|} - {}_{t+1}V^*{}_{x:\overline{n}|})D^*_{x+t+1}$$

これを $t = 0, 1, \cdots, n-1$ まで加えると

$$(P_{x:\overline{n}|} - P^*{}_{x:\overline{n}|}) \sum_{t=0}^{n-1} D^*_{x+t} = v \cdot \alpha \sum_{t=0}^{n-1} D^*_{x+t}(1 - {}_{t+1}V_{x:\overline{n}|})$$

$$(\because {}_nV^*{}_{x:\overline{n}|} = {}_nV_{x:\overline{n}|} = 1,\ {}_0V^*{}_{x:\overline{n}|} = {}_0V_{x:\overline{n}|} = 0)$$

$$\therefore\ P_{x:\overline{n}|} - P^*{}_{x:\overline{n}|} = \frac{v \cdot \alpha}{N^*_x - N^*_{x+t}} \sum_{t=0}^{n-1} D^*_{x+t}(1 - {}_{t+1}V_{x:\overline{n}|})$$

第7章 「保険数学」②－アクチュアリー試験用の補講－

$$= \frac{v \cdot \alpha}{\ddot{a}^*_{x:\overline{n}|}} \sum_{t=0}^{n-1} \frac{D^*_{x+t}}{D^*_x} (1 - {}_{t+1}V_{x:\overline{n}|})$$

$$= \frac{v \cdot \alpha}{\ddot{a}^*_{x:\overline{n}|}} \sum_{t=0}^{n-1} {}_t E^*_x (1 - {}_{t+1}V_{x:\overline{n}|})$$

(Q.E.D)

例題⑫ x 歳加入契約の一時払即時開始終身年金が l_x 件あり、すべて同一日に契約され、生命表に従って死んでいくものとする。第 $(t+1)$ 保険年度始の契約件数は l_{x+t} 件で年金年額はすべて 120 万円とする。その年度の実際死亡率が $q'_{x+t}=0.0045$、予定死亡率は $q_{x+t}=0.0055$ 予定利率は 5% とするとき、この年金の剰余金を年始有効件数 (l_{x+t}) に配分するとき、1 件当たりの剰余金はいくらか。(円未満四捨五入)

ただし、第 $(t+1)$ 保険年度末責任準備金は 3,000 万円とする。この年度の実際利回りは 5.2% で死亡以外の脱退はないとし、予定事業費および実際事業費は 0 とする。

(解答)

再帰式は、年金年額を 1 として、年金は年始払、G を剰余金とすると、

$$\begin{cases} l_{x+t}({}_tV - 1)(1+i) = (l_{x+t} - d_{x+t}){}_{t+1}V & \cdots(1) \\ l_{x+t}({}_tV - 1)(1+i') = (l_{x+t} - d'_{x+t}){}_{t+1}V + G & \cdots(2) \end{cases}$$

(2)−(1)を作り、l_{x+t} で割ると

$$\frac{G}{l_{x+t}} = v \cdot p_{x+t} \cdot {}_{t+1}V(i'-i) + (q'_{x+t} - q_{x+t}) \cdot {}_{t+1}V$$

$$(\because \ {}_tV = 1 + v \cdot p_{x+t} \cdot {}_{t+1}V)$$

$$= {}_{t+1}V\{v \cdot p_{x+t}(i'-i) + (q'_{x+t} - q_{x+t})\} \cdots Ⓐ$$

数値を代入すると、1 件当たり剰余金は

$$30,000,000\left\{\frac{1}{1.05}(1-0.0055)(0.052-0.05)+(0.0045-0.0055)\right\}$$

$\fallingdotseq 26,829$ (円)

(注) Ⓐ式を見て分かるように「実際利回り」が「予定利回り」を超えれば剰余金が生じることが理解できるが、「実際死亡率」が「予定死亡率」を超えれば損金を生じることになる。年金は死亡重視保険と全く逆で、生存者が予定より「生きる」と、その分、負担増となる。

§6. 保険設計

保険料の算出、責任準備金については、第2章で考えましたが、それは収支相等の原則を中心にかつ単生（被保険者が一人）の場合を考えましたが、ここでは連生を中心に「保険設計」を考えていきたいと思います。

★基礎知識と復習

(1) (x)、(y) の二人がいて、(x) が先に死亡したら保険金1を支払う一時払保険料は、$\overline{A}{}^{1}_{xy:\overline{n}|}$ と書きます（ただし即時払、x の上の1は (x) が死亡した時支払うことを意味します。保険金1の意味ではありません。n 年定期保険）

(2) (x)、(y) の二人がいて、(x) だけが生存している時に年金年額 a を終身支払う現価は $a(\ddot{a}_x - \ddot{a}_{xy})$ です。

図で表すと斜線の部分①になります。

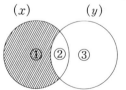

なお②は $\ddot{a}_{xy}$（年金額1の期始払）

③は $\ddot{a}_y - \ddot{a}_{xy}$（年金額1の期始払）

(3)ⓐ　$A_x = A^1_{xy} + A^2_{xy}$　　　($\overline{A}_x = \overline{A}^1_{xy} + \overline{A}^2_{xy}$　即時払なら)

　ⓑ　$A_{xy} = A^1_{xy} + A^1_{xy}$　　　($\overline{A}_{xy} = \overline{A}^1_{xy} + \overline{A}^1_{xy}$　即時払なら)

(4)ⓐ　$\overline{A}^1_{xy:\overline{n}|} = \int_0^n v^t \cdot {}_tp_{xy} \cdot \mu_{x+t} \cdot dt$

・(x)、(y) の二人を被保険者とし、n 年以内に (x) が (y) に先立って死亡した場合のみ保険金 1 を支払う一時払保険料（保険金即時払）

　ⓑ　$\overline{A}^{\;2}_{xy:\overline{n}|} = \int_0^n v^t \cdot {}_tq_y \cdot {}_tp_x \cdot \mu_{x+t} \cdot dt$

　　　$= \int_0^n v^t(1 - {}_tp_y) \cdot {}_tp_x \cdot \mu_{x+t} \cdot dt = \overline{A}^{\;1}_{x:\overline{n}|} - \overline{A}^{\;1}_{xy:\overline{n}|}$

・n 年以内に (x) が死亡し、かつ (x) の死亡前に既に (y) が死亡している場合にのみ保険金 1 を支払う一時払保険料（保険金即時払）

　ⓒ　$\overline{A}^{\;1}_{x,\,\overline{yz}:\overline{n}|} = \int_0^n v^t \cdot {}_tp_x \cdot {}_tp_{\overline{xz}} \cdot \mu_{x+t} \cdot dt$

　　　$= \int_0^n v^t \cdot {}_tp_x \cdot ({}_tp_y + {}_tp_z - {}_tp_{yz}) \cdot \mu_{x+t} \cdot dt$

　　　$= \overline{A}^{\;1}_{xy:\overline{n}|} + \overline{A}^{\;1}_{xz:\overline{n}|} - \overline{A}^{\;1}_{xyz:\overline{n}|}$

・被保険者が (x)、(y)、(z) の 3 人で、n 年以内に (x) と (y) と (z) の最終生存者よりも先に死亡した場合に保険金 1 を支払う一時払保険料（保険金即時払）

　ⓓ　$\overline{A}^{\;1}_{\overline{xy},\,z:\overline{n}|} = \int_0^n v^t \cdot {}_tp_{xyz}(\mu_{x+t} + \mu_{y+t})dt$

　　　$= \overline{A}^{\;1}_{xyz:\overline{n}|} + \overline{A}^{\;1}_{xyz:\overline{n}|}$

　　　（$\mu_{x+t} + \mu_{y+t}$ を $\mu_{x+t,\,y+t}$ と書くこともあります）

・被保険者が 3 人で、n 年以内に (x)、(y) のいずれかが死亡しその時に (z) が生存しているならば保険金 1 を支払う一時払保険料（保険金即時払）

　ⓔ　$\overline{A}^{\;2}_{xyz:\overline{n}|} = \int_0^n v^t(1 - {}_tp_z){}_tp_{xy} \cdot \mu_{x+t} \cdot dt = \overline{A}^{\;1}_{xy:\overline{n}|} - \overline{A}^{\;1}_{xyz:\overline{n}|}$

・被保険者が3人で、n 年以内に (x) が死亡し、かつ (x) の死亡時に (z) はすでに死亡しており、(y) は生存している時に保険金1を支払う一時払保険料（保険金即時払）

(f) $\overline{A}{}^{\ 3}_{xyz\,:\,\overline{n}|} = \int_0^n v^t (1 - {}_tp_y)(1 - {}_tp_z) \cdot {}_tp_x \cdot \mu_{x+t} \cdot dt$

・n 年以内に (x) が3番目に死亡する場合に保険金が支払われるとする一時払保険料（保険金即時払）

(g) $\overline{A}{}^{\ \ 3}_{\substack{xyz\,:\,\overline{n}| \\ 21}} = \int_0^n v^t \cdot {}_tq^2_{yz} \cdot {}_tp_x \cdot \mu_{x+t} \cdot dt$

・n 年以内に (z)、(y)、(x) の順に死亡すれば、(x) の死亡の際に保険金が支払われる保険の一時払保険料（保険金即時払）

例題⑬ 次の給付条件を満たす親子連生保険（保険料全期払、保険金即時払）の年払純保険料および純保険料式責任準備金を求める。

なお、予定死亡率は子、父親、母親とも同一とし、契約時年齢は子 x 歳、父親 y 歳、母親 z 歳、保険期間 n 年とする。

(1) 子が死亡した場合、死亡日までの経過年数 t（端数月切り上げ）により $\dfrac{t}{n} \cdot S$ (S は保険金額) を支払い保険契約は消滅する。

(2) 子が満期まで生存した場合、満期保険金 S を支払う。

(3) 父親が死亡した場合、死亡保険金 S を支払い、かつその後の保険料を免除し、また保険料払込応当日に子の生存を条件に $0.1S$ の年金を保険期間中支払う。

(4) 母親が死亡した場合、死亡保険金 $0.5S$ を支払う。

（解答）

求める年払純保険料を P とすると、収入の現価は条件(1)、(3)より子 (x) と父親 (y) が共存するときに収入されるので $P \cdot \ddot{a}_{xy\,:\,\overline{n}|}$ である。

第7章 「保険数学」②―アクチュアリー試験用の補講―

次に支出の現価を考えると、次の(1)～(4)の和である。

条件(1)の給付現価　　$\dfrac{S}{n}(I\bar{A})^{1}_{x:\overline{n}|}$

条件(2)の給付現価　　$S \cdot A_{x:\overline{n}|}$

条件(3)の給付現価　　$S \cdot \bar{A}^{1}_{xy:\overline{n}|} + 0.1S(\ddot{a}_{x:\overline{n}|} - \ddot{a}_{xy:\overline{n}|})$

条件(4)の給付現価　　$0.5S \cdot \bar{A}^{1}_{xz:\overline{n}|}$

(参考) これらを基数で表すと

(1) $\dfrac{S}{n} \cdot \dfrac{\bar{R}_x - \bar{R}_{x+n} - n \cdot \bar{M}_{x+n}}{D_x}$

(2) $S \cdot \dfrac{D_{x+n}}{D_x}$

(3) $\dfrac{S}{D_{xy}}(\bar{M}^{1}_{xy:\overline{n}|} - \bar{M}_{x+n,\,y+n}^{1}) + 0.1S(\ddot{a}_{x:\overline{n}|} - \ddot{a}_{xy:\overline{n}|})^{(*)}$

(4) $\dfrac{0.5S}{D_{xz}}(\bar{M}^{1}_{xz:\overline{n}|} - \bar{M}_{x+n,\,z+n}^{1})$

(*) $\ddot{a}_{x:\overline{n}|} - \ddot{a}_{xy:\overline{n}|}$ は基数で表さない方が「エレガント」だと思う。

(注) (3)、(4)で各々 (x) と独立で (y) や (z) が死亡するとしないのは (x) が (y) や (z) より先に死亡するなら、契約が消滅するので

(3)で $\bar{A}^{1}_{xy:\overline{n}|}$ を $\bar{A}^{1}_{y:\overline{n}|}$

(4)で $\bar{A}^{1}_{xz:\overline{n}|}$ を $\bar{A}^{1}_{z:\overline{n}|}$

）とするのは誤りであるので注意したい。

したがって、収支相等の原則により

$P = \dfrac{S}{\ddot{a}_{xy:\overline{n}|}} \left\{ \dfrac{1}{n}(I\bar{A})^{1}_{x:\overline{n}|} + A_{x:\overline{n}|} + \bar{A}^{1}_{xy:\overline{n}|} + 0.1(\ddot{a}_{x:\overline{n}|} - \ddot{a}_{xy:\overline{n}|}) \right.$
$\left. + 0.5\bar{A}^{1}_{xz:\overline{n}|} \right\}$

次に求める第 t 保険年度末純保険料式責任準備金を $_tV$ とすると、次の4通

りの場合に分けて考えると

(1) 保険料払込中（子 (x)、父親 (y)、共存）で

① 母親 Z が生存の場合

$$_tV = \frac{S}{n}\{(I\overline{A})^1_{x+t:\overline{n-t|}} + t\cdot\overline{A}^1_{x+t:\overline{n-t|}}\}^{(*)} + S\cdot A_{x+t:\overline{n-t|}}^{\;1}$$

$$+ S\cdot\overline{A}_{x+t,\;y+t:\overline{n-t|}}^{\;\;1} + 0.1S(\ddot{a}_{x+t:\overline{n-t|}} - \ddot{a}_{x+t,\;y+t:\overline{n-t|}})$$

$$+ 0.5S\overline{A}_{x+t,\;z+t:\overline{n-t|}}^{\;\;\;1} - P\cdot\ddot{a}_{x+t,\;y+t:\overline{n-t|}}$$

② 母親 Z が死亡した場合

$$_tV = \frac{S}{n}\{(I\overline{A})^1_{x+t:\overline{n-t|}} + t\cdot\overline{A}^1_{x+t:\overline{n-t|}}\}^{(*)} + S\cdot A_{x+t:\overline{n-t|}}^{\;1}$$

$$+ S\cdot\overline{A}_{x+t,\;y+t:\overline{n-t|}}^{\;\;1} + 0.1S(\ddot{a}_{x+t:\overline{n-t|}} - \ddot{a}_{x+t,\;y+t:\overline{n-t|}})$$

$$- P\cdot\ddot{a}_{x+t,\;y+t:\overline{n-t|}}$$

(2) 保険料払込免除後（子 (x) 生存、父親 (y) 死亡）で

① 母親 Z が生存の場合

$$_tV = \frac{S}{n}\{(I\overline{A})^1_{x+t:\overline{n-t|}} + t\cdot\overline{A}^1_{x+t:\overline{n-t|}}\}^{(*)} + S\cdot A_{x+t:\overline{n-t|}}^{\;1}$$

$$+ 0.1S\cdot\ddot{a}_{x+t:\overline{n-t|}} + 0.5S\cdot\overline{A}_{x+y,\;z+t:\overline{n-t|}}^{\;\;\;1}$$

② 母親 Z が死亡の場合

$$_tV = \frac{S}{n}\{(I\overline{A})^1_{x+t:\overline{n-t|}} + t\cdot\overline{A}^1_{x+t:\overline{n-t|}}\}^{(*)} + S\cdot A_{x+t:\overline{n-t|}}^{\;1}$$

$$+ 0.1S\cdot\ddot{a}_{x+t:\overline{n-t|}}$$

第7章 「保険数学」②―アクチュアリー試験用の補講―

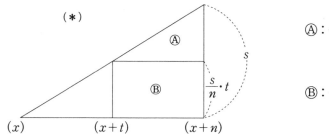

例題⑭ (x) が $x+n$(歳)以後に生存するか(y)が$y+m$(歳)以後に生存するか、少なくともいずれか一方が生存する限り、年金額1を支払う保険がある。年掛保険料は年金を受け取らない限り支払うものとする。ここに $x>y$、$x+n=y+m$、年金は期始払とする。
(1) この保険の年掛純保険料を求めよ。
(2) 年掛純保険料をPとして、純保険料式責任準備金を求めよ。

(解答)

(1) $x>y$、$x+n=y+m$ より $n<m$

①収入の現価は $P(\ddot{a}_{x:\overline{n|}}+\ddot{a}_{y:\overline{m|}}-\ddot{a}_{xy:\overline{m|}})^{(*1)}$

②支出の現価は $_{n|}\ddot{a}_x+_{m|}\ddot{a}_y-_{m|}\ddot{a}_{xy}$ ${}^{(*2)}$

従って求める年掛純保険料Pは

$$P=\frac{{}_{n|}\ddot{a}_x+{}_{m|}\ddot{a}_y-{}_{m|}\ddot{a}_{xy}}{\ddot{a}_{x:\overline{n|}}+\ddot{a}_{y:\overline{m|}}-\ddot{a}_{xy:\overline{m|}}}$$

(2) ① $t<n$ のとき

(イ) (x)、(y) 生存中

$_{n-t|}\ddot{a}_{x+y}+_{m-t|}\ddot{a}_{y+t}-_{m-t|}\ddot{a}_{x+t,\,y+t}$

$-P(\ddot{a}_{x+t:\overline{n-t|}}+\ddot{a}_{y+t:\overline{m-t|}}-\ddot{a}_{x+y,\,y+t:\overline{m-t|}})$

(ロ) (x) 死亡、(y) 生存中

$_{m-t|}\ddot{a}_{y+t}-P\cdot\ddot{a}_{y+t:\overline{m-t|}}$

(ハ) (y) 死亡、(x) 生存中

$${}_{n-t|}\ddot{a}_{x+t} - P \cdot \ddot{a}_{x+t:\overline{n-t|}}$$

② $n \leq t < m$ のとき

(イ) (x)、(y) 生存中

$$\ddot{a}_{x+t} + {}_{m-t|}\ddot{a}_{y+t} - {}_{m-t|}\ddot{a}_{x+t、y+t} - P(\ddot{a}_{y+t:\overline{m-t|}} - \ddot{a}_{x+y、y+t:\overline{m-t|}})$$

(ロ) (x) 死亡、(y) 生存中

$${}_{m-t|}\ddot{a}_{y+t} - P \cdot \ddot{a}_{y+t:\overline{m-t|}}$$

(ハ) (y) 死亡、(x) 生存中

$$\ddot{a}_{x+t}$$

③ $m \leq t$ のとき

(イ) (x)、(y) 生存中

$$\ddot{a}_{x+t} + \ddot{a}_{y+t} - \ddot{a}_{x+t、y+t}$$

(ロ) (x) 死亡、(y) 生存中

$$\ddot{a}_{y+t}$$

(ハ) (y) 死亡、(x) 生存中

$$\ddot{a}_{x+t}$$

(＊1)

収入の現価が $P(\ddot{a}_{x:\overline{n|}} + \ddot{a}_{y:\overline{m|}} - \ddot{a}_{xy:\overline{m|}})$ となるか、説明してみよう。

次図を参考に考えてみると

第7章 「保険数学」②—アクチュアリー試験用の補講—

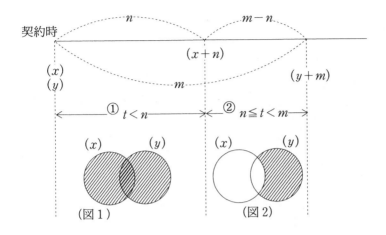

- (図1) の時、すなわち $t<n$ の時は (x)、(y) の少なくとも一人が生存しているなら、保険料を支払わなければならないので、斜線の部分、すなわち

$$\ddot{a}_{x:\overline{n}|} + \ddot{a}_{y:\overline{n}|} - \ddot{a}_{xy:\overline{n}|} \cdots\cdots (A)$$

- (図2) の時、すなわち $n \leq t < m$ の時は、(x) は $(x+n)$ 歳を超えて、生存しているなら、年金を受給しているのだが、保険料を支払うという点からは妻 (y) が年金受給年齢 $(y+m)$ 歳になっていないので妻だけが生存している時保険料の支払義務がある。すなわち斜線の部分であるから、すなわち

$$_{n|}\ddot{a}_{y:\overline{m-n}|} - _{n|}\ddot{a}_{xy:\overline{m-n}|} \cdots\cdots (B)$$

したがって、(A)+(B) は

$$\ddot{a}_{x:\overline{n|}} + \ddot{a}_{y:\overline{n|}} - \ddot{a}_{xy:\overline{n|}} + {}_{n|}\ddot{a}_{y:\overline{m-n|}} - {}_{n|}\ddot{a}_{xy:\overline{m-n|}}$$

$$= \ddot{a}_{x:\overline{n|}} + (\ddot{a}_{y:\overline{n|}} + {}_{n|}\ddot{a}_{y:\overline{m-n|}}) - (\ddot{a}_{xy:\overline{n|}} + {}_{n|}\ddot{a}_{xy:\overline{m-n|}})$$

$$= \ddot{a}_{x:\overline{n|}} + \ddot{a}_{y:\overline{m|}} - \ddot{a}_{xy:\overline{m|}} \quad \text{となり}$$

収入の現価は $P(\ddot{a}_{x:\overline{n|}} + \ddot{a}_{y:\overline{m|}} - \ddot{a}_{xy:\overline{m|}})$ となる。

(＊2) 支出の現価が ${}_{n|}\ddot{a}_x + {}_{m|}\ddot{a}_y - {}_{m|}\ddot{a}_{xy}$ となるのは、こんな考え方でどうだろうか？

夫 (x) が $(x+n)$ 歳から生きていたら終身年金をもらう現価は ${}_{n|}\ddot{a}_x$ である。……(A′)

妻 (y) は $(y+m)$ 歳以降、自分だけ生きていたらもらう現価だけを考えればダブリでもらう分をカットできるので、

${}_{m|}\ddot{a}_y - {}_{m|}\ddot{a}_{xy}$ ……(B′) である。

図で考えると

(A′) は (B′) は

となり、全体の支出を表すことができる。

例題⑮ x 歳加入、n 年満期、保険料全期払込で、次の①〜③の給付を行う保険を考える。

① 災害による死亡には、その死亡時に保険金 3 を支払う。

② 災害以外による死亡には、その死亡時に保険金 $\dfrac{t}{n}$ を支払う。

（t は死亡時までの経過年数で、年未満の端数は切り上げる）

③ 満期まで生存したときは、満期保険金1を支払う。

この保険について、次の問いに答えよ。但し予定災害死亡率 q^a は年齢によらず一定とする。

(1)年払平準純保険料を求めよ。

(2)将来法、過去法による純保険料式責任準備金をそれぞれ求めそれが一致することを証明せよ。

(解答)

まずこの問題を解くにあたって、次のことを理解しておくとよい。これは一種の「多重脱退」と考えると分かりやすいと思う。

死亡を2種類(災害とその他)に分ける。

$d_x = d_x^A + d_x^O$ （災害：A、その他：O）

$d_{x+t} = d_{x+t}^A + d_{x+t}^O$ $(0 \leq t \leq n-1)$

また $q^a = \dfrac{d_x^A}{\ell_x} = \dfrac{d_{x+1}^A}{\ell_{x+1}} = \dfrac{d_{x+2}^A}{\ell_{x+2}} = \cdots$

第1保険年度の災害率　　　　：　$\dfrac{d_x^A}{\ell_x}$　$(=q^a)$

第2保険年度に災害にあう確率：　$\dfrac{d_{x+1}^A}{\ell_x} = \dfrac{\ell_{x+1}}{\ell_x} \cdot \dfrac{d_{x+1}^A}{\ell_{x+1}} = p_x \cdot q^a$

第3保険年度に災害にあう確率：　$\dfrac{d_{x+2}^A}{\ell_x} = \dfrac{\ell_{x+2}}{\ell_x} \cdot \dfrac{d_{x+2}^A}{\ell_{x+2}} = {}_2p_x \cdot q^a$

　　　　　　　　⋮

第 n 保険年度に災害にあう確率：　$\dfrac{d_{x+n-1}^A}{\ell_x} = \dfrac{\ell_{x+n-1}}{\ell_x} \cdot \dfrac{d_{x+n-1}^A}{\ell_{x+n-1}} = {}_{n-1}p_x \cdot q^a$

また、保険金支払は死亡なら、第 t 保険年度死亡なら、まず $\dfrac{t}{n}$ を即時に支払う。そして、もし死亡が災害死なら、さらに $\left(3 - \dfrac{t}{n}\right)$ を加えて支払うと考える。

以上を頭に入れておくと、

(1) 求める保険料をPとすると

    ⓐ 収入の現価 $P \cdot \ddot{a}_{x:\overline{n}|}$

    ⓑ 支出の現価

      (イ) 第t保険年度の死亡について$\dfrac{t}{n}$を即時払とすれば

$$\sum_{t=1}^{n} \frac{t}{n} \cdot \frac{\overline{C}_{x+t-1}}{D_x}$$

      (ロ) 次に災害死亡ならさらに$\left(3-\dfrac{t}{n}\right)$を加えて支払うので、(即時払として)

$$\left(3-\frac{1}{n}\right)v^{\frac{1}{2}} \cdot q^a + \left(3-\frac{2}{n}\right)v^{1\frac{1}{2}} \cdot p_x \cdot q^a + \cdots + \left(3-\frac{n}{n}\right)v^{n-1+\frac{1}{2}} \cdot {}_{n-1}p_x \cdot q^a$$

$$= \sum_{t=1}^{n}\left(3-\frac{t}{n}\right) \cdot v^{\frac{1}{2}} \cdot q^a \cdot \frac{D_{x+t-1}}{D_x}$$

      (ハ) 満期保険金 1

$$\frac{D_{x+n}}{D_x}$$

    ⓒ 収支相等の原則より

$$P \cdot \ddot{a}_{x:\overline{n}|} = \sum_{t=1}^{n}\frac{\overline{C}_{x+t-1}}{D_x} \cdot \frac{t}{n} + \sum_{t=1}^{n}\frac{D_{x+t-1}}{D_x} \cdot v^{\frac{1}{2}} \cdot q^a\left(3-\frac{t}{n}\right) + \frac{D_{x+n}}{D_x}$$

$$= \frac{1}{n}(I\overline{A})^{1}_{x:\overline{n}|} + 3v^{\frac{1}{2}} \cdot q^a \cdot \ddot{a}_{x:\overline{n}|} - \frac{1}{n}v^{\frac{1}{2}} \cdot q^a(I\ddot{a})_{x:\overline{n}|} + A_{x:\overline{n}|}^{\ \ 1}$$

$$\therefore P = 1.5v^{\frac{1}{2}} \cdot q^a + \frac{1}{n\ddot{a}_{x:\overline{n}|}}\{(I\overline{A})^{1}_{x:\overline{n}|} - v^{\frac{1}{2}}q^a(I\ddot{a})_{x:\overline{n}|}\} + P_{x:\overline{n}|}^{\ \ 1}$$

$$= 1.5v^{\frac{1}{2}} \cdot q^a + \frac{1}{N_x - N_{x+n}}\bigg(\frac{\overline{R}_x - \overline{R}_{x+n} - n\overline{M}_{x+n}}{n} -$$

$$v^{\frac{1}{2}}q^a\frac{S_x - S_{x+n} - nN_{x+n}}{n} + D_{x+n}\bigg\}$$

(2) 第t保険年度末責任準備金

第7章 「保険数学」②－アクチュアリー試験用の補講－

(将来法)

$$\frac{1}{D_{x+t}}\Big[\frac{t(\overline{M}_{x+t}-\overline{M}_{x+n})}{n}+\frac{\overline{R}_{x+t}-\overline{R}_{x+n}-(n-t)\overline{M}_{x+n}}{n}$$

$$+1.5v^{\frac{1}{2}}\cdot q^a(N_{x+t}-N_{x+n})$$

$$-v^{\frac{1}{2}}\cdot q^a\Big\{\frac{t(N_{x+t}-N_{x+n})}{n}+\frac{S_{x+t}-S_{x+n}-(n-t)N_{x+n}}{n}\Big\}+D_{x+n}\Big]$$

$$-P\cdot\frac{N_{x+t}-N_{x+n}}{D_{x+t}}$$

$$=\frac{1}{D_{x+t}}\Big\{1.5v^{\frac{1}{2}}q^a(N_{x+t}-N_{x+n})+\frac{\overline{R}_{x+t}-\overline{R}_{x+n}+t\overline{M}_{x+t}-n\overline{M}_{x+n}}{n}$$

$$-v^{\frac{1}{2}}\cdot q^a\frac{S_{x+t}-S_{x+n}+tN_{x+t}-nN_{x+n}}{n}+D_{x+n}\Big\}-P\cdot\frac{N_{x+t}-N_{x+n}}{D_{x+t}}\cdots Ⓐ$$

(過去法)

$$P\cdot\frac{N_x-N_{x+t}}{D_{x+t}}-\frac{1}{D_{x+t}}\Big\{1.5v^{\frac{1}{2}}q^a(N_x-N_{x+t})+\frac{\overline{R}_x-\overline{R}_{x+t}-t\overline{M}_{x+t}}{n}$$

$$-v^{\frac{1}{2}}q^a\cdot\frac{S_x-S_{x+t}-tN_{x+t}}{n}\Big\}\cdots Ⓑ$$

Ⓐ－Ⓑ

$$\frac{1}{D_{x+t}}\Big\{1.5v^{\frac{1}{2}}q^a(N_x-N_{x+n})+\frac{\overline{R}_x-\overline{R}_{x+n}-n\overline{M}_{x+n}}{n}$$

$$-v^{\frac{1}{2}}q^a\frac{S_x-S_{x+n}-nN_{x+n}}{n}+D_{x+n}\Big\}-P\cdot\frac{N_x-N_{x+n}}{D_{x+t}}$$

$$=\frac{N_x-N_{x+n}}{D_{x+t}}\Big[1.5v^{\frac{1}{2}}q^a+\frac{1}{N_x-N_{x+n}}\Big\{\frac{\overline{R}_x-\overline{R}_{x+n}-n\overline{M}_{x+n}}{n}$$

$$-v^{\frac{1}{2}}q^a\frac{S_x-S_{x+n}-nN_{x+n}}{n}+D_{x+n}\Big\}-P\Big]=0$$

(∵〔 〕の前の方は真にPそのもの)。

∴将来法＝過去法

第7章 練習問題

問題① 二重脱退表で、原因Aによる脱退力 μ_x^A、原因Bによる脱退力 μ_x^B がそれぞれ $\mu_x^A = \dfrac{2}{a-x}$、$\mu_x^B = 1$ で $\ell_0 = a^2$（a は正の定数）のとき原因Aによる脱退者数 (d_x^A) は $d_x^A = \boxed{} e^{-x-1} + \boxed{} e^{-x}$ となる（空欄を埋めよ）。但し $a=100$

問題② 総資産の額 $f(t)$ は時間 t の関数で $f(t) = 1+t \,(0 \leq t \leq 1)$ である時、利力 (δ_t) は $0.6/(1+0.2t)^2$ であるなら、年度内の利息収入はいくらか。（分数で表せ）但し $\log_e 1.2 = \dfrac{3}{17}$ とせよ。

問題③ 保険期間 n 年で (x) が (y) より前に死亡したときは、その年度末に保険金1を支払って消滅し、(y) が (x) より前に死亡したときは、その年度末に既払込営業保険料を返還して消滅する保険の年払営業保険料 P'（保険料は契約が継続している限り払い込むものとする）はいくらか。（小数第5位を四捨五入して求めよ）
但し、$P' = $（純保険料$+C)(1+k)$ とし、$C(1+k) = 0.0011$
$\ddot{a}_{xy:\overline{n}|} = 12.8974$、$(1+k) \cdot A^1_{xy:\overline{n}|} = 0.0218$、$(1+k)(IA)^1_{xy:\overline{n}|} = 0.0628$ とする。

問題④ x 歳加入の n 年満期養老保険（保険金額1、保険金期末払）の年払全期払込の営業保険料は 0.02400 である。

第7章 「保険数学」②－アクチュアリー試験用の補講－

$$\text{但し}\begin{cases}\text{新契約費は保険金の} & 25\%_0 \\ \text{維持費は保険金の} & 3\%_0 \\ \text{集金費は年払営業保険料の} & 3\%\end{cases}$$

また、この保険の第1保険年度末の純保険料式責任準備金は 0.01169、$q_x=0.008$ のとき予定利率はいくらか。(小数第2位を四捨五入)

問題⑤ $\ell_z=\ell_0(1-\dfrac{z}{w})\,(0\leq z\leq w)$ に、x、y がしたがうとき $_nq^2_{xy}$ を x、y、n、w で表せ。

問題⑥ x 歳加入年払全期払込 n 年満期養老保険 (保険金額1、保険金年末払) において経過20年で延長保険に変更する場合、変更後の生存保険金額はいくらか。但し、$P_{x:\overline{n|}}=0.01431$、$A_{x+20:\overline{n-20|}}^{\;\;1}=0.5466$、$_{20}V_{x:\overline{n|}}=0.4838$、$i=5.5\%$、$n>20$、また、解約控除と付加保険料は考慮しないものとする。

問題⑦ $_\infty q^2_{xy}=0.3$、$_\infty q^2_{xz}=0.4$、$_\infty q^2_{xyz}=0.2$ のとき $_\infty q^3_{xyz}$ の値はいくらか。

問題⑧ 死亡表がゴンパーツ法則に従っていて、$\mu_x=0.2\times 1.05^x$ のとき $\overline{A}^{\;1}_{30:\overline{32|}}$ は $\overline{A}_{30:\overline{32|}}$ の何%か。

問題⑨ 終身払込終身保険 (保険金額1、保険金期末払) において初年度定期式責任準備金 $_tV^{[\mathrm{PT}]}_x(t\geq 1)$ はどのように表されるか。

問題⑩ $\ell_x=\ell_0(1-\dfrac{x}{w})$、$0\leq x\leq w$ のとき $\overset{\circ}{e}_{\overline{xy}}$ はいくらか。また、$\overset{\circ}{e}_{\overline{x\cdots x}}(x:n$

人)のときはどうか。

問題⑪ (x) が (y) に先立って死亡すれば、それぞれの死亡時の年度末に保険金 0.5 ずつ支払い、(y) が (x) に先立って死亡すれば (x) の死亡時の年度末に保険金 1 を支払う保険の一時払純保険料を表すものは次のうちどれか？（正しいものは一つとは限らない）

① $A^1_{xy}+0.5(A^1_{xy}+A^2_{xy})$ ② $A^2_{xy}+0.5(A^1_{xy}+A^2_{xy})$

③ $A_{xy}+0.5(A^1_{xy}+A^2_{xy})$ ④ $A_x+0.5(A_y-A_{xy})$

⑤ $A_{\overline{xy}}+0.5(A_x+A_y)$

問題⑫ x 歳加入、年払全期払込、n 年満期養老保険（保険金年末払）において t 年経過後に払済保険へ変更すると払済保険金額は 0.7774 になる。ところでもしこれを延長保険に変更するなら、生存保険金額はいくらになるか。（小数点以下 3 位まで求めよ）

ただし、$v=0.9524$、$\ddot{a}_{x:\overline{n|}}=15.8314$、$A_{x+t:\overline{n-t|}}^{\ \ \ \ \ \ 1}=0.5732$ とし解約控除はないものとし、払済保険の予定事業費は毎年始に保険金額の 0.0025 また延長保険の予定事業費は毎年始に死亡保険金額の 0.0015 と生存保険金額の 0.0010 の合計とする。

付　　録

(A)　保険数学の記号

〈利息〉関係

$$\begin{cases} i : 年利率 \\ v : \dfrac{1}{1+i} \quad 現価率 \\ d : 1-v = \dfrac{i}{1+i} \quad 割引率 \end{cases}$$

〈死亡表〉関係

$$\begin{cases} l_x : x\,歳の人の生存数 \\ d_x : x\,歳の人の死亡数 \;(= l_x - l_{x+1}) \\ p_x : \dfrac{l_{x+1}}{l_x} \quad x\,歳の人が (x+1)\,歳まで1年間生きる確率(生存率) \\ q_x : \dfrac{d_x}{l_x} \quad x\,歳の人が1年以内に死亡する確率(死亡率) \\ m_x : 年齢 x\,歳から (x+1)\,歳までの1年間の中央死亡率 \\ \quad (d_x / \int_0^1 l_{x+t}.dt) \end{cases}$$

したがって q_x は W/B(リトン・ベーシス・ロスレシオ)

m_x は E/B(アーンドベーシス・ロスレシオ)にあたる。

〈年金〉関係

$$\begin{cases} \ddot{a}_{\overline{n}|} = 1+v+v^2+\cdots+v^{n-1} & n\text{年間毎年1ずつ支払われる期始払確定年金の現価} \\ a_{\overline{n}|} = v+v^2+v^3+\cdots+v^n & n\text{年間毎年1ずつ支払われる期末払確定年金の現価} \\ \ddot{s}_{\overline{n}|} = (1+i)^n+(1+i)^{n-1}+\cdots+(1+i) & n\text{年間毎年1ずつ支払われる期始払確定年金の終価} \\ s_{\overline{n}|} = (1+i)^{n-1}+(1+i)^{n-2}+\cdots+1 & n\text{年間毎年1ずつ支払われる期末払確定年金の終価} \\ \ddot{a}_{x:\overline{n}|} = 1+vp_x+v^2{}_2p_x+\cdots+v^{n-1}{}_{n-1}p_x & x\text{歳加入、毎年1ずつ支払われる期始払生命年金の現価(期間}n\text{年)} \\ a_{x:\overline{n}|} = vp_x+v^2{}_2p_x+\cdots+v^n{}_np_x & x\text{歳加入、毎年1ずつ支払われる期末払生命年金の現価(期間}n\text{年)} \\ \ddot{a}_x = 1+vp_x+v^2{}_2p_x+\cdots & x\text{歳加入、毎年1ずつ支払われる期始払終身年金の現価} \\ a_x = vp_x+v^2{}_2p_x+\cdots & x\text{歳加入、毎年1ずつ支払われる期末払終身年金の現価} \end{cases}$$

〈保険料〉関係

① 一時払保険料

$\begin{cases} A_x &: x\text{歳の人の保険金1の終身保険(年末払)の一時払純保険料} \\ A_{x:\overline{n}|} &: x\text{歳の人の保険金1の保険期間}n\text{年の養老保険(年末払)の一時払純保険料} \\ A^1_{x:\overline{n}|} &: x\text{歳の人の保険金1の死亡保険(定期)(年末払)の一時払純保険料(保険期間}n\text{年)} \\ A_{x:\overline{n}|}^{\ 1} &: x\text{歳の人の保険金1の生存保険の一時払純保険料(保険期間}n\text{年)} \end{cases}$

② 年払保険料

$\begin{cases} P_x &: x\text{歳の人の保険金1の終身払込、終身保険(年末払)の年払純保険料} \\ P_{x:\overline{n}|} &: x\text{歳の人の保険金1、保険期間}n\text{年の養老保険(年末払)の年払純保険料} \\ P^1_{x:\overline{n}|} &: x\text{歳の人の保険金1、保険期間}n\text{年の死亡保険(年末払)の年払純保険料} \\ P_{x:\overline{n}|}^{\ 1} &: x\text{歳の人の保険金1、保険期間}n\text{年の生存保険の年払純保険料} \end{cases}$

付　録

◎よく利用する公式
$$1 = A_x + d \cdot \ddot{a}_x, \quad 1 = A_{x:\overline{n}|} + d \cdot \ddot{a}_{x:\overline{n}|}$$

◎その他の記号

$_np_x$ ： x 歳の人が n 年間生存する確率 $(= l_{x+n}/l_x)$

$_nq_x$ ： x 歳の人が n 年以内に死亡する確率 $(= 1 - {}_np_x)$

$_{n|}q_x$ ： x 歳の人が n 年間生存して、その後 1 年以内に死亡する確率、すなわち x 歳の人が第 $(n+1)$ 年目に死亡する確率

$_{n|}a_x$ ： x 歳の人の n 年据置終身年金、第 1 回は第 $(n+1)$ 年末に支払われる

$\ddot{a}_x^{(m)}$ ： x 歳の人の年 m 回分割の期始払終身年金

δ ： 利力 $(= \log(1+i) = -\log v)$

μ ： 死力 $\left(\text{年齢 } x \text{ 歳における死力 } \mu_x = -\dfrac{1}{l_x} \cdot \dfrac{dl_x}{d_x}\right)$

〈責任準備金〉関係

$_tV_x$ ： x 歳の人の普通終身保険の第 t 保険年度末責任準備金

$_tV_{x:\overline{n}|}$ ： x 歳の人の保険期間 n 年の養老保険の第 t 保険年度末責任準備金

〈計算基数〉

$$\left.\begin{array}{l} D_x = v^x \cdot l_x \\ N_x = D_x + D_{x+1} + D_{x+2} + \cdots\cdots \\ S_x = N_x + N_{x+1} + N_{x+2} + \cdots\cdots \end{array}\right\} \text{生存系列基数}$$

$$\left.\begin{array}{l} C_x = v^{x+1} \cdot d_x \\ M_x = C_x + C_{x+1} + C_{x+2} + \cdots\cdots \\ R_x = M_x + M_{x+1} + M_{x+2} + \cdots\cdots \end{array}\right\} \text{死亡系列基数}$$

◎生存系列基数と死亡系列基数との関係

$$C_x = v \cdot D_x - D_{x+1}$$
$$M_x = v \cdot N_x - N_{x+1}$$
$$R_x = v \cdot S_x - S_{x+1}$$

(B) **数学公式集**

1. **数列**

    (1) $1+2+3+\cdots+n = \dfrac{n(n+1)}{2}$

    (2) $1^2+2^2+3^2+\cdots+n^2 = \dfrac{n}{6}(n+1)(2n+1)$

    (3) $1^3+2^3+3^3+\cdots+n^3 = \left\{\dfrac{n(n+1)}{2}\right\}^2$

    (4) $1^4+2^4+3^4+\cdots+n^4 = \dfrac{n(n+1)}{30}(6n^3+9n^2+n-1)$

    (5) $1^5+2^5+3^5+\cdots+n^5 = \dfrac{(2n^2+2n-1)}{12}\{n(n+1)\}^2$

    (6) $1^6+2^6+3^6+\cdots+n^6 = \dfrac{n(n+1)}{42} \cdot (6n^5+15n^4+6n^3-6n^2-n+1)$

    (7) $a + a \cdot r + a \cdot r^2 + \cdots + a \cdot r^{n-1} = \dfrac{a(1-r^n)}{1-r} \quad (r \neq 1)$
    $$= a \cdot r \quad (r=1)$$

2. **指数**

    (1) $a^n \times a^m = a^{n+m}$ （例） $3^2 \times 3^3 = 3^{2+3} = 3^5$

    (2) $a^n \div a^m = a^{n-m}$ （例） $10^4 \div 10^2 = 10^{4-2} = 10^2$

    (3) $a^0 = 1$ （例） $10^3 \div 10^3 = 10^{3-3} = 10^0 = 1$

    (4) $(a^n)^m = a^{nm}$ （例） $(10^2)^3 = 10^{2 \times 3} = 10^6$

    (5) $a^{-n} = \dfrac{1}{a^n}$ （例） $a^{-3} = \dfrac{1}{a^3}$

(6) $a^{\frac{1}{n}} = \sqrt[n]{a}$ （例） $a^{\frac{1}{2}} = \sqrt[2]{a}$

(7) $a^{\frac{m}{n}} = \sqrt[n]{a^m}$ （例） $a^{\frac{2}{5}} = \sqrt[5]{a^2}$

(8) $e^{\log_e x} = x$ 両辺を底を e で対数をとると明らか。

3. **対数**

(1) $\log(M \times N) = \log M + \log N$ （例） $\log 5 \times 2 = \log 5 + \log 2$

(2) $\log\left(\dfrac{M}{N}\right) = \log M - \log N$ （例） $\log\dfrac{10}{2} = \log 10 - \log 2$

(3) $\log M^n = n \cdot \log M$ （例） $\log 10^3 = 3 \cdot \log 10$

4. **微分法**

(1) $y = c$ （c：定数） → $\dfrac{dy}{dx} = 0$

(2) $y = c \cdot x$ → $\dfrac{dy}{dx} = c$

(3) $y = x^n$ （n：有理数） → $\dfrac{dy}{dx} = n \cdot x^{n-1}$

(4) $y = u + v$ → $\dfrac{dy}{dx} = \dfrac{du}{dx} + \dfrac{dv}{dx}$

(5) $y = u \cdot v$ → $\dfrac{dy}{dx} = v \cdot \dfrac{du}{dx} + u \cdot \dfrac{dv}{dx}$

(6) $y = \dfrac{1}{v}$ → $\dfrac{dy}{dx} = -\dfrac{1}{v^2} \cdot \dfrac{dv}{dx}$

(7) $y = \dfrac{u}{v}$ → $\dfrac{dy}{dx} = \dfrac{v \cdot \dfrac{du}{dx} - u \cdot \dfrac{dv}{dx}}{v^2}$

(8) $y = u_1 \cdot u_2 \cdot u_3 \cdot \cdots\cdots u_n$ → $\dfrac{y'}{y} = \dfrac{u_1'}{u_1} + \dfrac{u_2'}{u_2} + \cdots\cdots + \dfrac{u_n'}{u_n}$

(9) $y = \sin x$ → $\dfrac{dy}{dx} = \cos x$

(10) $y = \cos x$ → $\dfrac{dy}{dx} = -\sin x$

(11) $y = \tan x$ → $\dfrac{dy}{dx} = \sec^2 x \left(= \dfrac{1}{\cos^2 x} \right)$

(12) $y = \cot x$ → $\dfrac{dy}{dx} = -\operatorname{cosec}^2 x \left(= -\dfrac{1}{\sin^2 x} \right)$

(13) $y = \sec x$ → $\dfrac{dy}{dx} = \sec x \cdot \tan x$

(14) $y = \operatorname{cosec} x$ → $\dfrac{dy}{dx} = -\operatorname{cosec} x \cdot \cot x \left(\cot x = \dfrac{1}{\tan x} \right)$

(15) $y = \log_a x$ → $\dfrac{dy}{dx} = \dfrac{\log_a e}{x}$

$\left(\text{特に } y = \log_e x \quad \to \quad \dfrac{dy}{dx} = \dfrac{1}{x} \right)$

(16) $y = a^x$ → $\dfrac{dy}{dx} = a^x \cdot \log a$

$\left(\text{特に } y = e^x \quad \to \quad \dfrac{dy}{dx} = e^x \right)$

(17) $y = \sin^{-1} x$ → $\dfrac{dy}{dx} = \dfrac{1}{\sqrt{1-x^2}}$

(18) $y = \cos^{-1} x$ → $\dfrac{dy}{dx} = \dfrac{-1}{\sqrt{1-x^2}}$

(19) $y = \tan^{-1} x$ → $\dfrac{dy}{dx} = \dfrac{1}{1+x^2}$

(20) $y = \cot^{-1} x$ → $\dfrac{dy}{dx} = \dfrac{-1}{1+x^2}$

(21) $y = \sec^{-1} x$ → $\dfrac{dy}{dx} = \dfrac{1}{x\sqrt{x^2-1}}$

(22) $y = \operatorname{cosec}^{-1} x$ → $\dfrac{dy}{dx} = \dfrac{-1}{x\sqrt{x^2-1}}$

5. 積分法

(1) $f(x) = x^a \,(a \neq -1)$ → $\displaystyle\int f(x)\,dx = \dfrac{x^{a+1}}{a+1}$

(2)　$f(x)=\dfrac{1}{x}$　→　$\int f(x)dx=\log|x|$

(3)　$f(x)=e^x$　→　$\int f(x)dx=e^x$

(4)　$f(x)=\sin x$　→　$\int f(x)dx=-\cos x$

(5)　$f(x)=\cos x$　→　$\int f(x)dx=\sin x$

(6)　$f(x)=\dfrac{1}{\cos^2 x}$　→　$\int f(x)dx=\tan x$

(7)　$f(x)=\dfrac{1}{\sin^2 x}$　→　$\int f(x)dx=-\cot x$

(8)　$f(x)=\dfrac{1}{\sqrt{a^2-x^2}}\,(a>0)$　→　$\int f(x)dx=\sin^{-1}\dfrac{x}{a}$

$\left(\text{又は}\ -\cos^{-1}\dfrac{x}{a}\right)$

(9)　$f(x)=\dfrac{1}{a^2+x^2}$　→　$\int f(x)dx=\dfrac{1}{a}\tan^{-1}\dfrac{x}{a}$

$\left(\text{又は}\ -\dfrac{1}{a}\cot^{-1}\dfrac{x}{a}\right)$

(10)　$u\pm v$　→　$\int u\cdot dx \pm \int v\cdot dx$

(11)　$k\cdot f(x)$　→　$k\int f(x)dx$

(12)　$f(x)=\dfrac{g'(x)}{g(x)}$　→　$\int f(x)dx=\log g(x)$

(C)　損害保険用語

〔過失相殺〕

　　損害賠償額を算出する場合に、被害者にも過失があれば、その過失割合に応じて損害賠償額を減額すること。

〔急激かつ偶然な外来の事故〕

　　突発的に発生する予知されない出来事であり、傷害の原因が身体の外部からの作用によるものをいう。これらの条件を満たす事故としては、交通事故、運動中の打撲・骨折、転倒、火災・爆発事故、作業中の事故などが挙げられる。

〔契約者配当金〕

　　積立保険（貯蓄型保険）の積立保険料について、保険会社が予定利率を上回る運用益をあげた場合に、満期返戻金とあわせて保険会社から保険契約者に支払われる配当金。

〔告知義務〕

　　保険を契約する際に、保険会社に対して重要な事実を申し出る義務、および重要な事項について不実の事を申し出てはならないという義務。

〔再調達価額〕

　　保険の対象と同等の物を新たに建築あるいは購入するために必要な金額。この再調達価額から経過年数や使用損耗による減価を差引いた額が時価（額）である。時価（額）を基準にして保険金を算出する保険が多いが、火災保険の価額協定保険や新価保険などにおいては、再調達価額を基準にして保険金を算出する。

〔再保険〕

　　保険会社が元受保険契約に基づく保険金支払責任のすべて、あるいは一部分を別の保険会社に転嫁すること。これは、保険経営に不可欠な大数の法則が働くためには同質の危険を数多く集める必要があり、危険の

平均化が十分に行われなければならないためである。

〔時価（額）〕

　同等の物を新たに建築あるいは購入するために必要な金額から使用による消耗分を控除して算出した金額。

〔事業費〕

　保険会社の事業上の経費で、損害保険会計では「損害調査費」、「一般管理費および営業費」、「諸手数料および集金費」を総称していう。

〔重度後遺障害〕

　①両眼失明　②咀しゃくまたは言語の機能の全廃、③その他身体の著しい障害により常に介護を要する状態になった場合のことをいう。

〔全　損〕

　保険の対象が完全に滅失した場合（火災保険であれば全焼、全壊）や、修理、回収に要する費用が再調達価額または時価額を超えるような場合のこと。前者の場合を現実全損（絶対全損ともいう）、後者の場合を経済的全損（海上保険の場合は推定全損）という。なお、これらに至らない損害を分損という。

〔重複保険〕

　同一の被保険利益について、保険期間の全部または一部を共通にする複数の保険契約が存在する場合を広義の重複保険といい、また、複数の保険契約の保険契約の保険金額の合計額が再調達価額または時価（額）を超過する場合を狭義の重複保険という。

〔特別勘定〕
　特定の積立保険（貯蓄型保険）において、その積立資産を他の資産と区分して運用する仕組み。

〔被保険者〕
　保険の補償を受ける人、または保険の対象となる人をいう。保険契約者と同一人のこともあり、別人のこともある。後者の場合の保険契約を「他人のためにする保険契約」という。

〔被保険利益〕
　ある物に偶然な事故が発生することにより、ある人が損害を被るおそれがある場合に、そのある人とある物との間にある利害関係を被保険利益という。損害保険契約は損害に対し保険金を支払うことを目的とするから、その契約が有効に成立するためには、被保険利益の存在が前提となる。

〔保険期間〕
　保険の契約期間、すなわち保険会社の責任の存続期間。この期間内に保険事故が発生した場合にのみ保険会社は保険金を支払う。ただし、保険期間中であっても保険料が支払われていないときには保険会社の責任は開始しないと定めることが多い。

〔保険金〕
　保険事故により損害が生じた場合に保険会社が被保険者に支払う金銭のこと。

〔保険金額〕

　　契約金額のこと。保険事故が発生した場合に、保険会社が支払う保険金の限度額。その金額は、保険契約者と保険会社との契約によって定められる。

〔保険契約者〕

　　自己の名前で保険会社に対し保険契約の申込みをする人をいう。契約が成立すれば、保険料の支払い義務を負う。

〔保険契約準備金〕

　　保険契約に基づく保険金支払いなどの責任を果たすために保険会社が決算期末に積み立てる準備金で、支払備金、責任準備金等がある。

〔保険事故〕

　　保険契約において、保険会社がその事実の発生を条件として保険金の支払いを約束した偶然な事実をいう。火災、交通事故、人の死傷などがその例である。

〔保険の目的〕

　　保険をつける対象のこと。船舶保険での船体、貨物保険での貨物、火災保険での建物・家財、自動車保険での自動車などがこれにあたる。

〔保険約款〕

　　保険契約の内容を定めたもの。保険約款には、同一種類の保険契約のすべてに共通な契約内容を定めた普通保険約款と、個々の契約において普通保険約款の規定内容を補充・変更・排除する特別約款(特約条項)と

がある。

〔保険料〕

被保険者の被る危険を保険会社が負担するための対価として、保険契約者から領収する金銭。

〔保険料即収の原則〕

保険契約時に保険料全額を領収しなければならないという原則。なお、保険料分割払契約など特に約定がある場合には、この原則は適用されない。

〔満期返戻金〕

積立保険（貯蓄型保険）または月掛けの保険で、契約が満期まで有効に存続し、保険料の全額払込みが完了している場合、満期時に保険会社から保険契約者に支払われる金銭のこと。その金額は契約時に定められている。

なお、保険の種類等により満期戻し金または満期払戻金ともいわれる。

〔免　責〕

保険金が支払われない場合のこと。保険会社は保険事故が発生した場合には、保険契約に基づいて保険金支払いの義務を負うが、特定の事がらが生じたときは例外としてその義務を免れることになっている。例えば、戦争その他の変乱によって生じた事故、保険契約者等が自ら招いた事故、地震、噴火、津波等による事故などである。

〔**免責金額**〕

　　自己負担額のこと。一定金額以下の小損害について、契約者または被保険者が自己負担するものとして設定する金額。免責金額を超える損害については、免責金額を控除した金額を支払う方式と損害額の全額を支払う方式とがある。

〔**元受保険**〕

　　再保険に対応する用語で、ある保険契約について再保険契約がなされているとき、再保険契約に対してそのある保険契約を元受保険という。

　　また、保険会社が個々の契約者と契約する保険のすべてを指す場合がある。

(D) 金利表　　　　　　　　(1) 常数表①

i	0.5%	1.0%	1.5%	2.0%	2.5%
i	0.005000	0.010000	0.015000	0.020000	0.025000
$i^{(2)}$	0.004994	0.009975	0.014944	0.019901	0.024846
$i^{(4)}$	0.004991	0.009963	0.014916	0.019852	0.024769
$i^{(12)}$	0.004989	0.009954	0.014898	0.019819	0.024718
$(1+i)^{\frac{1}{2}}$	1.002497	1.004988	1.007472	1.009950	1.012423
$(1+i)^{\frac{1}{4}}$	1.001248	1.002491	1.003729	1.004963	1.006192
$(1+i)^{\frac{1}{12}}$	1.000416	1.000830	1.001241	1.001652	1.002060
v	0.995025	0.990099	0.985222	0.980392	0.975610
$v^{\frac{1}{2}}$	0.997509	0.995037	0.992583	0.990148	0.987730
$v^{\frac{1}{4}}$	0.998754	0.997516	0.996285	0.995062	0.993846
$v^{\frac{1}{12}}$	0.999584	0.999171	0.998760	0.998351	0.997944
$\ddot{a}\,\overline{{}_{1}|}^{(2)}$	0.998755	0.997519	0.996292	0.995074	0.993865
$\ddot{a}\,\overline{{}_{1}|}^{(4)}$	0.998132	0.996279	0.994441	0.992617	0.990807
$\ddot{a}\,\overline{{}_{1}|}^{(12)}$	0.997718	0.995454	0.996292	0.995074	0.993865
$a\,\overline{{}_{1}|}^{(2)}$	0.996267	0.992568	0.988903	0.985270	0.981670
$a\,\overline{{}_{1}|}^{(4)}$	0.996889	0.993804	0.990746	0.987715	0.984709
$a\,\overline{{}_{1}|}^{(12)}$	0.997303	0.994629	0.991977	0.989347	0.986739

常数表②

i	5.5%	6.0%	6.5%	7.0%	7.5%
i	0.055000	0.060000	0.065000	0.070000	0.075000
$i^{(2)}$	0.054264	0.059126	0.063977	0.068816	0.073644
$i^{(4)}$	0.053901	0.058695	0.063473	0.068234	0.072978
$i^{(12)}$	0.053660	0.058411	0.063140	0.067850	0.072539
$(1+i)^{\frac{1}{2}}$	1.027132	1.029563	1.031988	1.034408	1.036822
$(1+i)^{\frac{1}{4}}$	1.013475	1.014674	1.015868	1.017059	1.018245
$(1+i)^{\frac{1}{12}}$	1.004472	1.004868	1.005262	1.005654	1.006045
v	0.947867	0.943396	0.938967	0.934579	0.930233
$v^{\frac{1}{2}}$	0.973585	0.971286	0.969003	0.966736	0.964486
$v^{\frac{1}{4}}$	0.986704	0.985539	0.984380	0.983228	0.982082
$v^{\frac{1}{12}}$	0.995548	0.995156	0.994766	0.994378	0.993991
$\ddot{a}\,\overline{{}_{1}|}^{(2)}$	0.986792	0.985643	0.984502	0.983368	0.982243
$\ddot{a}\,\overline{{}_{1}|}^{(4)}$	0.980232	0.978516	0.976812	0.975122	0.973443
$\ddot{a}\,\overline{{}_{1}|}^{(12)}$	0.975875	0.973784	0.971709	0.969649	0.967606
$a\,\overline{{}_{1}|}^{(2)}$	0.960726	0.957341	0.953985	0.950658	0.947359
$a\,\overline{{}_{1}|}^{(4)}$	0.967199	0.964365	0.961554	0.958766	0.956001
$a\,\overline{{}_{1}|}^{(12)}$	0.971530	0.969067	0.966622	0.964198	0.961792

付 録

3.0%	3.5%	4.0%	4.5%	5.0%	i
0.030000	0.035000	0.040000	0.045000	0.050000	i
0.029778	0.034699	0.039608	0.044505	0.049390	$i^{(2)}$
0.029668	0.034550	0.039414	0.044260	0.049089	$i^{(4)}$
0.029595	0.034451	0.039285	0.044098	0.048889	$i^{(12)}$
1.014889	1.017349	1.019804	1.022252	1.024695	$(1+i)^{\frac{1}{2}}$
1.007417	1.008637	1.009853	1.011065	1.012272	$(1+i)^{\frac{1}{4}}$
1.002466	1.002871	1.003274	1.003675	1.004074	$(1+i)^{\frac{1}{12}}$
0.970874	0.966184	0.961538	0.956938	0.952381	v
0.985329	0.982946	0.980581	0.978232	0.975900	$v^{\frac{1}{2}}$
0.992638	0.991437	0.990243	0.989056	0.987877	$v^{\frac{1}{4}}$
0:997540	0.997137	0.996737	0.996339	0.995942	$v^{\frac{1}{12}}$
0.992665	0.991473	0.990290	0.989116	0.987950	$\ddot{a}\,\frac{(2)}{1\rceil}$
0.989010	0.987228	0.985459	0.983704	0.981961	$\ddot{a}\,\frac{(4)}{1\rceil}$
0.986579	0.984405	0.982247	0.980106	0.977982	$\ddot{a}\,\frac{(12)}{1\rceil}$
0.978102	0.974565	0.971060	0.967585	0.964141	$a\,\frac{(2)}{1\rceil}$
0.981729	0.978774	0.975844	0.972938	0.970057	$a\,\frac{(4)}{1\rceil}$
0.984152	0.981587	0.979042	0.976518	0.974014	$a\,\frac{(12)}{1\rceil}$

8.0%	8.5%	9.0%	9.5%	10.0%	i
0.080000	0.085000	0.090000	0.095000	0.100000	i
0.078461	0.083267	0.088061	0.092845	0.097618	$i^{(2)}$
0.077706	0.082418	0.087113	0.091792	0.096455	$i^{(4)}$
0.077208	0.081858	0.086488	0.091098	0.095690	$i^{(12)}$
1.039230	1.041633	1.044031	1.046422	1.048809	$(1+i)^{\frac{1}{2}}$
1.019427	1.020604	1.021778	1.022948	1.024114	$(1+i)^{\frac{1}{4}}$
1.006434	1.006821	1.007207	1.007592	1.007974	$(1+i)^{\frac{1}{12}}$
0.925926	0.921659	0.917431	0.913242	0.909091	v
0.962250	0.960031	0.957826	0.955637	0.953463	$v^{\frac{1}{2}}$
0.980944	0.979812	0.978686	0.977567	0.976454	$v^{\frac{1}{4}}$
0.993607	0.993225	0.992844	0.992466	0.992089	$v^{\frac{1}{12}}$
0.981125	0.980015	0.978913	0.977818	0.976731	$\ddot{a}\,\frac{(2)}{1\rceil}$
0.971777	0.970123	0.968481	0.966851	0.965232	$\ddot{a}\,\frac{(4)}{1\rceil}$
0.965578	0.963565	0.961567	0.959584	0.957616	$\ddot{a}\,\frac{(12)}{1\rceil}$
0.944088	0.940845	0.937629	0.934439	0.931277	$a\,\frac{(2)}{1\rceil}$
0.953258	0.950538	0.947839	0.945161	0.942505	$a\,\frac{(4)}{1\rceil}$
0.959405	0.957036	0.954686	0.952355	0.950041	$a\,\frac{(12)}{1\rceil}$

(2) 複 利 表 ①

n \ i	0.5%	1.0%	1.5%	2.0%	2.5%
1	1.005000	1.010000	1.015000	1.020000	1.025000
2	1.010025	1.020100	1.030225	1.040400	1.050625
3	1.015075	1.030301	1.045678	1.061208	1.076891
4	1.020151	1.040604	1.061364	1.082432	1.103813
5	1.025251	1.051010	1.077284	1.104081	1.131408
6	1.030378	1.061520	1.093443	1.126162	1.159693
7	1.035529	1.072135	1.109845	1.148686	1.188686
8	1.040707	1.082857	1.126493	1.171659	1.218403
9	1.045911	1.093685	1.143390	1.195093	1.248863
10	1.051140	1.104622	1.160541	1.218994	1.280085
11	1.056396	1.115668	1.177949	1.243374	1.312087
12	1.061678	1.126825	1.195618	1.268242	1.344889
13	1.066986	1.138093	1.213552	1.293607	1.378511
14	1.072321	1.149474	1.231756	1.319479	1.412974
15	1.077683	1.160969	1.250232	1.345868	1.448298
16	1.083071	1.172579	1.268986	1.372786	1.484506
17	1.088487	1.184304	1.288020	1.400241	1.521618
18	1.093929	1.196147	1.307341	1.428246	1.559659
19	1.099399	1.208109	1.326951	1.456811	1.598650
20	1.104896	1.220190	1.346855	1.485947	1.638616
21	1.110420	1.232392	1.367058	1.515666	1.679582
22	1.115972	1.244716	1.387564	1.545980	1.721571
23	1.121552	1.257163	1.408377	1.576899	1.764611
24	1.127160	1.269735	1.429503	1.608437	1.808726
25	1.132796	1.282432	1.450945	1.640606	1.853944
26	1.138460	1.295256	1.472710	1.673418	1.900293
27	1.144152	1.308209	1.494800	1.706886	1.947800
28	1.149873	1.321291	1.517222	1.741024	1.996495
29	1.155622	1.334504	1.539981	1.775845	2.046407
30	1.161400	1.347849	1.563080	1.811362	2.097566

付　録

$$(1+i)^n$$

3.0%	3.5%	4.0%	4.5%	5.0%	i / n
1.030000	1.035000	1.040000	1.045000	1.050000	1
1.060900	1.071225	1.081600	1.092025	1.102500	2
1.092727	1.108718	1.124864	1.141166	1.157625	3
1.125509	1.147523	1.169859	1.192519	1.215506	4
1.159274	1.187686	1.216653	1.246182	1.276282	5
1194052	1.229255	1.265319	1.302260	1.340096	6
1.229874	1.272279	1.315932	1.360862	1.407100	7
1.266770	1.316809	1.368569	1.422101	1.477455	8
1.304773	1.362897	1.423312	1.486095	1.551328	9
1.343916	1.410599	1.480244	1.552969	1.628895	10
1.384234	1.459970	1.539454	1.622853	1.710339	11
1.425761	1.511069	1.601032	1.605881	1.795856	12
1.468534	1.563956	1.665074	1.772196	1.885649	13
1.512590	1.618695	1.731676	1.851945	1.979932	14
1.557967	1.675349	1.800944	1.935282	2.078928	15
1.604706	1.733986	1.872981	2.022370	2.182875	16
1.652848	1.794676	1.947900	2.113377	2.292018	17
1.702433	1.857489	2.025817	2.208479	2.406619	18
1.753506	1.922501	2.106849	2.307860	2.526950	19
1.806111	1.989789	2.191123	2.411714	2.653298	20
1.810295	2.059431	2.278768	2.520241	2.785963	21
1.916103	2.131512	2.369919	2.633652	2.925261	22
1.973587	2.206114	2.464716	2.752166	3.071524	23
2.032794	2.283328	2.563304	2.876014	3.225100	24
2.093778	2.363245	2.665836	3.005434	3.386355	25
2.156591	2.445959	2.772470	3.140679	3.555673	26
2.221289	2.531567	2.883369	3.282010	3.733456	27
2.287928	2.620172	2.998703	3.429700	3.920129	28
2.356566	2.711878	3.118651	3.584036	4.116136	29
2.427262	2.806794	3.243398	3.745318	4.321942	30

複 利 表 ②

n \ i	5.5%	6.0%	6.5%	7.0%	7.5%
1	1.055000	1.060000	1.065000	1.070000	1.075000
2	1.113025	1.123600	1.134225	1.144900	1.155625
3	1.174241	1.191016	1.207950	1.225043	1.242297
4	1.238825	1.262477	1.286466	1.310796	1.335469
5	1.306960	1.338226	1.370087	1.402552	1.435629
6	1.378843	1.418519	1.459142	1.500730	1.543302
7	1.454679	1.503630	1.553987	1.605781	1.659049
8	1.534687	1.593848	1.654996	1.718186	1.783478
9	1.619094	1.689479	1.762570	1.838459	1.917239
10	1.708144	1.790848	1.877137	1.967151	2.061032
11	1.802092	1.898299	1.999151	2.104852	2.215609
12	1.901207	2.012196	2.129096	2.252191	2.381780
13	2.005774	2.132928	2.267487	2.409845	2.560413
14	2.116091	2.260904	2.414874	2.578534	2.752444
15	2.232476	2.396558	2.571841	2.759032	2.958877
16	2.355263	2.540352	2.739011	2.952164	3.180793
17	2.484802	2.692773	2.917046	3.158815	3.419353
18	2.621466	2.854339	3.106654	3.379932	3.675804
19	2.765647	3.025600	3.308587	3.616528	3.951489
20	2.917757	3.207135	3.523645	3.869684	4.247851
21	3.078234	3.399564	3.752682	4.140562	4.566440
22	3.247537	3.603537	3.996606	4.430402	4.908923
23	3.426152	3.819750	4.256386	4.740530	5.277092
24	3.614590	4.048935	4.533051	5.072367	5.672874
25	3.813392	4.291871	4.827699	5.427433	6.098340
26	4.023129	4.549383	5.141500	5.807353	6.555715
27	4.244401	4.822346	5.475697	6.213868	7.047394
28	4.477843	5.111687	5.831617	6.648838	7.575948
29	4.724124	5.418388	6.210672	7.114257	8.144144
30	4.983951	5.743491	6.614366	7.612255	8.754955

付 録

$$(1+i)^n$$

8.0%	8.5%	9.0%	9.5%	10.0%	i \ n
1.080000	1.085000	1.090000	1.095000	1.100000	1
1.166400	1.177225	1.188100	1.199025	1.210000	2
1.259712	1.277289	1.295029	1.312932	1.331000	3
1.360489	1.385859	1.411582	1.437661	1.464100	4
1.469328	1.503657	1.538624	1.574239	1.610510	5
1.586874	1.631468	1.677100	1.723791	1.771561	6
1.713824	1.770142	1.828039	1.887552	1.948717	7
1.850930	1.920604	1.992563	2.066869	2.143589	8
1.999005	2.083856	2.171893	2.263222	2.357948	9
2.158925	2.260983	2.367364	2.478228	2.593742	10
2.331639	2.453167	2.580426	2.713659	2.853117	11
2.518170	2.661686	2.812665	2.971457	3.138428	12
2.719623	2.887930	3.065805	3.253745	3.452271	13
2.937194	3.133404	3.341727	3.562851	3.797498	14
3.172169	3.399743	3.642482	3.901322	4.177248	15
3.425943	3.688721	4.970306	4.271948	4.594973	16
3.700018	4.002264	4.327633	4.677783	5.054470	17
3.996019	4.342455	4.717120	5.122172	5.559917	18
4.315701	4.711563	5.141661	5.608778	6.115909	19
4.660957	5.112046	5.604411	6.141612	6.727500	20
5.033834	5.546570	6.108808	6.725065	7.400250	21
5.436540	6.018028	6.658600	7.363946	8.140275	22
5.871464	6.529561	7.257874	8.063521	8.954302	23
6.341181	7.084574	7.911083	8.829556	9.849733	24
6.848475	7.686762	8.623081	9.668364	10.834706	25
7.396353	8.340137	9.399158	10.586858	11.918177	26
7.988061	9.049049	10.245082	11.592610	13.109994	27
8.627106	9.818218	11.167140	12.693908	14.420994	28
9.317275	10.652766	12.172182	13.899829	15.863093	29
10.062657	11.558252	13.267678	15.220313	17.449402	30

(3) 複利現価表 ①

n \ i	0.5%	1.0%	1.5%	2.0%	2.5%
1	0.995025	0.990099	0.985222	0.980392	0.975610
2	0.990075	0.980296	0.970662	0.961169	0.951814
3	0.985149	0.970590	0.956317	0.942322	0.928599
4	0.980248	0.960980	0.942184	0.923845	0.905951
5	0.975371	0.951466	0.928260	0.905731	0.883854
6	0.970518	0.942045	0.914542	0.887971	0.862297
7	0.965690	0.932718	0.901027	0.870560	0.841265
8	0.960885	0.923483	0.887711	0.853490	0.820747
9	0.956105	0.914340	0.874592	0.836755	0.800728
10	0.951348	0.905287	0.861667	0.820348	0.781198
11	0.946615	0.896324	0.848933	0.804263	0.762145
12	0.941905	0.887449	0.836387	0.788493	0.743556
13	0.937219	0.878663	0.824027	0.773033	0.725420
14	0.932556	0.869963	0.811849	0.757875	0.707727
15	0.927917	0.861349	0.799852	0.743015	0.690466
16	0.923300	0.852821	0.788031	0.728446	0.673625
17	0.918707	0.844377	0.776385	0.714163	0.657195
18	0.914136	0.836012	0.764912	0.700159	0.641166
19	0.909588	0.827740	0.753607	0.686431	0.625528
20	0.905063	0.819544	0.742470	0.672971	0.610271
21	0.900560	0.811430	0.731498	0.659776	0.595386
22	0.896080	0.803396	0.720688	0.646839	0.580865
23	0.891622	0.795442	0.710037	0.634156	0.566697
24	0.887186	0.787566	0.699544	0.621721	0.552875
25	0.882772	0.779768	0.689206	0.609531	0.539391
26	0.878380	0.772048	0.679021	0.597579	0.526235
27	0.874010	0.764404	0.668986	0.585862	0.513400
28	0.869662	0.756836	0.659099	0.574375	0.500878
29	0.865335	0.749342	0.649359	0.563112	0.488661
30	0.861030	0.741923	0.639762	0.552071	0.476743

付 録

$$v^n = (1+i)^{-n}$$

3.0%	3.5%	4.0%	4.5%	5.0%	i \ n
0.970874	0.966184	0.961538	0.956938	0.952381	1
0.942596	0.933511	0.924556	0.915730	0.907029	2
0.915142	0.901943	0.888996	0.876297	0.863838	3
0.888487	0.871442	0.854804	0.838561	0.822702	4
0.862709	0.841973	0.821927	0.802451	0.783526	5
0.837484	0.813501	0.790315	0.767896	0.746215	6
0.813092	0.785991	0.759918	0.734828	0.710681	7
0.789409	0.759412	0.730690	0.703185	0.676839	8
0.766417	0.733731	0.702587	0.672904	0.644609	9
0.744094	0.708919	0.675564	0.643928	0.613913	10
0.722421	0.684946	0.649581	0.616199	0.584679	11
0.701380	0.661783	0.624597	0.589664	0.556837	12
0.680951	0.639404	0.600574	0.564272	0.530321	13
0.661118	0.617782	0.577475	0.539973	0.505068	14
0.641862	0.596891	0.555265	0.516720	0.481017	15
0.623167	0.576706	0.533908	0.494469	0.458112	16
0.605016	0.557204	0.513373	0.473176	0.436297	17
0.587395	0.538361	0.493628	0.452800	0.415521	18
0.570286	0.520156	0.474642	0.433302	0.395734	19
0.553676	0.502566	0.456387	0.414643	0.376889	20
0.537549	0.485571	0.438834	0.396787	0.358942	21
0.521893	0.469151	0.421955	0.379701	0.341850	22
0.506692	0.453286	0.405726	0.363350	0.325571	23
0.491934	0.437957	0.390121	0.347703	0.310068	24
0.477606	0.423147	0.375117	0.332731	0.295303	25
0.463695	0.408838	0.360689	0.318402	0.281241	26
0.450189	0.395012	0.346817	0.304691	0.267848	27
0.437077	0.381654	0.333477	0.291571	0.255094	28
0.424346	0.368748	0.320651	0.279015	0.242946	29
0.411987	0.356278	0.308319	0.267000	0.231377	30

複利現価表 ②

n \ i	5.5%	6.0%	6.5%	7.0%	7.5%
1	0.947867	0.943396	0.938967	0.934579	0.930233
2	0.898452	0.889996	0.881659	0.873439	0.865333
3	0.851614	0.839619	0.827849	0.816298	0.804961
4	0.807217	0.792094	0.777323	0.762895	0.748801
5	0.765134	0.747258	0.729881	0.712986	0.696559
6	0.725246	0.704961	0.685334	0.666342	0647962
7	0.687437	0.665057	0.643506	0.622750	0.602755
8	0.651599	0.627412	0.604231	0.582009	0.560702
9	0.617629	0.591898	0.567353	0.543934	0.521583
10	0.585431	0.558395	0.532726	0.508349	0.485194
11	0.554911	0.526788	0.500212	0.475092	0.451343
12	0.525982	0.496969	0.469683	0.444012	0.419854
13	0.498561	0.468839	0.441017	0.414964	0.390562
14	0.472569	0.442301	0.414100	0.387817	0.363313
15	0.447933	0.417265	0.388827	0.362446	0.337966
16	0.424581	0.393646	0.365095	0.338735	0.314387
17	0.402447	0.371364	0.342813	0.316574	0.292453
18	0.381466	0.350344	0.321890	0.295864	0.272049
19	0.361579	0.330513	0.302244	0.276508	0.253069
20	0.342729	0.311805	0.283797	0.258419	0.235413
21	0.324862	0.294155	0.266476	0.241513	0.218989
22	0.307926	0.277505	0.250212	0.225713	0.203711
23	0.291873	0.261797	0.234941	0.210947	0.189498
24	0.276657	0.246979	0.220602	0.197147	0.176277
25	0.262234	0.232999	0.207138	0.184249	0.163979
26	0.248563	0.219810	0.194496	0.172195	0.152539
27	0.235605	0.207368	0.182625	0.160930	0.141896
28	0.223322	0.195630	0.171479	0.150402	0.131997
29	0.211679	0.184557	0.161013	0.140563	0.122788
30	0.200644	0.174110	0.151186	0.131367	0.114221

付 録

$$v^n = (1+i)^{-n}$$

8.0%	8.5%	9.0%	9.5%	10.0%	i \ n
0.925926	0.921659	0.917431	0.913242	0.909091	1
0.857339	0.849455	0.841680	0.834011	0.826446	2
0.793832	0.782908	0.772183	0.761654	0.751315	3
0.735030	0.721574	0.708425	0.695574	0.863013	4
0.680583	0.665045	0.649931	0.635228	0.620921	5
0.630170	0.612945	0.596267	0.580117	0.564474	6
0.583490	0.564926	0.547034	0.529787	0.513158	7
0.540269	0.520669	0.501866	0.483824	0.466507	8
0.500249	0.479880	0.460428	0.441848	0.424098	9
0.463193	0.442285	0.422411	0.403514	0.385543	10
0.428883	0.407636	0.387533	0.368506	0.350494	11
0.397114	0.375702	0.355535	0.336535	0.318631	12
0.367698	0.346269	0.326179	0.307338	0.289664	13
0.340461	0.319142	0.299246	0.280674	0.263331	14
0.315242	0.294140	0.274538	0.256323	0.239392	15
0.291890	0.271097	0.251870	0.234085	0.217629	16
0.270269	0.249859	0.231073	0.213777	0.197845	17
0.250249	0.230285	0.211994	0.195230	0.179859	18
0.231712	0.212244	0.194490	0.178292	0.163508	19
0.214548	0.195616	0.178431	0.162824	0.148644	20
0.198656	0.180292	0.163698	0.148697	0.135131	21
0.183941	0.166167	0.150182	0.135797	0.122846	22
0.170315	0.153150	0.137781	0.124015	0.111678	23
0.157699	0.141152	0.126405	0.113256	0.101526	24
0.146018	0.130094	0.115968	0.103430	0.092296	25
0.135202	0.119902	0.106393	0.094457	0.083905	26
0.125187	0.110509	0.097608	0.086262	0.076278	27
0.115914	0.101851	0.089548	0.078778	0.069343	28
0.107328	0.093872	0.082155	0.071943	0.063039	29
0.099377	0.086518	0.075371	0.065702	0.057309	30

(4) 年金終価表 ①

n \ i	0.5%	1.0%	1.5%	2.0%	2.5%
1	1.005000	1.010000	1.015000	1.020000	1.025000
2	2.015025	2.030100	2.045225	2.060400	2.075625
3	3.030100	3.060401	3.090903	3.121608	3.152516
4	4.050251	4.101005	4.152267	4.204040	4.256329
5	5.075502	5.152015	5.229551	5.308121	5.387737
6	6.105879	6.213535	6.322994	6.434283	6.547430
7	7.141409	7.285671	7.432839	7.582969	7.736116
8	8.182116	8.368527	8.559332	8.754628	8.954519
9	9.228026	9.462213	9.702722	9.949721	10.203382
10	10.279167	10.566835	10.863262	11.168715	11.483466
11	11.335562	11.682503	12.041211	12.412090	12.795553
12	12.397240	12.809328	13.236830	13.680332	14.140442
13	13.464226	13.947421	14.450382	14.973938	15.518953
14	14.536548	15.096896	15.682138	16.293417	16.931927
15	15.614230	16.257864	16.932370	17.639285	18.380225
16	16.697301	17.430443	18.201355	19.012071	19.864730
17	17.785788	18.614748	19.489376	20.412312	21.386349
18	18.879717	19.810895	20.796716	21.840559	22.946007
19	19.979115	21.019004	22.123667	23.297370	24.544658
20	21.084011	22.239294	23.470522	24.783317	26.183274
21	22.194431	23.471586	24.837580	26.298984	27.862856
22	23.310403	24.716302	26.225144	27.844963	29.584427
23	24.431955	25.973465	27.633521	29.421862	31.349038
24	25.559115	27.243200	29.063024	31.030300	33.157764
25	26.691911	28.525631	30.513969	32.670906	35.011708
26	27.830370	29.820888	31.986678	34.344324	36.912001
27	28.974522	31.129097	33.481579	36.051210	38.859801
28	30.124395	32.450388	34.998701	37.792235	40.856296
29	31.280017	33.784892	36.538681	39.568079	42.902703
30	32.441417	35.132740	38.101762	41.379441	45.000270

付 録

(期始払) $\ddot{S}_{\overline{n}|}$

3.0%	3.5%	4.0%	4.5%	5.0%	i / n
1.030000	1.035000	1.040000	1.045000	1.050000	1
2.090900	2.106225	2.121600	2.137025	2.152500	2
3.183627	3.214943	3.246464	3.278191	3.310125	3
4.309136	4.362466	4.416323	4.470710	4.525631	4
5.468410	5.550152	5.632975	5.716892	5.801913	5
6.662462	6.779408	6.898294	7.019152	7.142008	6
7.892336	8.051687	8.214226	8.380014	8.549109	7
9.159106	9.368496	9.582795	9.802114	10.026564	8
10.463879	10.731393	11.006107	11.288209	11.577893	9
11.807796	12.141992	12.486351	12.841179	13.206787	10
13.192030	13.601962	14.025805	14.464032	14.917127	11
14.617790	15.113030	15.626838	16.159913	16.712983	12
16.086324	16.676986	17.291911	17.932109	18.598632	13
17.598914	18.295681	19.023588	19.784054	20.578564	14
19.156881	19.971030	20.824531	21.719337	22.657492	15
20.761588	21.705016	22.697512	23.741707	24.840366	16
22.414435	23.499691	24.645413	25.855084	27.132385	17
24.116868	25.357180	26.671229	28.063562	29.539004	18
25.870374	27.279682	28.778079	30.371423	32.065954	19
27.676486	29.269471	30.969202	32.783137	34.719252	20
29.536780	31.328902	33.247970	35.303378	37.505214	21
31.452884	33.460414	35.617889	37.937030	40.430475	22
33.426470	35.666528	38.082604	40.689196	43.501999	23
35.459264	37.949857	40.645908	43.565210	46.727099	24
37.553042	40.313102	43.311745	46.570645	50.113454	25
39.709634	42.759060	46.084214	49.711324	53.669126	26
41.930923	45.290627	48.967583	52.993333	57.402583	27
44.218850	47.910799	51.966286	56.423033	61.322712	28
46.575416	50.622677	55.084938	60.007070	65.438848	29
49.002678	53.429471	58.328335	63.752388	69.760790	30

年金終価表 ②

n \ i	5.5%	6.0%	6.5%	7.0%	7.5%
1	1.055000	1.060000	1.065000	1.070000	1.075000
2	2.168025	2.183600	2.199225	2.214900	2.230625
3	3.342266	3.374616	3.407175	3.439943	3.472922
4	4.581091	4.637093	4.693641	4.750739	4.808391
5	5.888051	5.975319	6.063728	6.153291	6.244020
6	7.266894	7.393838	7.522870	7.654021	7.787322
7	8.721573	8.897468	9.076856	9.259803	9.446371
8	10.256260	10.491316	10.731852	10.977989	11.229849
9	11.875354	12.180795	12.494423	12.816448	13.147087
10	13.583498	13.971643	14.371560	14.783599	15.208119
11	15.385591	15.869941	16.370711	16.888451	17.423728
12	17.286798	17.882138	18.499808	19.140643	19.805508
13	19.292572	20.015066	20.767295	21.550488	22.365921
14	21.408663	22.275970	23.182169	24.129022	25.118365
15	23.641140	24.672528	25.754010	26.888054	28.077242
16	25.996403	27.212880	28.493021	29.840217	31.258035
17	28.481205	29.905653	31.410067	32.999033	34.677388
18	31.102671	32.759992	34.516722	36.378965	38.353192
19	33.868318	35.785591	37.825309	39.995492	42.304681
20	36.786076	38.992727	41.348954	43.865177	46.552532
21	39.864310	42.392290	45.101636	48.005739	51.118972
22	43.111847	45.995828	49.098242	52.436141	56.027895
23	46.537998	49.815577	53.354628	57.176671	61.304987
24	50.152588	53.864512	57.887679	62.249038	66.977862
25	53.965981	58.156383	62.715378	67.676470	73.076201
26	57.989109	62.705766	67.856877	73.483823	79.631916
27	62.233510	67.528112	73.332574	79.697691	86.679310
28	66.711354	72.639798	79.164192	86.346529	94.255258
29	71.435478	78.058186	85.374864	93.460786	102.399403
30	76.419429	83.801677	91.989230	101.073041	111.154358

付　録

(期始払) $\ddot{s}_{\overline{n}|}$

8.0%	8.5%	9.0%	9.5%	10.0%	i \ n
1.080000	1.085000	1.090000	1.095000	1.100000	1
2.246400	2.262225	2.278100	2.294025	2.310000	2
3.506112	3.539514	3.573129	3.606957	3.641000	3
4.866601	4.925373	4.984711	5.044618	5.105100	4
6.335929	6.429030	6.523335	6.618857	6.715610	5
7.922803	8.060497	8.200435	8.342648	8.487171	6
9.636628	9.830639	10.028474	10.230200	10.435888	7
11.487558	11.751244	12.021036	12.297069	12.579477	8
13.486562	13.835099	14.192930	14.560291	14.937425	9
15.645487	16.096083	16.560293	17.038518	17.531167	10
17.977126	18.549250	19.140720	19.752178	20.384284	11
20.495297	21.210936	21.953385	22.723634	23.522712	12
23.214920	24.098866	25.019189	25.977380	26.974983	13
26.152114	27.232269	28.360916	29.540231	30.772482	14
29.324283	30.632012	32.003399	33.441553	34.949730	15
32.750226	34.320733	35.973705	37.713500	39.544703	16
36.450244	38.322995	40.301338	42.391283	44.599173	17
40.446263	42.665450	45.018458	47.513455	50.159090	18
44.761964	47.377013	50.160120	53.122233	56.274999	19
49.422921	52.489059	55.764530	59.263845	63.002499	20
54.456755	58.035629	61.873338	65.988910	70.402749	21
59.893296	64.053658	68.531939	73.352856	78.543024	22
65.764759	70.583219	75.789813	81.416378	87.497327	23
72.105940	77.667792	83.700896	90.245934	97.347059	24
78.954415	85.354555	92.323977	99.914297	108.181765	25
86.350768	93.694692	101.723135	110.501156	120.099942	26
94.338830	102.743741	111.968217	122.093766	133.209936	27
102.965936	112.561959	123.135356	134.787673	147.630930	28
112.283211	123.214725	135.307539	148.687502	163.494023	29
122.345868	134.772977	148.575217	163.907815	180.943425	30

(5) 年金現価表 ①

n \ i	0.5%	1.0%	1.5%	2.0%	2.5%
1	1.000000	1.000000	1.000000	1.000000	1.000000
2	1.995025	1.990099	1.985222	1.980392	1.975610
3	2.985099	2.970395	2.955883	2.941561	2.927424
4	3.970248	3.940985	3.912200	3.883883	3.856024
5	4.950496	4.901966	4.854385	4.807729	4.761974
6	5.925866	5.853431	5.782645	5.713460	5.645828
7	6.896384	6.795476	6.697187	6.601431	6.508125
8	7.862074	7.728195	7.598214	7.471991	7.349391
9	8.822959	8.651678	8.485925	8.325481	8.170137
10	9.779064	9.566018	9.360517	9.162237	8.970866
11	10.730412	10.471305	10.222185	9.982585	9.752064
12	11.677027	11.367628	11.071118	10.786848	10.514209
13	12.618932	12.255077	11.907505	11.575341	11.257765
14	13.556151	13.133740	12.731532	12.348374	11.983185
15	14.488708	14.003703	13.543382	13.106249	12.690912
16	15.416625	14.865053	14.343233	13.849263	13.381378
17	16.339925	15.717874	15.131264	14.577709	14.055003
18	17.258632	16.562251	15.907649	15.291872	14.712198
19	18.172768	17.398269	16.672561	15.992031	15.353364
20	19.082356	18.226009	17.426168	16.678462	15.978891
21	19.987419	19.045553	18.168639	17.351433	16.589162
22	20.887979	19.856983	18.900137	18.011209	17.184549
23	21.784059	20.660379	19.620824	18.658048	17.765413
24	22.675681	21.455821	20.330861	19.292204	18.332110
25	23.562866	22.243387	21.030405	19.913926	18.884986
26	24.445638	23.023156	21.719611	20.523456	19.424376
27	25.324018	23.795204	22.398632	21.121036	19.950611
28	26.198028	24.559608	23.067617	21.706898	20.464011
29	27.067689	25.316443	23.726717	22.281272	20.964889
30	27.933024	26.065785	24.376076	22.844385	21.453550

付　録

(期始払)　$\ddot{a}_{\overline{n}|}$

3.0%	3.5%	4.0%	4.5%	5.0%	i / n
1.000000	1.000000	1.000000	1.000000	1.000000	1
1.970874	1.966184	1.961538	1.956938	1.952381	2
2.913470	2.899694	2.886095	2.872668	2.859410	3
3.828611	3.801637	3.775091	3.748964	3.723248	4
4.717098	4.673079	4.629895	4.587526	4.545951	5
5.579707	5.515052	5.451822	5.389977	5.329477	6
6.417191	6.328553	6.242137	6.157872	6.075692	7
7.230283	7.114544	7.002055	6.892701	6.786373	8
8.019692	7.873956	7.732745	7.595886	7.463212	9
8.786109	8.607687	8.435332	8.268790	8.107822	10
9.530203	9.316605	9.110896	8.912718	8.721735	11
10.252624	10.001551	9.760477	9.528917	9.306414	12
10.954004	10.663334	10.385074	10.118581	9.863252	13
11.634955	11.302738	10.985648	10.682852	10.393573	14
12.296073	11.920520	11.563123	11.222825	10.898641	15
12.937935	12.517411	12.118387	11.739546	11.379658	16
13.561102	13.094117	12.652296	12.234015	11.837770	17
14.166118	13.651321	13.165669	12.707191	12.274066	18
14.753513	14.189682	13.659297	13.159992	12.689587	19
15.323799	14.709837	14.133939	13.593294	13.085321	20
15.877475	15.212403	14.590326	14.007936	13.462210	21
16.415024	15.697974	15.029160	14.404724	13.821153	22
16.936917	16.167125	15.451115	14.784425	14.163003	23
17.443608	16.620410	15.856842	15.147775	14.488574	24
17.935542	17.058368	16.246963	15.495478	14.798642	25
18.413148	17.481515	16.622080	15.828209	15.093945	26
18.876842	17.890352	16.982769	16.146611	15.375185	27
19.327031	18.285365	17.329586	16.451303	15.643034	28
19.764108	18.667019	17.663063	16.742874	15.898127	29
20.188455	19.035767	17.983715	17.021889	16.141074	30

年金現価表 ②

n \ i	5.5%	6.0%	6.5%	7.0%	7.5%
1	1.000000	1.000000	1.000000	1.000000	1.000000
2	1.947867	1.943396	1.938967	1.934579	1.930233
3	2.846320	2.833393	2.820626	2.808018	2.795565
4	3.697933	3.673012	3.648476	3.624316	3.600526
5	4.505150	4.465106	4.425799	4.387211	4.349326
6	5.270284	5.212364	5.155679	5.100197	5.045885
7	5.995530	5.917324	5.841014	5.766540	5.693846
8	6.682967	6.582381	6.484520	6.389289	6.296601
9	7.334566	7.209794	7.088751	6.971299	6.857304
10	7.952195	7.801692	7.656104	7.515232	7.378887
11	8.537627	8.360087	8.188830	8.023582	7.864081
12	9.092536	8.886875	8.689042	8.498674	8.315424
13	9.618518	9.383844	9.158725	8.942686	8.735278
14	10.117079	9.852683	9.599742	9.357651	9.125840
15	10.589648	10.294984	10.013842	9.745468	9.489154
16	11.037581	10.712249	10.402669	10.107914	9.827120
17	11.462162	11.105895	10.767764	10.446649	10.141507
18	11.864609	11.477260	11.110577	10.763223	10.433960
19	12.246074	11.827603	11.432466	11.059087	10.706009
20	12.607654	12.158116	11.734710	11.335595	10.959078
21	12.950382	12.469921	12.018507	11.594014	11.194491
22	13.275244	12.764077	12.284983	11.835527	11.413480
23	13.583170	13.041582	12.535196	12.061240	11.617191
24	13.875042	13.303379	12.770137	12.272187	11.806689
25	14.151699	13.550358	12.990739	12.469334	11.982967
26	14.413933	13.783356	13.197877	12.653583	12.146946
27	14.662495	14.003166	13.392373	12.825779	12.299485
28	14.898100	14.210534	13.574998	12.986709	12.441381
29	15.121422	14.406164	13.746477	13.137111	12.573378
30	15.333101	14.590721	13.907490	13.277674	12.696165

付　録

(期始払)　$\ddot{a}_{\overline{n}|}$

8.0%	8.5%	9.0%	9.5%	10.0%	i \ n
1.000000	1.000000	1.000000	1.000000	1.000000	1
1.925926	1.921659	1.917431	1.913242	1.909091	2
2.783265	2.771114	2.759111	2.747253	2.735537	3
3.577097	3.554022	3.531295	3.508907	3.486852	4
4.312127	4.275597	4.239720	4.204481	4.169865	5
4.992710	4.940642	4.889651	4.839709	4.790787	6
5.622880	5.553587	5.485919	5.419825	5.355261	7
6.206370	6.118514	6.032953	5.949612	5.868419	8
6.746639	6.639183	6.534819	6.433436	6.334926	9
7.246888	7.119063	6.995247	6.875284	6.759024	10
7.710081	7.561348	7.417658	7.278798	7.144567	11
8.138964	7.968984	7.805191	7.647304	7.495061	12
8.536078	8.344686	8.160725	7.983839	7.813692	13
8.903776	8.690955	8.486904	8.291178	8.103356	14
9.244237	9.010097	8.786150	8.571852	8.366687	15
9.559479	9.304237	9.060688	8.828175	8.606080	16
9.851369	9.575333	9.312558	9.062260	8.823709	17
10.121638	9.825192	9.543631	9.276037	9.021553	18
10.371887	10.055476	9.755625	9.471266	9.201412	19
10.603599	10.267720	9.950115	9.649558	9.364920	20
10.818147	10.463337	10.128546	9.812382	9.513564	21
11.016803	10.643628	10.292244	9.961080	9.648694	22
11.200744	10.809796	10.442425	10.096876	9.771540	23
11.371059	10.962945	10.580207	10.220892	9.883218	24
11.528758	11.104097	10.706612	10.334148	9.984744	25
11.674776	11.234191	10.822580	10.437578	10.077040	26
11.809978	11.354093	10.928972	10.532034	10.160945	27
11.935165	11.464602	11.026580	10.618296	10.237223	28
12.051078	11.566453	11.116128	10.697074	10.306567	29
12.158406	11.660326	11.198283	10.769018	10.369606	30

正規分布表

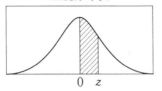

(E)　正規分布表　　　斜線の面積

z	.00	.01	.02	.03	.04	.05	.06	.07	.08	.09
0.0	0.00000	00399	00798	01197	01595	01994	02392	02790	03188	03586
0.1	0.03983	04380	04776	05172	05567	05962	06356	06749	07142	07535
0.2	0.07926	08317	08706	09095	09483	09871	10257	10642	11026	11409
0.3	0.11791	12172	12552	12930	13307	13683	14058	14431	14803	15173
0.4	0.15542	15910	16276	16640	17003	17364	17724	18082	18439	18793
0.5	0.19146	19497	19847	20194	20540	20884	21226	21566	21904	22240
0.6	0.22575	22907	23237	23565	23891	24215	24537	24857	25175	25490
0.7	0.25804	26115	26424	26730	27035	27337	27637	27935	28230	28524
0.8	0.28814	29103	29389	29673	29955	30234	30511	30785	31057	31327
0.9	0.31594	31859	32121	32381	32639	32894	33147	33398	33646	33891
1.0	0.34134	34375	34614	34850	35083	35314	35543	35769	35993	36214
1.1	0.36433	36650	36864	37076	37286	37493	37698	37900	38100	38298
1.2	0.38493	38686	38877	39065	39251	39435	39617	39796	39973	40147
1.3	0.40320	40490	40658	40824	40988	41149	41309	41466	41621	41774
1.4	0.41924	42073	42220	42364	42507	42647	42786	42922	43056	43189
1.5	0.43319	43448	43574	43699	43822	43943	44062	44179	44295	44408
1.6	0.44520	44630	44738	44845	44950	45053	45154	45254	45352	45449
1.7	0.45543	45637	45728	45818	45907	45994	46080	46164	46246	46327
1.8	0.46407	46485	46562	46638	46712	46784	46856	46926	46995	47062
1.9	0.47128	47193	47257	47320	47381	47441	47500	47558	47615	47670
2.0	0.47725	47778	47831	47882	47932	47982	48030	48077	48124	48169
2.1	0.48214	48257	48300	48341	48382	48422	48461	48500	48537	48574
2.2	0.48610	48645	48679	48713	48745	48778	48809	48840	48870	48899
2.3	0.48928	48956	48983	49010	49036	49061	49086	49111	49134	49158
2.4	0.49180	49202	49224	49245	49266	49286	49305	49324	49343	49361
2.5	0.49379	49396	49413	49430	49446	49461	49477	49492	49506	49520
2.6	0.49534	49547	49560	49573	49585	49598	49609	49621	49632	49643
2.7	0.49653	49664	49674	49683	49693	49702	49711	49720	49728	49736
2.8	0.49744	49752	49760	49767	49774	49781	49788	49795	49801	49807
2.9	0.49813	49819	49825	49831	49836	49841	49846	49851	49856	49861
3.0	0.49865	49869	49874	49878	49882	49886	49889	49893	49897	49900
3.1	0.49903	49906	49910	49913	49916	49918	49921	49924	49926	49929
3.2	0.49931	49934	49936	49938	49940	49942	49944	49946	49948	49950
3.3	0.49952	49953	49955	49957	49958	49960	49961	49962	49964	49965
3.4	0.49966	49968	49969	49970	49971	49972	49973	49974	49975	49976
3.5	0.49977	49978	49978	49979	49980	49981	49981	49982	49983	49983
3.6	0.49984	49985	49985	49986	49986	49987	49987	49988	49988	49989
3.7	0.49989	49990	49990	49990	49991	49991	49992	49992	49992	49992
3.8	0.49993	49993	49993	49994	49994	49994	49994	49995	49995	49995
3.9	0.49995	49995	49996	49996	49996	49996	49996	49996	49997	49997

付　録

(F) 常用対数表　①

N	0	1	2	3	4	5	6	7	8	9	1	2	3	4	5	6	7	8	9
10	0000	0043	0086	0128	0170	0212	0253	0294	0334	0374	4	8	12	17	21	25	29	33	37
11	0414	0453	0492	0531	0569	0607	0645	0682	0719	0755	4	8	11	15	19	23	26	30	34
12	0792	0828	0864	0899	0934	0969	1004	1038	1072	1106	3	7	10	14	17	21	24	28	31
13	1139	1173	1206	1239	1271	1303	1335	1367	1399	1430	3	6	10	13	16	19	23	26	29
14	1461	1492	1523	1553	1584	1614	1644	1673	1703	1732	3	6	9	12	15	18	21	24	27
15	1761	1790	1818	1847	1875	1903	1931	1959	1987	2014	3	6	8	11	14	17	20	22	25
16	2041	2068	2095	2122	2148	2175	2201	2227	2253	2279	3	5	8	11	13	16	18	21	24
17	2304	2330	2355	2380	2405	2430	2455	2480	2504	2529	2	5	7	10	12	15	17	20	22
18	2553	2577	2601	2625	2648	2672	2695	2718	2742	2765	2	5	7	9	12	14	16	19	21
19	2788	2810	2833	2856	2878	2900	2923	2945	2967	2989	2	4	7	9	11	13	16	18	20
20	3010	3032	3054	3075	3096	3118	3139	3160	3181	3201	2	4	6	8	11	13	15	17	19
21	3222	3243	3263	3284	3304	3324	3345	3365	3385	3404	2	4	6	8	10	12	14	16	18
22	3424	3444	3464	3483	3502	3522	3541	3560	3579	3598	2	4	6	8	10	12	14	16	17
23	3617	3636	3655	3674	3692	3711	3729	3747	3766	3784	2	4	6	7	9	11	13	15	17
24	3802	3820	3838	3856	3874	3892	3909	3927	3945	3962	2	4	5	7	9	11	12	14	16
25	3979	3997	4014	4031	4048	4065	4082	4099	4116	4133	2	4	5	7	9	10	12	14	16
26	4150	4166	4183	4200	4216	4232	4249	4265	4281	4298	2	3	5	7	8	10	11	13	15
27	4314	4330	4346	4362	4378	4393	4409	4425	4440	4456	2	3	5	6	8	9	11	12	14
28	4472	4487	4502	4518	4533	4548	4564	4579	4594	4609	2	3	5	6	8	9	11	12	14
29	4624	4639	4654	4669	4683	4698	4713	4728	4742	4757	1	3	4	6	7	9	10	12	13
30	4771	4786	4800	4814	4829	4843	4857	4871	4886	4900	1	3	4	6	7	9	10	11	13
31	4914	4928	4942	4955	4969	4983	4997	5011	5024	5038	1	3	4	5	7	8	10	11	12
32	5051	5065	5079	5092	5105	5119	5132	5145	5159	5172	1	3	4	5	7	8	9	11	12
33	5185	5198	5211	5224	5237	5250	5263	5276	5289	5302	1	3	4	5	7	8	9	11	12
34	5315	5328	5340	5353	5366	5378	5391	5403	5416	5428	1	2	4	5	6	7	9	10	11
35	5441	5453	5465	5478	5490	5502	5514	5527	5539	5551	1	2	4	5	6	7	9	10	11
36	5563	5575	5587	5599	5611	5623	5635	5647	5658	5670	1	2	4	5	6	7	8	10	11
37	5682	5694	5705	5717	5729	5740	5752	5763	5775	5786	1	2	3	5	6	7	8	9	10
38	5798	5809	5821	5832	5843	5855	5866	5877	5888	5899	1	2	3	5	6	7	8	9	10
39	5911	5922	5933	5944	5955	5966	5977	5988	5999	6010	1	2	3	4	5	7	8	9	10
40	6021	6031	6042	6053	6064	6075	6085	6096	6107	6117	1	2	3	4	5	6	8	9	10
41	6128	6138	6149	6160	6170	6180	6191	6201	6212	6222	1	2	3	4	5	6	7	8	9
42	6232	6243	6253	6263	6274	6284	6294	6304	6314	6325	1	2	3	4	5	6	7	8	9
43	6335	6345	6355	6365	6375	6385	6395	6405	6415	6425	1	2	3	4	5	6	7	8	9
44	6435	6444	6454	6464	6474	6484	6493	6503	6513	6522	1	2	3	4	5	6	7	8	9
45	6532	6542	6551	6561	6571	6580	6590	6599	6609	6618	1	2	3	4	5	6	7	8	9
46	6628	6637	6646	6656	6665	6675	6684	6693	6702	6712	1	2	3	4	5	6	7	7	8
47	6721	6730	6739	6749	6758	6767	6776	6785	6794	6803	1	2	3	4	5	5	6	7	8
48	6812	6821	6830	6839	6848	6857	6866	6875	6884	6893	1	2	3	4	4	5	6	7	8
49	6902	6911	6920	6928	6937	6946	6955	6964	6972	6981	1	2	3	4	4	5	6	7	8
50	6990	6998	7007	7016	7024	7033	7042	7050	7059	7067	1	2	3	3	4	5	6	7	8
51	7076	7084	7093	7101	7110	7118	7126	7135	7143	7152	1	2	3	3	4	5	6	7	8
52	7160	7168	7177	7185	7193	7202	7210	7218	7226	7235	1	2	2	3	4	5	6	7	7
53	7243	7251	7259	7267	7275	7284	7292	7300	7308	7316	1	2	2	3	4	5	6	6	7
54	7324	7332	7340	7348	7356	7364	7372	7380	7388	7396	1	2	2	3	4	5	6	6	7
N	0	1	2	3	4	5	6	7	8	9	1	2	3	4	5	6	7	8	9

常用対数表 ②

N	0	1	2	3	4	5	6	7	8	9	1	2	3	4	5	6	7	8	9
55	7404	7412	7419	7427	7435	7443	7451	7459	7466	7474	1	2	2	3	4	5	5	6	7
56	7482	7490	7497	7505	7513	7520	7528	7536	7543	7551	1	2	2	3	4	5	5	6	7
57	7559	7566	7574	7582	7589	7597	7604	7612	7619	7627	1	1	2	3	4	5	5	6	7
58	7634	7642	7649	7657	7664	7672	7679	7686	7694	7701	1	1	2	3	4	4	5	6	7
59	7709	7716	7723	7731	7738	7745	7752	7760	7767	7774	1	1	2	3	4	4	5	6	7
60	7782	7789	7796	7803	7810	7818	7825	7832	7839	7846	1	1	2	3	4	4	5	6	6
61	7853	7860	7868	7875	7882	7889	7896	7903	7910	7917	1	1	2	3	3	4	5	6	6
62	7924	7931	7938	7945	7952	7959	7966	7973	7980	7987	1	1	2	3	3	4	5	5	6
63	7993	8000	8007	8014	8021	8028	8035	8041	8048	8055	1	1	2	3	3	4	5	5	6
64	8062	8069	8075	8082	8089	8096	8102	8109	8116	8122	1	1	2	3	3	4	5	5	6
65	8129	8136	8142	8149	8156	8162	8169	8176	8182	8189	1	1	2	3	3	4	5	5	6
66	8195	8202	8209	8215	8222	8228	8235	8241	8248	8254	1	1	2	3	3	4	5	5	6
67	8261	8267	7274	8280	8287	8293	8299	8306	8312	8319	1	1	2	3	3	4	5	5	6
68	8325	8331	8338	8344	8351	8357	8363	8370	8376	8382	1	1	2	3	3	4	4	5	6
69	8388	8395	8401	8407	8414	8420	8426	8432	8439	8445	1	1	2	3	3	4	4	5	6
70	8451	8457	8463	8470	8476	8482	8488	8494	8500	8506	1	1	2	3	3	4	4	5	6
71	8513	8519	8525	8531	8537	8543	8549	8555	8561	8567	1	1	2	3	3	4	4	5	6
72	8573	8579	8585	8591	8597	8603	8609	8615	8621	8627	1	1	2	2	3	4	4	5	5
73	8633	8639	8645	8651	8657	8663	8669	8675	8681	8686	1	1	2	2	3	4	4	5	5
74	8692	8698	8704	8710	8716	8722	8727	8733	8739	8745	1	1	2	2	3	4	4	5	5
75	8751	8756	8762	8768	8774	8779	8785	8791	8797	8802	1	1	2	2	3	3	4	5	5
76	8808	8814	8820	8825	8831	8837	8842	8848	8854	8859	1	1	2	2	3	3	4	4	5
77	8865	8871	8876	8882	8887	8893	8899	8904	8910	8915	1	1	2	2	3	3	4	4	5
78	8921	8927	8932	8938	8943	8949	8954	8960	8965	8971	1	1	2	2	3	3	4	4	5
79	8976	8982	8987	8993	8998	9004	9009	9015	9020	9025	1	1	2	2	3	3	4	4	5
80	9031	9036	9042	9047	9053	9058	9063	9069	9074	9079	1	1	2	2	3	3	4	4	5
81	9085	9090	9096	9101	9106	9112	9117	9122	9128	9133	1	1	2	2	3	3	4	4	5
82	9138	9143	9149	9154	9159	9165	9170	9175	9180	9186	1	1	2	2	3	3	4	4	5
83	9191	9196	9201	9206	9212	9217	9222	9227	9232	9238	1	1	2	2	3	3	4	4	5
84	9243	9248	9253	9258	9263	9369	9274	9279	9284	9289	1	1	2	2	3	3	4	4	5
85	9294	9299	9304	9309	9315	9320	9325	9330	9335	9340	1	1	2	2	3	3	4	4	5
86	9345	9350	9355	9360	9365	9370	9375	9380	9385	9390	1	1	2	2	3	3	4	4	5
87	9395	9400	9405	9410	9415	9420	9425	9430	9435	9440	1	1	2	2	3	3	4	4	5
88	9445	9450	9455	9460	9465	9469	9474	9479	9484	9489	0	1	1	2	2	3	3	4	4
89	9494	9499	9504	9509	9513	9518	9523	9528	9533	9538	0	1	1	2	2	3	3	4	4
90	9542	9547	9552	9557	9562	9566	9571	9576	9581	9586	0	1	1	2	2	3	3	4	4
91	9590	9595	9600	9605	9609	9614	9619	9624	9628	9633	0	1	1	2	2	3	3	4	4
92	9638	9643	9647	9652	9657	9661	9666	9671	9675	9680	0	1	1	2	2	3	3	4	4
93	9685	9689	9694	9699	9703	9708	9713	9717	9722	9727	0	1	1	2	2	3	3	4	4
94	9731	9736	9741	9745	9750	9754	9759	9763	9768	9773	0	1	1	2	2	3	3	4	4
95	9777	9782	9786	9791	9795	9800	9805	9809	9814	9818	0	1	1	2	2	3	3	4	4
96	9823	9827	9832	9836	9841	9845	9850	9854	9859	9863	0	1	1	2	2	3	3	4	4
97	9868	9872	9877	9881	9886	9890	9894	9899	9903	9908	0	1	1	2	2	3	3	4	4
98	9912	9917	9921	9926	9930	9934	9939	9943	9948	9952	0	1	1	2	2	3	3	3	4
99	9956	9961	9965	9969	9974	9978	9983	9987	9991	9996	0	1	1	2	2	3	3	3	4
N	0	1	2	3	4	5	6	7	8	9	1	2	3	4	5	6	7	8	9

各章の問題への解答

「練習問題」解答

第1章

問題①

$$事故発生頻度\ f = \frac{n}{N} = \frac{4\ 件}{2{,}000\ 件} = 2‰$$

$$純保険料\quad P_r = \frac{L}{N} = \frac{20{,}000\ 千円}{2{,}000\ 件} = 10{,}000\ 円$$

問題②

$$料率改定ファンド\ \alpha = \frac{\lambda + \varepsilon}{1-(\theta+\delta)} - 1 = \frac{0.40 + 0.26}{1-(0.20+0.05)} - 1$$

$$= 0.88 - 1 = -0.12$$

つまり、12%の料率引下げとなる。

問題③

$$新保険料率\ R = R_0(1+\alpha) = 2.5(1-0.12) = 2.2‰$$

問題④

$$予定損害率\ \hat{\lambda} = \frac{\lambda}{1+\alpha} = \frac{0.40}{0.88} \fallingdotseq 0.45 \to 45\%$$

$$予定社費率\ \hat{\varepsilon} = \frac{\varepsilon}{1+\alpha} = \frac{0.26}{0.88} \fallingdotseq 0.30 \to 30\%$$

$$予定代理店手数料率\ \hat{\theta} = \theta = 0.20 \quad \to 20\%$$

$$予定利潤率\ \hat{\delta} = \delta = 0.05 \quad\quad \to\ \underline{5\%}$$

$$\phantom{予定利潤率\ \hat{\delta} = \delta = 0.05 \quad\quad \to\ }100\%$$

問題⑤

平均損傷率 d は、

$$d = \frac{L}{A} = \frac{(L/n)}{(A/N)} = \frac{(50,000 \text{ 千円}/5 \text{ 件})}{(40,000,000 \text{ 千円}/2,000 \text{ 件})}$$

$$= \frac{10,000 \text{ 千円}}{20,000 \text{ 千円}} = 0.50$$

ところで、

純保険料率 r は、

$$r = \frac{L}{A} = \frac{50,000 \text{ 千円}}{40,000,000 \text{ 千円}} = 1.25\text{‰}$$

また、社費原価 e は、

$$e = \frac{E}{A} = \frac{25,000 \text{ 千円}}{40,000,000 \text{ 千円}} = 0.625\text{‰}$$

したがって、求める保険料率 R は、

$$R = \frac{r+e}{1-(\theta+\delta)} = \frac{1.25\text{‰} + 0.625\text{‰}}{1-(0.20+0.05)}$$

$$= \frac{1.875\text{‰}}{0.75} = 2.5\text{‰}$$

第2章

問題①

収入の現価　　$P_1(N_{20} - N_{40}) + P_2(N_{40} - N_{50})$　……①

支出の現価　　$M_{20} - M_{50} + (20P_1 + 10P_2)D_{50}$　……②

収支相等の原則より①＝②と $P_2 = k \cdot P_1$ の関係より

$$k = \frac{M_{20} - M_{50} - P_1(N_{20} - N_{40} - 20 \cdot D_{50})}{P_1(N_{40} - N_{50} - 10 \cdot D_{50})}$$

問題②

$$P_x \cdot \ddot{a}x = 3 \cdot P_x \cdot \ddot{a}_{x:\overline{m}|} + 0.4 P_x (\ddot{a}_x - \ddot{a}_{x:\overline{m}|})\quad \text{……①}$$

①の両辺を P_x で割って整理すると

$$\ddot{a}_{x:\overline{m}|} = 0.25 \ddot{a}_x$$

したがって

$$mP_x = \frac{A_x}{\ddot{a}_{x:\overline{m}|}} = \frac{P_x \cdot \ddot{a}_x}{0.25 \ddot{a}_x} = 4 \cdot P_x$$

①の図

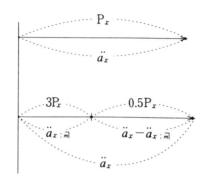

問題③

(減額)払済保険金を k とすると

$${}_tV_{x:\overline{n}|} = k \cdot A_{x+t:\overline{n-t}|} \quad \text{だから} \quad \cdots\cdots ①$$

$${}_tV_{x:\overline{n}|} = 1 - \frac{\ddot{a}_{x+t:\overline{n-t}|}}{\ddot{a}_{x:\overline{n}|}} \quad \cdots\cdots ②$$

$$A_{x+t:\overline{n-t}|} = 1 - d \cdot \ddot{a}_{x+t:\overline{n-t}|} \quad \cdots\cdots ③$$

①に②、③を代入して $d=0.03846$、$\ddot{a}_{x:\overline{n}|}=18.245$、$\ddot{a}_{x+t:\overline{n-t}|}=13.726$ を代入して k について計算すると

$$k \fallingdotseq 0.5246$$

問題④

$$A{}^{1}_{62:\overline{8}|} = \frac{M_{62} - M_{70}}{D_{62}} = 0.118、\quad A{}^{1}_{62:\overline{7}|} = 0.102、\quad A{}^{1}_{62:\overline{6}|} = 0.086$$

一方 ${}_2V_{60:\overline{10}|} = 0.10$ であるので約 7 年

問題⑤

第6保険年度の再帰公式は

$$({}_5V+P)(1+i) - q_{x+5}\left(\frac{6}{20} + {}_6V\right) = (1-q_{x+5}) \cdot {}_6V \quad \text{で諸数値を代入する}$$

と

$$q_{x+5} \fallingdotseq 0.01763$$

問題⑥

危険保険料は $v \cdot q_{x+t}(1 - {}_{t+1}V_{x:\overline{n}|}) \fallingdotseq 0.00105$

（したがって貯蓄保険料は $0.02742 - 0.00105 = 0.02637$）

問題⑦

第 $(t+1)$ 保険年度の再帰公式は

$$\begin{cases} {}_tV_{x:\overline{n}|} + P_{x:\overline{n}|} - v \cdot q_{x+t} = v \cdot p_{x+t} \cdot {}_{t+1}V \quad (t=0、1、2、\cdots、n-1) \cdots\cdots ① \\ {}_0V_{x:\overline{n}|} = 0、{}_nV_{x:\overline{n}|} = 1 \end{cases}$$

①式に D_{x+t} を掛けると

$$D_{x+t} \cdot {}_tV_{x:\overline{n}|} + P_{x:\overline{n}|} \cdot D_{x+t} - C_{x+t} = D_{x+t} \cdot {}_{t+1}V \quad \cdots\cdots ①'$$

①′式に $t=0、1、\cdots、n-1$ を代入すると

$$P_{x:\overline{n}|} = \frac{M_x - M_{x+n} + D_{x+n}}{N_x - N_{x+n}} \quad \cdots\cdots Ⓐ$$

★ **過去法**による責任準備金は①′式に $t=0、1、\cdots、t-1$ を代入して合計すると

$$D_{x+t} \cdot {}_tV = D_x \cdot {}_0V + P_{x:\overline{n}|}(N_x - N_{x+t}) - (M_x - M_{x+t})$$

$$\therefore \quad {}_tV = \frac{1}{D_{x+t}} \{P_{x:\overline{n}|}(N_x - N_{x+t}) - (M_x - M_{x+t})\}$$

★ **将来法**による責任準備金は①′式に $t=t、t+1、\cdots、n-1$ を代入して合計すればよいのだが、$(t=0、1、2、\cdots、n-1)$ の合計より $(t=0、1、2、\cdots、t-1)$ の合計を引けばよい。

$$\{D_{x+n} \cdot {}_nV - D_x \cdot {}_0V - P_{x:\overline{n}|}(N_x - N_{x+n}) + (M_x - M_{x+n})\}$$
$$- \{D_{x+t} \cdot {}_tV - D_x \cdot {}_0V - P_{x:\overline{n}|}(N_x - N_{x+t}) + (M_x - M_{x+t})\} = 0$$

これより

$${}_tV = \frac{1}{D_{x+t}} \{(M_{x+t} - M_{x+n} + D_{x+n}) - P_{x:\overline{n}|}(N_{x+t} - N_{x+n})\}$$

……③

②-③を作ると

$$\frac{1}{D_{x+t}}\{P_{x:\overline{n}|}(N_x-N_{x+n})-(M_x-M_{x+n}+D_{x+n})\}$$ となり、これに

Ⓐを代入すると、明らかに 0 となり、将来法と過去法の責準が等しいことが証明された。

問題⑧

第 t 保険年度の再帰公式は

$$_{t-1}V+P-v\cdot q_{x+t-1}(1+{_tV})=v\cdot(1-q_{x+t-1})\cdot {_tV}$$

∴ $\quad _{t-1}V+P-v\cdot q_{x+t-1}=v\cdot {_tV}$

両辺に v^{t-1} を掛けると

$$v^t\cdot q_{x+t-1}=v^{t-1}\cdot {_{t-1}V}-v^t\cdot {_tV}+v^{t-1}P \quad\cdots\cdots ①$$

左辺 $=v^t\cdot q_{x+t-1}=v^t(0.003)(1+i)^{t-1}=0.003\cdot v$

①式に $t=1、2、\cdots、n$ を代入して、加え、${_0V}=0$、${_nV}=3$ を代入すると

$$P=\frac{3\cdot v^n+0.003\cdot n\cdot v}{\ddot{a}_{\overline{n}|}}$$ となる。

第3章

問題①

$(1+i)^{30}+(1+i)^{29}+\cdots+(1+i)^{21}+1.5\{(1+i)^{20}+(1+i)^{19}+\cdots+(1+i)^{11}\}+2\{(1+i)^{10}+(1+i)^9+\cdots+(1+i)\}$

$=\{(1+i)^{10}+(1+i)^9+\cdots+(1+i)\}\cdot\{(1+i)^{20}+1.5(1+i)^{10}+2\}$

$=\dfrac{(1+i)\{(1+i)^{10}-1\}}{i}\times\{(1+i)^{20}+1.5(1+i)^{10}+2\}\fallingdotseq 80.06$

⟶ 答 80

各章の問題への解答

問題②

図にしてみると

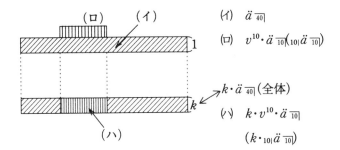

したがって

$$\ddot{a}_{\overline{40|}} + v^{10} \cdot \ddot{a}_{\overline{10|}} = k(\ddot{a}_{\overline{40|}} - v^{10} \cdot \ddot{a}_{\overline{10|}})$$

$$\therefore\ k = \frac{\ddot{a}_{\overline{40|}} + v^{10} \cdot \ddot{a}_{\overline{10|}}}{\ddot{a}_{\overline{40|}} - v^{10} \cdot \ddot{a}_{\overline{10|}}} = \frac{\dfrac{1-v^{40}}{1-v} + v^{10} \times \dfrac{1-v^{10}}{1-v}}{\dfrac{1-v^{40}}{1-v} - v^{10} \times \dfrac{1-v^{10}}{1-v}}$$

$$= \frac{1-v^{40} + v^{10}(1-v^{10})}{1-v^{40} - v^{10}(1-v^{10})}$$

$$= \frac{1-\left(\dfrac{1}{2}\right)^4 + \dfrac{1}{2}\left(1-\dfrac{1}{2}\right)}{1-\left(\dfrac{1}{2}\right)^4 - \dfrac{1}{2}\left(1-\dfrac{1}{2}\right)} = \frac{2^4-1+2^3-2^2}{2^4-1-2^3+2^2} = \frac{19}{11} \fallingdotseq 1.73$$

問題③

(A)

問題④

(C)　　　$(s^{(m)}_{\overline{1|}} \cdot a_{\overline{n|}} = a^{(m)}_{\overline{n|}})$

問題⑤

n 年の確定年金　$\ddot{a}_{\overline{n|}}$ ……$1 + v + v^2 + \cdots + v^{n-1}$　……①

n 年の生命保険　$\ddot{a}_{x:\overline{n|}}$ ……$1 + vp_x + v^2{}_2p_x + \cdots + v^{n-1} \cdot {}_{n-1}p_x$

$$\cdots\cdots ②$$

$$\ddot{a}_{\overline{n|}} - \ddot{a}_{x:\overline{n|}} = ① - ②$$
$$= v(1-p_x) + v^2(1-{}_2p_x) + \cdots + v^{n-1}(1-{}_{n-1}p_x) > 0$$
(∵ 生存率は ${}_tp_x(t=1、2、\cdots、n-1)$ は1を超える
ことはない)

問題⑥

$$\ddot{a}_{\overline{n|}} = (1+i) \cdot a_{\overline{n|}}$$

∴ $29.6616 = (1+i) \times 29.08$

∴ $i = 0.02$ 　　　　　　　　　　　　　　　　　　答　2%

問題⑦

① $(1+i)$　② $n+1$　③ $n-1$　④ $n-1$　⑤ v^n
⑥ $n+1$　⑦ v^n　⑧ $(1+i)$　⑨ v^f　⑩ $a_{\overline{n|}}$
⑪ $\ddot{a}_{\overline{f+n|}}$　⑫ 29、14、15、15

問題⑧

$$a_{\overline{n|}} = \frac{v - v^{n+1}}{1-v}, \quad s_{\overline{n|}} = \frac{(1+i)^n - 1}{(1+i) - 1} = \frac{1-v^n}{v^{n-1} - v^n} \text{ だから}$$

① $\displaystyle\frac{1}{a_{\overline{n|}}} - \frac{1}{s_{\overline{n|}}} = \frac{1-v}{v-v^{n+1}} - \frac{v^{n-1} - v^n}{1-v^n} = \frac{1-v-v^n+v^{n+1}}{v(1-v^n)}$

$$= \frac{(1-v^n) - v(1-v^n)}{v(1-v^n)} = \frac{1}{v} - 1 = (1+i) - 1 = i \qquad 答\ i$$

② $\displaystyle a_{\overline{n|}} \times \frac{1}{s_{\overline{n|}}} = \frac{v-v^{n+1}}{1-v} \times \frac{v^{n-1}-v^n}{1-v^n} = \frac{v(1-v^n)}{1-v} \times \frac{v^{n-1}(1-v)}{1-v^n}$

$$= \underline{\underline{v^n}}$$

問題⑨

(E)

問題⑩

(D)

問題⑪

(E)

問題⑫

最初の貯金額を x とすると

$x \cdot \ddot{s}_{\overline{10}|} = 100{,}000 \longrightarrow x \fallingdotseq 8{,}469$(円) （「金利」使用）
　(3%)

$8{,}469 \times \ddot{s}_{\overline{4}|} \times 1.025^6 \fallingdotseq 42{,}320$(円)
　　　(3%)

利率引下げ後の貯金額を y とすると

$y \cdot \ddot{s}_{\overline{6}|} = 100{,}000 - 42{,}320 \longrightarrow y = 8{,}810$(円)
　(2.5%)

問題⑬

$v^{20}(400 \cdot \ddot{a}_{\overline{5}|} + 300 \cdot v^5 \cdot \ddot{a}_{\overline{5}|} + 250 \cdot v^{10} \cdot \ddot{a}_{\overline{10}|})$
$= v^{20}\{400 + 300 \cdot v^5 + 250 \cdot v^{10}(1+v^5)\} \cdot \ddot{a}_{\overline{5}|}$　$(\because \ddot{a}_{\overline{10}|} = (1+v^5)\ddot{a}_{\overline{5}|})$
$\fallingdotseq 1.557$(万円)

問題⑭

積立額を M とすると

$M \times \ddot{a}_{\overline{20}|} = 1.557$

年利率 5% の $\ddot{a}_{\overline{20}|} = 13.085321$ を代入する

$M \fallingdotseq 1{,}189{,}864$(円)

第 4 章

問題①　$E/B = \dfrac{L + O_n - O_{n-1}}{Pr(e)}$

　　　　$W/B = \dfrac{L}{Pr(w)}$

$Pr(e)$：過去1年間の既経過保険料 → 1/2法による $\frac{1}{2}$(前年Pr ＋当年度Pr)

$Pr(w)$：過去1年間の既経過保険料の収入保険料

　　L　：　　　〃　　　　　の支払保険金

　O_n　：未払保険金（繰入）

　O_{n-1}：前年末　〃　（戻入）

<u>A社</u>のE/B、W/Bについて算出すると

$$Pr(e) = \frac{1}{2}\{(263{,}838 \div 1.075) + 263{,}838\} = \frac{1}{2}(245{,}431 + 263{,}838)$$

$$= 254{,}635 \qquad\qquad 前年度 Pr = 245{,}431$$

$Pr(w) = 263{,}838$

　L　$= 146{,}669$

　O_n　$= 108{,}937$

　$O_{n-1} = 104{,}712$

したがって

$$E/B = \frac{L + O_n - O_{n-1}}{Pr(e)} = \frac{146{,}669 + 108{,}937 - 104{,}712}{254{,}635} = \frac{150{,}894}{254{,}635}$$

$$= 59.3(\%)$$

$$W/B = \frac{L}{Pr(w)} = \frac{146{,}669}{263{,}838} = 55.6(\%)$$

同様にして他の会社のE/B、W/BのL/Rを求めると

	E/Bⓐ	W/Bⓑ	(参考) ⓐ－ⓑ
A	59.3%	55.6%	3.7%
B	56.8	54.5	2.3
C	56.6	53.9	2.7
D	58.4	53.1	5.3

E	60.6	56.1	4.5
F	59.5	55.8	3.7
G	60.5	55.5	5.0
H	62.2	54.7	7.5

このように W/B の方が E/B より低いため、実態の L/R より約 3 ～ 7％ 低く出るため W/B に頼った経営をしていると、損害差損がでているのに気がつくのが遅れ、ロス改善の手を打つのが遅れてしまう。

問題②　問Ⓐ　$\frac{1}{2}(22{,}800+26{,}900)=24{,}850(千円)$
　　　　　　　　↑　　　↑
　　　　　　　前年度　当年度

　　　　問Ⓑ　24,892(千円)

　　　　問Ⓒ　24,721(千円)

問題③　$M(0\sim1)=\frac{280+350+290+420+560}{200+210+250+300+310}=\frac{1900}{1270}=1.496$

　　　　$M(1\sim2)=\frac{420+480+430+510}{280+350+290+420}=\frac{1840}{1340}=1.373$

　　　　$M(2\sim3)=\frac{690+750+800}{420+480+430}=\frac{2240}{1330}=1.684$

　　　　$M(3\sim4)=\frac{810+870}{690+750}=\frac{1680}{1440}=1.167$

　　　　$M(4\sim5)=\frac{900}{810}=1.111$

　　　　$C_{24}=800\times M(3\sim4)=800\times1.167\fallingdotseq934$

　　　　$C_{43}=560\times M(1\sim2)\times M(2\sim3)=560\times1.373\times1.684=1295$

問題④　問①　A 社

　　　　　　　$100\times0.52+200\times0.38+50\times0.33+1500\times0.28+150\times0.43$

　　　　　　　$=629(百万円)$

   B 社

    $3000 \times 0.52 + 200 \times 0.38 + 200 \times 0.33 + 200 \times 0.28 + 400 \times 0.43$
    $= 1930$(百万円)

  問② A 社

    $100 \times 0.52 \times 0.85 + 200 \times 0.38 \times 0.95 + 50 \times 0.33 \times 1.10 + 1500$
    $\times 0.28 \times 1.20 + 150 \times 0.43 \times 0.60 = 677.25$(百万円)

   B 社

    $3000 \times 0.52 \times 0.85 + 200 \times 0.38 \times 0.95 + 200 \times 0.33 \times 1.10 + 200$
    $\times 0.28 \times 1.20 + 400 \times 0.43 \times 0.60 = 1641.2$(百万円)

  問③ A 社

    $677.25 \div 629 ≒ 1.077$ 107.7(%)

   B 社

    $1641.2 \div 1930 ≒ 0.850$ 85.0(%)

  問④ A 社

    $629 - 677.25 = -48.25$ 4825 万円損失

   B 社

    $1930 - 1641.2 = +288.8$ 28880 万円利益

問題⑤

  問①

    $8{,}927 \times 0.45 + 726 \times 0.48 + 359 \times 0.50 + 2{,}708 \times 0.60$
    $= 6{,}169.93$(百万円)

  問②

    $8{,}927 \times 0.48 + 726 \times 0.525 + 359 \times 0.48 + 2{,}708 \times 0.65$
    $= 6{,}598.63$(百万円)

  問③

    $6{,}593.63 \div 6{,}169.93 ≒ 1.0695$

各章の問題への解答

（扱者A）損害率　　　対枠損害率はおおよそ107%である。

問題⑥

（扱者A）損害率　2007年　3,560 ÷ 10,110 × 100 ＝ 35.2%
　　　　　　　　2008年 22,800 ÷ 12,760 × 100 ＝ 178.7%
　　　　　　　　2009年　5,020 ÷ 15,380 × 100 ＝ 32.6%
　　　　　　　　計　　31,380 ÷ 38,250 × 100 ＝ 82.0%

　　事故頻度　　2007年　　24 ÷　280 × 100 ＝ 8.6%
　　　　　　　　2008年　　28 ÷　312 × 100 ＝ 9.0%
　　　　　　　　2009年　　32 ÷　355 × 100 ＝ 9.0%
　　　　　　　　計　　　　84 ÷　947 × 100 ＝ 8.9%

（扱者B）損害率　2007年 10,490 ÷ 14,370 × 100 ＝ 73.0%
　　　　　　　　2008年 11,360 ÷ 16,010 × 100 ＝ 71.0%
　　　　　　　　2009年 12,150 ÷ 15,800 × 100 ＝ 76.9%
　　　　　　　　計　　34,000 ÷ 46,180 × 100 ＝ 73.6%

　　事故頻度　　2007年　　51 ÷　360 × 100 ＝ 14.2%
　　　　　　　　2008年　　60 ÷　412 × 100 ＝ 14.6%
　　　　　　　　2009年　　72 ÷　431 × 100 ＝ 16.7%
　　　　　　　　計　　　183 ÷ 1,203 × 100 ＝ 15.2%

（コメント）　まず3年間通算の損害率は扱者Aが82.0%、扱者Bが73.6%であり、両扱者とも、予定損害率の50%を大幅に上回っている。

しかしこのA、B両扱者のロス実態には大きな違いがある。

扱者Aは、2007、2009年の損害率はどちらも30%台であり、事故頻度も相対的に低いことから、優良な契約を多く集めてきていることがわかる。ただ2008年の大口支払事故によって、損害率が一時的に高水準となっているものと推定される。

一方扱者Bは、通算の損害率で扱者Aを下回っているものの、その水準は73.6%と予定損害率を大きく超えている。また、損害率が各年とも同じような水準にあり、事故頻度も比較的高いことから、大口支払事故による影響ではなく、不良な契約を多く集めてきているものと考えられる。

第5章

問題①

- Ⅰの家が失火する…事象A
- Ⅱの家が失火し、Ⅰの家に類焼する…事象B
- Ⅲの家が失火し、Ⅱの家に類焼し、かつⅠの家に類焼する…事象C

とすれば、各事象の確率は

$P(A) = \dfrac{3}{1000}$、$P(B) = \dfrac{3}{1000} \times \dfrac{2}{1000}$、$P(C) = \dfrac{3}{1000} \times \left(\dfrac{2}{1000}\right)^2$ である。

「Ⅰの家が火事になる」のは上の事象A、B、Cの少なくとも一つが起こるケースである。これは事象A、B、Cがどれも起こらないの余事象だから

$$P = 1 - (1-P(A))(1-P(B)) \cdot (1-P(C))$$

$$= 1 - \left(1 - \dfrac{3}{1000}\right)\left(1 - \dfrac{3}{1000} \cdot \dfrac{2}{1000}\right)\left\{1 - \dfrac{3}{1000} \times \left(\dfrac{2}{1000}\right)^2\right\}$$

$$= 1 - \dfrac{997}{1000} \times \dfrac{999,994}{1,000,000} \times \dfrac{999,999,988}{1,000,000,000}$$

≒0.003006

問題②

問①
$$\frac{1}{7{,}509}(1\times 5{,}296+2\times 1{,}824+3\times 320+4\times 57+5\times 12)≒1{,}357(件)$$

問②
$$\frac{1}{7{,}509}(1^2\times 5{,}296+2^2\times 1{,}824+3^2\times 320+4^2\times 57+5^2\times 12)-1{,}357^2$$
$$=2.221867-1.841449=\underline{0.380418}$$

問③
$$\sqrt{0.380418}≒\underline{0.617}(件)$$

問題③

クレーム分布は N(100,000、40,000^2) だから標準化すると

$z=\dfrac{x-m}{\sigma}=\dfrac{x-100{,}000}{40{,}000}$ とすると、

z は N(0、1) に従うので、この問題では

$z=\dfrac{30{,}000-100{,}000}{40{,}000}=-1.75$

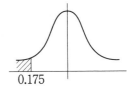

左図と正規分布表より

$0.5-0.45994≒0.04$

答　4%

問題④

「帰無仮説 H；クレーム頻度率 0.01」

もし、クレーム頻度率が 0.01 とすれば 1,000 件の契約に対するクレーム件数は平均 10(件) のポアソン分布に従う。

従って、クレーム件数が 15 件以上になる確率は

$$1-\left(e^{-10}+e^{-10}\cdot\frac{10^1}{1!}+e^{-10}\cdot\frac{10^2}{2!}+\cdots+e^{-10}\cdot\frac{10^{14}}{14!}\right)≒0.08\quad(8\%)$$

すなわち12回に1回起こる。(12年に1回起こる) ⟶ 非常にめずらしいことが起こったと判断できるかも知れない。

ここで

$e^{-10}+e^{-10}\cdot\dfrac{10^1}{1!}+e^{-10}\cdot\dfrac{10^2}{2!}+\cdots+e^{-10}\cdot\dfrac{10^{14}}{14!}$ を計算するのはとても面倒である。

ここで(ポアソン分布の正規近似)によって求める。

すなわち

平均 λ、クレーム数が z 以下の確率は $\boxed{\dfrac{z-0.5-\lambda}{\sqrt{\lambda}}}$ の値を求め、0.5−その面積(正規分布表)を計算したものである。

この問題では、

$\dfrac{z-0.5-\lambda}{\sqrt{\lambda}}=\dfrac{15-0.5-10}{\sqrt{10}}≒1.42$ (正規分布表で 0.42220)

∴ $0.5-0.42220=0.0778≒0.08$ (8%)

問題⑤

クレーム分布は $N(16.81、0.78^2)$ だから標準化すると

$z=\dfrac{18.42-16.81}{0.78}≒2.064$

(正規分布表で 0.480488)

∴ $0.5-0.480488≒0.02$

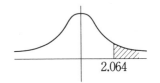

問題⑥

$\begin{cases} 仮説\,H:「交通事故」による死亡者が一名以上出る確率は \dfrac{1}{2} \\ 起こった事象:この5年間で交通事故による死亡者が4年も出た。 \end{cases}$

仮説を用いて、4年以上「交通事故」死が出る確率 p を求めて危険率 5% と比較する。

① $p>0.05$ なら仮説は棄却されない。

② $p\leqq 0.05$ なら仮説を棄却する。(最初の「仮説」が間違っていると考えて)

さて、仮説 H：$p=\dfrac{1}{2}$

「交通事故」死亡者が 5 年間で 4 年以上出る確率 p は

$p={}_5C_4\left(\dfrac{1}{2}\right)^4\cdot\dfrac{1}{2}+\left(\dfrac{1}{2}\right)^5=\dfrac{5}{32}+\dfrac{1}{32}=\dfrac{6}{32}\fallingdotseq 0.19>0.05$

よって、仮説は棄却されない。—→「交通事故」が多発したとは判断できない。

問題⑦

標本比率を R、標本の大きさを n とすると

信頼度 99% で

$R-3\sqrt{\dfrac{R(1-R)}{n}}\leqq p\leqq R+3\sqrt{\dfrac{R(1-R)}{n}}$ で

信頼区間の幅は $6\cdot\sqrt{\dfrac{R(1-R)}{n}}$

信頼区間の幅を 1%、すなわち 0.01 以下とすると

$6\sqrt{\dfrac{R(1-R)}{n}}\leqq 0.01$

R は加入率で 5% の値の近似値とみてよいから

R＝0.05 を代入して

$6\times\sqrt{\dfrac{0.05\times 0.95}{n}}\leqq 0.01$

∴ $\sqrt{n}\geqq\dfrac{6\sqrt{0.05\times 0.95}}{0.01}$

$$\therefore \quad n \geqq \frac{36 \times 0.05 \times 0.95}{0.0001} = 36 \times 5 \times 95 = 17{,}100$$

(答)　17,100 以上

問題⑧

仮説 H：A 県の平均はこの地方委員会の平均点と異なるとはいえない。

この仮説 H の下では、標本平均 $\overline{X}$ は 58.4 点、標準偏差 $\frac{13.2}{\sqrt{225}}$ 点の正規分布に従う。

有意水準 5% の棄却域は $\overline{X} < 58.4 - 2 \times \frac{13.2}{\sqrt{225}}$、$58.4 + 2 \times \frac{13.2}{\sqrt{225}} < \overline{X}$

すなわち、$\overline{X} < 56.6$、$60.2 < \overline{X}$ である。

225 人の平均点は 56.1 点でこの棄却域にある。よって、仮説 H を棄却する。

第 6 章

問題①

(1) 仮定により、$l_{x+t} = l_x - t \cdot dx$ ……①

一方、$\mu_{x+t} = -\dfrac{1}{l_{x+t}} \cdot \dfrac{dl_{x+t}}{dt} = -\dfrac{1}{l_{x+t}}(-dx) = \dfrac{dx}{l_{x+t}}$ (∵ ① より $\dfrac{dl_{x+t}}{dt} = -dx$)

したがって

$$\mu_{60\frac{3}{4}} = \dfrac{d_{60}}{l_{60\frac{3}{4}}} = \dfrac{l_{60} - l_{61}}{l_{60} - \dfrac{3}{4}(l_{60} - l_{61})} = \dfrac{6{,}417 - 6{,}249}{6{,}417 - \dfrac{3}{4}(6{,}417 - 6{,}249)}$$

$$= \dfrac{168}{6{,}291} \fallingdotseq 0.026705$$

(2) $_{1-t}q_{x+t} = (1-t) \cdot q_x$ だから

$$\mu_{x+t} = \dfrac{-1}{l_{x+t}} \times \dfrac{dl_{x+t}}{dt} = -\dfrac{l_x}{l_{x+t}} \times \dfrac{d\left(\dfrac{l_{x+t}}{l_x}\right)}{dt} = -\dfrac{1}{_tp_x} \cdot \dfrac{d_tp_x}{dt} \quad \cdots\cdots ②$$

さて、$_tp_x = 1 - {}_tq_x$ だから

$$_tp_x = 1 - {}_tq_x \fallingdotseq 1 - tq_x \quad (0 \leq t \leq 1) \quad \cdots\cdots ③$$

③を②に代入して

$$\mu_{x+t} \fallingdotseq \dfrac{q_x}{1 - tq_x} = \dfrac{l_x}{l_x - t \cdot dx}$$

$$\mu_{60\frac{3}{4}} \fallingdotseq \dfrac{d_{60}}{l_{60} - \dfrac{3}{4}d_{60}} = \dfrac{l_{60} - l_{61}}{l_{60} - \dfrac{3}{4}(l_{60} - l_{61})} \fallingdotseq 0.026705$$

問題②

$$_tp_x \cdot \mu_{x+t} = -\dfrac{1}{l_x} \cdot \dfrac{dl_{x+t}}{dt} = \dfrac{1}{100} + \dfrac{1}{500}t \quad \cdots\cdots ①$$

$$\int_0^1 \dfrac{dl_{x+t}}{dt} \cdot dt = -\int_0^1 \left(\dfrac{1}{100} + \dfrac{1}{500}t\right)dt \times l_x$$

$$\therefore \quad l_{x+t} = -l_x\left(k + \frac{t}{100} + \frac{t^2}{1000}\right) \quad \cdots\cdots ②$$

$t=0$ を②に代入すると $k=-1$

$$\therefore \quad {}_tp_x = 1 - \frac{t}{100} - \frac{t^2}{1000}$$

よって

(1) $q_x = 1 - p_x = \dfrac{1}{100} + \dfrac{1}{1000} = \dfrac{11}{1000}$

(2) $\mu_{x+1} = \dfrac{\dfrac{1}{100} + \dfrac{1}{500}}{p_x} = \dfrac{\dfrac{1}{100} + \dfrac{1}{500}}{1 - \dfrac{1}{100} - \dfrac{1}{1000}} = \dfrac{12}{989}$

問題③

$$\mu_{x+t} = -\frac{1}{l_{x+t}} \cdot \frac{dl_{x+t}}{dt} \longrightarrow \mu_{x+t} \cdot l_{x+t} \cdot dt = -dl_{x+t}$$

$$\therefore \quad \int_0^1 \mu_{x+t} \cdot l_{x+t} \cdot dt = \Bigl[-l_{x+t}\Bigr]_0^1 = l_x - l_{x+1} = d_x$$

$$\therefore \quad q_x = \frac{1}{l_x}\int_0^1 \mu_{x+t} \cdot l_{x+t} \cdot dt$$

仮定により、$0 \leq t \leq 1$ なる t に対して $\mu_x \leq \mu_{x+t} \leq \mu_{x+1}$ $\cdots\cdots$①

また $l_{x+1} \leq l_{x+t} \leq l_x$（∵ 死亡が絶えず起きている）$\cdots\cdots$②

$$\therefore \quad \int_0^1 \mu_x \cdot l_{x+1} \cdot dt < \int_0^1 \mu_{x+t} \cdot l_{x+t} \cdot dt < \int_0^1 \mu_{x+1} \cdot l_x \cdot dt \quad (①、②の最大$$

と最大、最小と最小を掛ける)

これより

$$\mu_x \cdot l_{x+1} < \int_0^1 \mu_{x+t} \cdot l_{x+t} \cdot dt < \mu_{x+1} \cdot l_x \quad \cdots\cdots ③$$

③を l_x で割って

$$\mu_x \cdot p_x < q_x < \mu_{x+1} \longrightarrow \mu_x < \frac{q_x}{p_x} 、 q_{x-1} < \mu_x$$

問題④

$$\mu_{x+t} = -\frac{1}{{}_xp_t} \cdot \frac{d_tp_x}{dt}$$

$$\mu'_{60+t} = -\frac{1}{{}_tp'_{60}} \cdot \frac{d_tp'_{60}}{dt} \quad \cdots\cdots ①$$

${}_tp'_{60} = e^{0.01t} \cdot {}_tp_{60}$ を①に代入すると

$$\mu'_{60+t} = -\frac{1}{e^{0.01t} \cdot {}_tp_{60}} \left(0.01 e^{0.01t} \cdot {}_tp_{60} + e^{0.01t} \cdot \frac{d_tp_{60}}{dt} \right) \quad \cdots\cdots ②$$

ところで $\dfrac{d_tp_{60}}{dt} = \dfrac{d}{dt}\left(\dfrac{l_{60+t}}{l_{60}}\right) = \dfrac{d}{dt}\left(\dfrac{30-t}{30}\right) = -\dfrac{1}{30}$ これを②に

代入して $t=6$ とすると

$$\mu'_{66} = -0.01 + \frac{1}{24} \fallingdotseq 0.032$$

問題⑤

§2©より

$$\frac{d\mathring{e}_x}{dx} = \mu_x \cdot \mathring{e}_x - 1 \text{ だから}$$

$\mathring{e}_x = a + bx$ を代入して

$$\mu_x = \frac{1+b}{a+bx}$$

問題⑥

$${}_tp_x = 1 - {}_tq_x = \frac{\omega-x-t}{\omega-x}, \quad \mathring{e}_x = \int_0^{\omega-x} {}_tp_x \cdot dt = \frac{\omega-x}{2}$$

$\mathring{e}_{50} = 25$ より $\omega = 100$

ところで

${}_{n|}\mathring{e}_x = {}_np_x \cdot \mathring{e}_{x+n}$ だから

$${}_{30|}\mathring{e}_{20} = {}_{30}p_{20} \cdot \mathring{e}_{50} = \frac{100-20-30}{100-20} \times 25 = 15.625$$

問題⑦

$$\frac{d}{dx}\,_{n|}\overset{\circ}{e}_x = \frac{d}{dx}(_np_x \cdot \overset{\circ}{e}_{x+n}) = \overset{\circ}{e}_{x+n} \cdot \frac{d\,_np_x}{dx} + \frac{d\,\overset{\circ}{e}_{x+n}}{dx} \cdot _np_x$$

$$= \overset{\circ}{e}_{x+n} \cdot _np_x(\mu_x - \mu_{x+n}) + _np_x(\mu_{x+n} \cdot \overset{\circ}{e}_{x+n} - 1)$$

$$= \overset{\circ}{e}_{x+n} \cdot _np_x \cdot \mu_x - _np_x = \mu_x \cdot _{n|}\overset{\circ}{e}_x - _np_x$$

問題⑧

$$\frac{d\,\overset{\circ}{e}_x}{dx} = \mu_x \cdot \overset{\circ}{e}_x - 1 \text{ に } \overset{\circ}{e}_x = 50 - 0.5x \text{ を代入して、} \mu_x = \frac{0.5}{50 - 0.5x} = \frac{1}{100 - x}$$

$$\therefore\ l_x = l_0 \cdot \exp\left\{-\int_0^x \mu_t dt\right\}$$

$$= l_0 \cdot \exp\left\{-\int_0^x \frac{1}{100-t}dt\right\} = l_0 \cdot \left(1 - \frac{x}{100}\right)$$

$$= 100{,}000\left(1 - \frac{x}{100}\right)$$

$$= 1{,}000(100 - x)$$

問題⑨

  (D) 例題⑩参照

問題⑩

  (C)

問題⑪

  (B)

問題⑫

  (A)

$$_{n|}\overline{a_{xy}} = v^n \cdot _np_x(1 - _np_y)a_{x+n} + v^n \cdot _np_y(1 - _np_x)a_{y+n} + v^n \cdot _np_{xy} \cdot \overline{a_{x+n\,;\,y+n}}$$

$$= v^n \cdot _np_x(1 - _np_y)a_{x+n} + v^n \cdot _np_y(1 - _np_x)a_{y+n}$$

$$-v^n \cdot {}_np_{xy}(a_{x+n} + a_{y+n}) + v^n \cdot {}_np_{xy}(a_{x+n} + a_{y+n} - a_{x+n;y+n})$$
$$= v^n \cdot {}_np_x \cdot a_{x+n} + v^n \cdot {}_np_y \cdot a_{y+n} - v^n \cdot {}_np_{xy} a_{x+n;y+n}$$

問題⑬

(C)

$${}_nq_{\overline{xy}} = {}_nq_x \cdot {}_nq_y = (1 - {}_np_x)(1 - {}_np_y) = 1 - ({}_np_x + {}_np_y) + {}_np_{xy}$$
$$= (1 - {}_np_x) + (1 - {}_np_y) - (1 - {}_np_{xy})$$
$$= {}_nq_x + {}_nq_y - {}_nq_{xy}$$

問題⑭

§4の④の ${}_np_{\overline{xy}}^{[1]}$ と同じ。$\longrightarrow$ ${}_np_x + {}_np_y - 2 \cdot {}_np_{xy}$

問題⑮

部分積分 $\int f' \cdot g = [fg] - \int f \cdot g'$ の公式に $g = t$、$f' = v^t$

したがって $g' = 1$、$f = \dfrac{v^t}{\log v}$ を代入すると

$$\int_0^n t \cdot v^t dt = \left[t \cdot \dfrac{v^t}{\log v} \right]_0^n - \int_0^n \dfrac{v^t}{\log v} dt = \dfrac{n \cdot v^n}{\log v} - \dfrac{1}{(\log v)^2}(v^n - 1) = $$
$$\dfrac{1 - v^n - n \cdot \delta \cdot v^n}{\delta^2}$$

問題⑯

${}_tp_x = \dfrac{l_{x+t}}{l_x} = 1 - b \cdot t$、$\overline{a}_{x:\overline{n|}} = \int_0^n v^t \cdot {}_tp_x dt$ であるから

$$\overline{a}_{x:\overline{n|}} = \int_0^n v^t(1 - b \cdot t)dt = \left[\dfrac{vt}{\log v}(1 - bt) \right]_0^n - \int_0^n \dfrac{vt}{\log v}(-b)dt$$

(部分積分)

$$= \dfrac{v^n}{\log v}(1 - b \cdot n) - \dfrac{1}{\log v} + \dfrac{b}{\log v}\left[\dfrac{vt}{\log v} \right]_0^n$$
$$= \dfrac{v^n}{-\delta}(1 - b \cdot n) + \dfrac{1}{\delta} + \dfrac{b}{\delta^2}(v^n - 1)$$
$$= \dfrac{1}{\delta}\left\{ 1 - v^n(1 - bn) - \dfrac{b(1 - v^n)}{\delta} \right\}$$

(慣習としてここまでにする)．

$$= \frac{1}{\delta}\left\{1-e^{-\delta n}(1-bn)-\frac{b(1-e^{-\delta n})}{\delta}\right\}$$

(この方が代数的によいと思うが)．

問題⑰

$$\overline{a}_\infty = \int_0^\infty v^t dt = \left[\frac{v^t}{\log v}\right]_0^\infty = -\frac{1}{\log v} = \frac{1}{\delta} \quad (\because \ 0<v<1)$$

問題⑱

$$\overline{A}{}^{\,1}_{x:\overline{n}|} = \int_0^n v^t \cdot {}_tp_x \cdot \mu_{x+t}\,dt = \int_0^n v^t \cdot \frac{l_{x+t}}{l_x}\left(-\frac{1}{l_{x+t}}\cdot \frac{dl_{x+t}}{dt}\right)dt$$

$$= -\frac{1}{l_x}\int_0^n v^t \cdot \frac{dl_{x+t}}{dt}\cdot dt$$

$$= -\frac{1}{l_x}\left\{\left[v^t\cdot l_{x+t}\right]_0^n - \int_0^n v^t\cdot \log v\cdot l_{x+t}\cdot dt\right\}$$

$$= 1 - v^n\cdot {}_np_x - \delta\cdot \overline{a}_{x:\overline{n}|} \quad \text{(Q. E. D)}$$

問題⑲

$$\mu_x = k \longrightarrow -\frac{d\log l_x}{dx} = k \quad \text{これより} \quad l_x = e^{-kx+c} \quad (c：定数)$$

$$\therefore \quad {}_tp_x = \frac{l_{x+t}}{l_x} = e^{-kt}$$

$$\therefore \quad \overline{a}_x = \int_0^\infty v^t {}_tp_x dt = \int_0^\infty v^t \cdot e^{-kt}dt = \int_0^\infty (v\cdot e^{-k})^t dt$$

$$= \left[\frac{(v\cdot e^{-k})^t}{\log(v\cdot e^{-k})}\right]_0^\infty = \frac{1}{k+\delta} \quad \text{(Q. E. D)}$$

問題⑳

$$\mu_{x+t} = -\frac{1}{{}_tp_x}\cdot \frac{d\,{}_tp_x}{dt},\ \frac{d\,{}_tp_x}{dx} = {}_tp_x(\mu_x - \mu_{x+t})$$

$$\frac{d\,\overset{\circ}{e}_x}{dx} = \mu_x\cdot \overset{\circ}{e}_x - 1 \text{ の結果を用いると}$$

$$\frac{d}{dt}({}_tp_x\cdot \overset{\circ}{e}_{x+t}) = \overset{\circ}{e}_{x+t}\cdot \frac{d}{dt}({}_tp_x) + \frac{d\,\overset{\circ}{e}_{x+t}}{dt}\cdot {}_tp_x$$

$$= -{}_tp_x \cdot \mu_{x+t} \cdot \overset{\circ}{e}_{x+t} + {}_tp_x(\mu_{x+t} \cdot \overset{\circ}{e}_{x+t} - 1) = -{}_tp_x \quad \text{(Q. E. D)}$$

問題㉑

問題⑳の結果を使えれば、少しはやさしいのだが。

$$\int_0^\infty v^t \cdot ({}_tp_x \cdot \overset{\circ}{e}_{x+t}) dt = \left[\frac{v^t}{\log v} \cdot ({}_tp_x \cdot \overset{\circ}{e}_{x+t})\right]_0^\infty - \int_0^\infty \frac{v^t}{\log v}(-{}_tp_x) \cdot dt$$

$$= -\frac{\overset{\circ}{e}_x}{\log v} + \frac{\bar{a}_x}{\log v} = \frac{1}{\delta}(\overset{\circ}{e}_x - \bar{a}_x) \quad \text{(Q. E. D)}$$

問題㉒

$$\frac{d\bar{a}_{x:\overline{n}|}}{dx} = \frac{d}{dx}\int_0^n v^t \cdot {}_tp_x dt = \int_0^n v^t \cdot \frac{d}{dx}({}_tp_x) dt$$

$$= \int_0^n v^t \cdot {}_tp_x(\mu_x - \mu_{x+t}) dt \quad \left(\because \frac{d{}_tp_x}{dx} = {}_tp_x(\mu_x - \mu_{x+t})\right)$$

$$= \mu_x \int_0^n v^t \cdot {}_tp_x \cdot dt - \int_0^n v^t \cdot {}_tp_x \cdot \mu_{x+t} dt$$

$$= \mu_x \cdot \bar{a}_{x:\overline{n}|} - \overline{A}{}^1_{x:\overline{n}|} \quad \text{(Q. E. D)}$$

問題㉓

問題㉒で $n \to \infty$ とし、かつ $\overline{A}_x = 1 - \delta \cdot \bar{a}_x{}^{(*)}$ を用いると

$$\frac{d\bar{a}_x}{dx} = \mu_x \cdot \bar{a}_x - 1 + \delta \cdot \bar{a}_x = \bar{a}_x(\mu_x + \delta) - 1$$

$$^{(*)}\overline{A}_x = \int_0^\infty v^t \cdot {}_tp_x \cdot \mu_{x+t} \cdot dt = -\frac{1}{l_x}\int_0^\infty v^t \cdot \frac{dl_{x+t}}{dt} \cdot dt$$

$$= -\frac{1}{l_x}\left\{\left[v^t \cdot l_{x+t}\right]_0^\infty - \int_0^\infty v^t \cdot \log v \cdot l_{x+t} \cdot dt\right\}$$

$$= -\frac{1}{l_x}\left\{-l_x + \delta \int_0^\infty v^t \cdot l_{x+t} \cdot dt\right\} = 1 - \delta \cdot \bar{a}_x$$

問題㉔

問題⑲の結果を用いると、$\bar{a}_x = \dfrac{1}{k+\delta}$ また $\overline{A}_x = 1 - \delta \cdot \bar{a}_x$ とから

$$\overline{A}_x = \frac{k}{k+\delta} \quad \text{(Q. E. D)}$$

問題㉕

$\overline{a}_{x:\overline{n}|} = \int_0^n v^t \cdot {}_t p_x \cdot dt$ であるから、$l_{x+t} = l_x(1-k \cdot t)$ なので

$${}_t p_x = \frac{l_{x+t}}{l_x} = 1 - k \cdot t$$

$$\therefore \overline{a}_{x:\overline{n}|} = \int_0^n v^t(1-kt)dt = \int_0^n v^t \cdot dt - k\int_0^n t \cdot v^t \cdot dt$$

$$= \overline{a}_{\overline{n}|} - k\left\{\left[t \cdot \frac{v^t}{\log v}\right]_0^n - \int_0^n \frac{v^t}{\log v} \cdot dt\right\}$$

$$= \overline{a}_{\overline{n}|} + \frac{k}{\delta}(nv^n - \overline{a}_{\overline{n}|})$$

$$\therefore \overline{a}_{\overline{n}|} - \overline{a}_{x:\overline{n}|} = \frac{k}{\delta}(\overline{a}_{\overline{n}|} - n \cdot v^n) \quad \text{(Q. E. D)}$$

問題㉖

$$\frac{d\overline{a}_x}{dx} = \overline{a}_x(\mu_x + \delta) - 1 \quad \text{(問題㉓より)}$$

$$\therefore \int_0^n \frac{d\overline{a}_{x+t}}{dt} \cdot dt = \int_0^n \{\overline{a}_{x+t}(\mu_{x+t} + \delta) - 1\}dt$$

左辺は $\left[\overline{a}_{x+t}\right]_0^n = \overline{a}_{x+n} - \overline{a}_x$、右辺 $= \int_0^n \overline{a}_{x+t}(\mu_{x+t} + \delta)dt - n$

$$\therefore \int_0^n \overline{a}_{x+t}(\mu_{x+t} + \delta)dt = \overline{a}_{x+n} - \overline{a}_{x+n} + n \quad \text{(Q. E. D)}$$

問題㉗

$f(t) = \alpha + \beta t$ とすると $f(0) = \alpha = A$、$f(1) = \alpha + \beta = B$

$$I = \int_0^1 \delta \cdot f(t)dt = \delta\left(\alpha + \frac{\beta}{2}\right) = \delta \cdot \frac{A+B}{2} \longrightarrow \delta = \frac{2I}{A+B}$$

問題㉘

$\overline{S}_{\overline{n}|} \int_0^n (1+i)^t dt = \frac{e^{n\delta} - 1}{\delta}$ より、$e^{20\delta} - 1 = 3(e^{10\delta} - 1)$

∴ $(e^{10\delta})^2 - 3e^{10\delta} + 2 = 0$

これより $e^{10\delta}=1$ or $\underline{e^{10\delta}=2}$ ⟶ $\delta = 0.1\log e2 ≒ 0.0693$ (D)

（$\delta=0$ となり不適）

問題㉙

60歳以後の死亡に対して支払われる保険金を1、純保険料をPとすれば

$P(D_x + D_{x+1} + \cdots + D_{y-1}) = 1.5(\overline{C}_x + \overline{C}_{x+1} + \cdots + \overline{C}_{y-1}) + (\overline{C}_y + \overline{C}_{y+1} + \cdots)$

($x=30$、$y=60$)

∴ $P(N_x - N_y) = 1.5(\overline{M}_x - \overline{M}_y) + \overline{M}_y$

∴ $P = \dfrac{1.5\overline{M}_x - 0.5\overline{M}_y}{N_x - N_y}$

被保険者が60歳に達する前の保険料積立金（責任準備金）は過去法によれば

$_tV = \dfrac{P(N_x - N_{x+t}) - 1.5(\overline{M}_x - \overline{M}_{x+t})}{D_{x+t}}$

将来法によれば

$_tV = \dfrac{1.5\overline{M}_{x+t} - 0.5\overline{M}_y - P(N_{x+t} - N_y)}{D_{x+t}}$

（ここに $x=30$、$t=10$、$y=60$）

第7章

問題①

$2(x-98)$、$2(99-x)$

$\ell_x = \ell_0 \cdot \exp\left\{-\int_0^x \mu_t \cdot dt\right\} = (a-x)^2 \cdot e^{-x}$

$d_x^A = \int_0^1 \ell_{x+s} \cdot \mu_{x+s}^A \cdot dS = \int_x^{x+1} \ell t \cdot \mu_x^A \cdot dt$

$$= \int_x^{x+1} (a-t)^2 \cdot e^{-t} \cdot \frac{2}{a-t} \cdot dt = 2\int_x^{x+1} (a-t) \cdot e^{-t} dt$$

$$= 2(x+2-a)e^{-x-1} + 2(a-x-1)e^{-x}$$

上式に $a=100$ を代入して答。

問題②

$\dfrac{11}{17}$

$$I = \int_0^1 \delta_t \cdot f(t) dt = \int_0^1 \frac{0.6}{(1+0.2t)^2} \cdot (1+t) dt \cdots Ⓐ$$

さて、部分積分の公式

$$\int f' \cdot g = [f \cdot g] - \int f \cdot g' \text{ で}$$

$f'(t) = 0.6(1+0.2t)^{-2}$、$f(t) = -3(1+0.2t)^{-1}$、$g(t) = 1+t$、$g'(t) = 1$

とすると

$$Ⓐ = \left[-\frac{3(1+t)}{1+0.2t} \right]_0^1 - \int_0^1 \frac{-3}{1+0.2t} dt = -\frac{6}{1.2} + 3 + \frac{3}{0.2}\Big[\log(1+0.2t) \Big]_0^1$$

$$= 15\log 1.2 - 2 = \frac{3}{17} \times 15 - 2 = \frac{11}{17}$$

問題③

0.0028

$$P \cdot \ddot{a}_{xy:\overline{n}|} = A^{\;1}_{xy:\overline{n}|} + (P+c)(1+k)(IA)^{\;1}_{xy:\overline{n}|} \quad (P：純 Pr)$$

これより、

$$P = \{ A^{\;1}_{xy:\overline{n}|} + c(1+k)(IA)^{\;1}_{xy:\overline{n}|} \} / \{ \ddot{a}_{xy:\overline{n}|} - (1+k)(IA)^{\;1}_{xy:\overline{n}|} \}$$

$$\therefore \quad P+C = (A^{\;1}_{xy:\overline{n}|} + c \cdot \ddot{a}_{xy:\overline{n}|}) / \{ \ddot{a}_{xy:\overline{n}|} - (1+k)(IA)^{\;1}_{xy:\overline{n}|} \}$$

よって

$$P' = (P+c)(1+k) = \{ (1+k) \cdot A^{\;1}_{xy:\overline{n}|} + c(1+k)\ddot{a}_{xy:\overline{n}|} \}$$
$$/ \{ \ddot{a}_{xy:\overline{n}|} - (1+k)(IA)^{\;1}_{xy:\overline{n}|} \} \fallingdotseq 0.00280$$

各章の問題への解答

問題④

4.1(%)

$0.02400 = (A_{x:\overline{n}|} + 0.025 + 0.003\ddot{a}_{x:\overline{n}|}) / 0.97 \cdot \ddot{a}_{x:\overline{n}|}$

${}_1V_{x:\overline{n}|} = 1 - \ddot{a}_{x+1:\overline{n-1}|} / \ddot{a}_{x:\overline{n}|} = 0.01169$

$\ddot{a}_{x:\overline{n}|} = 1 + vp_x \cdot \ddot{a}_{x+1:\overline{n-1}|} = 1 + v(1-q_x) \cdot \ddot{a}_{x+1:\overline{n-1}|}$

これらより　$i = 0.041$

問題⑤

$$\frac{n^2}{2(w-x)(w-y)}$$

${}_nq_{xy}^2 = \int_0^n {}_sp_{xy} \cdot \mu_{y+s} \cdot {}_{n-s}q_{x+s} \cdot ds^{(*)}$

$= \int_0^n \dfrac{\ell_{x+s}}{\ell_x} \cdot \dfrac{\ell_{y+s}}{\ell_y} \left(-\dfrac{1}{\ell_{y+s}} \cdot \dfrac{d\ell_{y+s}}{ds} \right) \left(1 - \dfrac{\ell_{x+n}}{\ell_{x+s}} \right) \cdot ds$

$= \int_0^n \dfrac{n-s}{(w-x)(w-y)} ds = \dfrac{1}{(w-x)(w-y)} \left[n \cdot s - \dfrac{1}{2}s^2 \right]_0^n$

$= \dfrac{n^2}{2(w-x)(w-y)}$

(*) 図で考えると

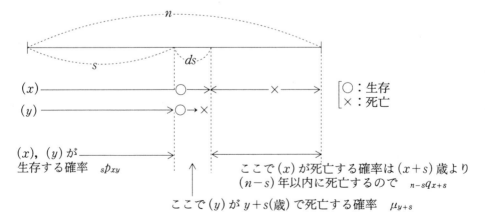

問題⑥

<u>0.7966</u>

生存保険金を m とすると

$_{20}V_{x:\overline{n}|} = A^{1}_{x+20:\overline{n-20|}} + m \cdot A_{x+20:\overline{n-20|}}^{1}$ であり、…Ⓐ

$P_{x:\overline{n}|} = 1/\ddot{a}_{x:\overline{n}|} - d$、 $_{20}V_{x:\overline{n}|} = 1 - \ddot{a}_{x+20:\overline{n-20|}}/\ddot{a}_{x:\overline{n}|}$

であるから

$\ddot{a}_{x+20:\overline{n-20|}} = (1 - {}_{20}V_{x:\overline{n}|})/(P_{x:\overline{n}|} + d) \fallingdotseq 7.76910$

また

$A^{1}_{x+20:\overline{n-20|}} + A_{x+20:\overline{n-20|}}^{1} = A_{x+20:\overline{n-20|}}$ であるので

$A^{1}_{x+20:\overline{n-20|}} = A_{x+20:\overline{n-20|}} - A_{x+20:\overline{n-20|}}^{1}$

$\phantom{A^{1}_{x+20:\overline{n-20|}}} = (1 - d \cdot \ddot{a}_{x+20:\overline{n-20|}}) - A_{x+20:\overline{n-20|}}^{1}$

$\phantom{A^{1}_{x+20:\overline{n-20|}}} \fallingdotseq 0.0484$

これらをⒶに代入して $m \fallingdotseq 0.7966$

問題⑦

<u>0.25</u>

(解答①)

$${}_\infty q^{3}_{xyz} = \int_0^\infty (1 - {}_tp_y)(1 - {}_tp_z) \cdot {}_tp_x \cdot \mu_{x+t} \cdot dt$$

$$= 1 - {}_\infty q^{1}_{xy} - {}_\infty q^{1}_{xz} + {}_\infty q^{1}_{xyz}$$

$${}_\infty q^{2}_{xyz} = \int_0^\infty {}_tp_x \cdot {}_tp^{[1]}_{yz} \cdot \mu_{x+t} dt$$

$$= \int_0^\infty {}_tp_x({}_tp_y + {}_tp_z - 2 \cdot {}_tp_{yz}) \cdot \mu_{x+t} \cdot dt$$

$$= {}_\infty q^{1}_{xy} + {}_\infty q^{1}_{xz} - 2 \cdot {}_\infty q^{1}_{xyz}$$

$$\therefore\ 2 \cdot {}_\infty q^{3}_{xyz} + {}_\infty q^{2}_{xyz} = 2 - {}_\infty q^{1}_{xy} - {}_\infty q^{1}_{xz}$$

$$= 2 - (1 - {}_\infty q^{2}_{xy}) - (1 - {}_\infty q^{2}_{xz})$$

$$\therefore \ _\infty q^3_{xyz} = \frac{1}{2}(_\infty q^2_{xy} + _\infty q^2_{xz} - _\infty q^2_{xyz}) = 0.25$$

(解答②)

　(x)、(y)、(z) の死亡順序の組み合わせは $3!=6$(通り) である。
(ナノ・セカンド単位では同時に死亡することはない。例えば同じ車で事故に合ったとしても)

するとその組合せは

	x	y	z
Ⓐ	1	2	3
Ⓑ	1	3	2
Ⓒ	2	1	3
Ⓓ	2	3	1
Ⓔ	3	1	2
Ⓕ	3	2	1

$_\infty q^2_{xy}$ はⒸ＋Ⓔ＋Ⓕで確率は 0.3

$_\infty q^2_{xz}$ はⒹ＋Ⓔ＋Ⓕで確率は 0.4

$_\infty q^2_{xyz}$ はⒸ＋Ⓓ　　で確率は 0.2

求める確率 $_\infty q^3_{xyz}$ はⒺ＋Ⓕなので

Ⓔ＋Ⓕはこれより 0.25

(Ⓐ＋Ⓑ＋Ⓒ＋Ⓓ＋Ⓔ＋Ⓕの確率はもちろん1である)。

問題⑧

　<u>0.476</u>

　$\mu_x = B \cdot c^x$ とすると

$$\overline{A}^1_{xy} = \int_0^\infty v^t \cdot {}_tp_{xy} \cdot \mu_{x+t} \cdot dt = \int_0^\infty v^t \cdot {}_tp_{xy} \cdot B \cdot c^{x+t} dt$$

$$= \frac{c^x}{c^x + c^y} \int_0^\infty v^t \cdot {}_tp_{xy} \cdot B(c^x + c^y) c^t dt$$

$$= \frac{1}{1+c^{y-x}} \int_0^\infty v^t \cdot {}_t p_{xy} (\mu_{x+t} + \mu_{y+t}) dt$$

$$= \frac{1}{1+c^{y-x}} \cdot \overline{A}_{xy}$$

$c=1.05$、$x=30$、$y=32$ を代入すると

$$\overline{A}{}^1_{30;32} \fallingdotseq 0.476 \overline{A}_{30;32}$$

問題⑨

$${}_t V^{[PT]}_x = 1 - \frac{\ddot{a}_{x+t}}{\ddot{a}_{x+1}}$$

${}_t V^{[PT]}_x = A_{x+t} - P_{(2)} \cdot \ddot{a}_{x+t}$ ⋯Ⓐ

ところで条件より

${}_1 V^{[PT]}_x = A_{x+1} - P_{(2)} \cdot \ddot{a}_{x+1} = 0$　より　$P_{(2)} = P_{x+1}$

これをⒶに代入して

$${}_t V^{[PT]}_x = A_{x+t} - P_{x+1} \cdot \ddot{a}_{x+t}$$
$$= 1 - d \cdot \ddot{a}_{x+t} - P_{x+1} \cdot \ddot{a}_{x+t}$$
$$= 1 - (P_{x+1} + d) \ddot{a}_{x+t}$$
$$= 1 - \frac{\ddot{a}_{x+t}}{\ddot{a}_{x+1}} \quad \left(\because \ P_{x+1} + d = \frac{1}{\ddot{a}_{x+1}} \right)$$

問題⑩

$$\frac{2}{3}(w-x) 、 \frac{n}{n+1}(w-x)$$

まず、${}_t p_{\overline{xy}} = 1 - {}_t q_{\overline{xy}} = 1 - {}_t q_x \cdot {}_t q_y = 1 - (1 - {}_t p_x)(1 - {}_t p_y)$ であることを理解しておくとこの問題はやさしい。

ここで $x = y$ だから

$${}_t p_{\overline{xy}} = {}_t p_{\overline{xx}} = 1 - (1 - {}_t p_x)^2 = 2 \cdot {}_t p_x - {}_t p_{xx}$$ となり

$$\overset{\circ}{e}_{\overline{xx}} = \int_0^{w-x} {}_t p_{\overline{xx}} \cdot dt = \int_0^{w-x} (2 \cdot {}_t p_x - {}_t p_{xx}) dt = 2 \cdot \overset{\circ}{e}_x - \overset{\circ}{e}_{xx}$$ となり

各章の問題への解答

$$\overset{\circ}{e}_x = \int_0^{w-x} {}_tp_x \cdot dt = \int_0^{w-x} \frac{\ell_0\left(1-\dfrac{x+t}{w}\right)}{\ell_0\left(1-\dfrac{x}{w}\right)} dt$$

$$= \frac{1}{w-x} \int_0^{w-x} (w-x-t) dt = \frac{1}{2}(w-x)$$

$$\overset{\circ}{e}_{xx} = \int_0^{w-x} {}_tp_{xx} \cdot dt = \int_0^{w-x} \left\{ \frac{\ell_0\left(1-\dfrac{x+t}{w}\right)}{\ell_0\left(1-\dfrac{x}{w}\right)} \right\}^2 dt$$

$$= \frac{1}{(w-x)^2} \int_0^{w-x} (w-x-t)^2 dt = \frac{1}{3}(w-x)$$

また $\overset{\circ}{e}_{\overline{xx\cdots x}}$ ($x:n$ 人) は

${}_tp_{\overline{xx\cdots x}}$ ($x:n$ 人) $= 1-(1-{}_tp_x)^n$ であるので

$\int_0^{w-x} {}_tp_{\overline{xx\cdots x}} dt$ を計算すれば良い。

すなわち $\int_0^{w-x} \{1-(1-{}_tp_x)^n\} dt = [t]_0^{w-x} - \int_0^{w-x} \left(\frac{t}{w-x}\right)^n dt$

$$= (w-x) - \left(\frac{1}{w-x}\right)^n \times \left[\frac{t^{n+1}}{n+1}\right]_0^{w-x}$$

$$= \frac{n}{n+1}(w-x) \quad \left(\because 1-{}_tp_x = \frac{\ell_0\left(1-\dfrac{x}{w}\right) - \ell_0\left(1-\dfrac{x+t}{w}\right)}{\ell_0\left(1-\dfrac{x}{w}\right)}\right.$$

$$\left. = \frac{t}{w-x}\right)$$

問題⑪

②、④

題意をそのまま記すと $A_{xy}^2 + 0.5(A_{xy}^1 + A_{xy}^2)$ となり②そのもの。これをベースに変形すると

② $= (A_x - A_{xy}^1) + 0.5\{A_{xy}^1 + (A_y - A_{xy}^1)\}$ $(\because A_{xy}^2 = A_x - A_{xy}^1)$

$= A_x + 0.5 A_y - 0.5(A_{xy}^1 + A_{xy}^1)$

$$= A_x + 0.5A_y - 0.5A_{xy} \quad (\because A_{xy} = A_{xy}^1 + A_{xy}^1)$$
$$= A_x + 0.5(A_y - A_{xy}) \cdots ④$$

問題⑫

<u>0.754</u>

まず ${}_tV_{x:\overline{n|}}$ を求めなくてはならない。払済保険金額を S とすれば

$${}_tV_{x:\overline{n|}} = S(A_{x+t:\overline{n-t|}} + 0.0025\ddot{a}_{x+t:\overline{n-t|}})$$

ところで $A_{x+t:\overline{n-t|}} = 1 - d\ddot{a}_{x+t:\overline{n-t|}}$

$${}_tV_{x:\overline{n|}} = 1 - \ddot{a}_{x+t:\overline{n-t|}} \Big/ \ddot{a}_{x:\overline{n|}} \text{ より}$$

$$\ddot{a}_{x+t:\overline{n-t|}} = (1-S)\ddot{a}_{x:\overline{n|}} \Big/ \{1 + (0.0025-d)S\ddot{a}_{x:\overline{n|}}\} \fallingdotseq 7.9203$$

これらから ${}_tV_{x:\overline{n|}} \fallingdotseq 0.4997$

さて、生存保険金額を m とすれば

$${}_tV_{x:\overline{n|}} = (A_{x+t:\overline{n-t|}}^1 + 0.0015\ddot{a}_{x+t:\overline{n-t|}}) + m(A_{x+t:\overline{n-t|}}^{1}$$
$$+ 0.001 \cdot \ddot{a}_{x+t:\overline{n-t|}})$$

これより $m = \dfrac{{}_tV_{x:\overline{n|}} - (A_{x+t:\overline{n-t|}}^1 + 0.0015\ddot{a}_{x+t:\overline{n-t|}})}{A_{x+t:\overline{n-t|}}^{1} + 0.001 \cdot \ddot{a}_{x+t:\overline{n-t|}}}$

これに $A_{x+t:\overline{n-t|}}^1 = A_{x+t:\overline{n-t|}} - A_{x+t:\overline{n-t|}}^{1} = (1 - d \cdot \ddot{a}_{x+t:\overline{n-t|}})$

$- A_{x+t:\overline{n-t|}}^{1}$ を代入して、$m \fallingdotseq 0.7538 \longrightarrow 0.754$

索 引

【ア】

I/E …………………………… 101
アーンド・(インカード)ベーシス・ロスレシオ(E/B または E・I/B) ………………………………… 107
アーンドベーシス・ロスレシオ(e/b) ………………………………… 104

【イ】

一時払純保険料(生存保険)の算出 ………………………………… 24
一時払保険料 …………… 32、34
E/B ………………………… 101
E/B 事故頻度 ……………… 122
e/b 事故頻度 ……………… 122
インカード・ツー・アーンドベイシス ………………………………… 9
インカード・(アーンド)ベーシス・ロスレシオ(I/E) ……………… 109

【ウ】

Wool house の公式 ………… 89

【エ】

永久年金 ……………………… 77
営業保険料 …………………… 22
営業保険料の算出 …………… 41
FD 方式 ……………………… 12
延長(定期)保険 ……………… 70

【カ】

各種生命保険 ………………… 32
確定年金 ……………………… 78
確定年金の現価の算出 ……… 79
確定年金の終価の算出 ……… 81
過去法 ………………………… 51
過去法による責任準備金 …… 44
過失相殺 …………………… 229
完全平均寿命 ……………… 161
完全平均余命 ……………… 160

【キ】

棄却域 ……………………… 148
既経過保険料 ……………… 104
危険保険金 …………………… 68

危険保険料 …………………… 6、67
期始払年金 …………………… 76
期末払年金 …………………… 76
給付・反対給付均等の原則 …… 4

【ケ】

計算基数 ……………………… 225
「計算基数」による保険料および
　責任準備金の算出 …………… 48
「計算基数」の導入 …………… 28
計算基礎の変更 ……………… 203
契約者配当金 ………………… 230
検定 …………………………… 144
検定の意味 …………………… 147
検定の手順 …………………… 148

【コ】

告知義務 ……………………… 230
ゴンパーツの死亡法則 ………… 167

【サ】

「再帰公式」による保険料および
　責任準備金の求め方 ………… 63
「再帰公式」の三点セット ……… 64
再調達価額 …………………… 230
再保険 ………………………… 230

【シ】

時価(額) ……………………… 231
事業費 ………………………… 231
事故発生の確率 ……………… 21
事故発生の頻度 ……………… 12
事故頻度 ……………………… 121
指数 …………………………… 226
自然保険料 …………………… 39
実績社費率 …………………… 8
実績損害率 …………………… 8
実績代理店手数料率 ………… 8
支払備金の計算方法 ………… 115
死亡表 ………………………… 22
死亡率 ………………………… 22
社費原価 ……………………… 6
「終価」ベース ………………… 27
収支相等の原則 ……………… 3、22
終身年金 ……………………… 89
重度後遺障害 ………………… 231
1/12法 ………………………… 113
1/12法による既経過保険料 … 102
重複保険 ……………………… 231
純保険料 ……………………… 22
純保険料の算出 ……………… 24
純保険料の算定 ……………… 23

— 292 —

索引

純保険料の分解 …………………… 39
純保険料率法 ……………………… 12
純率 ………………………………… 6
死力 ………………………………156
将来法 ……………………………… 49
将来法と過去法による
　責任準備金は等しい…………… 53
将来法による責任準備金………… 46
瞬間死亡率 ………………………156

【ス】

推定 ………………………………140
数学公式集 ………………………226
数列 ………………………………226
据置年金 ……………………77、92
据置年金の現価 ………………… 83

【セ】

正規分布の標準化 ………129、130
生死混合保険 …………………… 37
生存保険 ………………………… 32
生存率 …………………………… 22
生命年金 ………………………… 76
生命年金の現価の算出………… 86
生命表 …………………………… 22
責任準備金(純保険料式) ……… 44

責任準備金 ……………………… 49
積分法 ……………………………228
絶対死亡率 ……………………193、194
セパレーション法
　(Separation Method) ………118
全期チルメル式責任準備金 ……198
全損 ………………………………231

【ソ】

即時開始年金 …………………… 77
損害保険用語 ……………………229
損害率の計算基準 ……………… 9
損害率の計算方式 ……………… 99
損害率法 ………………………… 8
損害率法と純保険料率法の関係
　………………………………… 14

【タ】

対数 ………………………………227
対数正規分布 ……………130、133
大数の法則 ……………………… 5
代理店手数料現価 ……………… 6
対枠損害率 ………………………119
多重脱退① ………………………186
多重脱退② ………………………189
多重脱退③ ………………………192

多重脱退表 ……………………186
W/B ………………………101、102
W/B 事故頻度 …………………122
全期チルメル式責任準備金 ……198
単生命保険……………………… 21

【チ】

チェイン・ラダー法
　（Chain Ladder Method）……116
中心極限定理 …………………152
貯蓄保険料 ………………67、68
チルメル式既経過保険料 ………105
チルメル式責任準備金 …………197
チルメル割合 …………………197

【ツ】

積立ファミリーの純率 …………119

【テ】

定期付養老保険 ………………… 38
定期積金……………………… 93
定期保険(死亡保険) …………… 34
定常人口 ………………………168

【ト】

ド・ヴィルダー法

　（De Vylder Method）………118
当期に関係ある支払備金 ………108
当年支払保険金 ………………… 99
当年末未払保険金 ……………… 99
特別勘定 ………………………232

【ニ】

1/24 法 …………………………113
1/24 法による既経過保険料 ……102
1/2 法による既経過保険料 ………102
日本全会社生命表 ……………… 23

【ネ】

年金……………………………… 76
年金計算の記号 ………………… 77
年金現価………………………… 77
年金終価………………………… 77
年金の公式 ………………78、85
年払純保険料 …………………… 35
年払純保険料(生存保険)の算出
　………………………………… 26
年払保険料 ……………………… 33

【ハ】

(減額)払済保険 ………………… 69

【ヒ】

P/Y ……………………………101
微分法 …………………………227
被保険者 ………………………232
被保険利益 ……………………232
標本比率 ………………………149
比率の推定 ……………………143

【フ】

ファーガソン法
　（Ferguson Method）………118
付加保険料 ………………2、6、22
分割払 ……………………………89
分散・標準偏差 ………………129

【ヘ】

平均損傷率 ………………………12
平均値 …………………………128
平均余命 ………………………160
平準式既経過保険料 ……105、107
ベルヌーイの定理 ………………5
変額年金 …………………………76
変額年金の現価 …………………84

【ホ】

ポアソン分布 …………………134
保険価格（営業保険料）…………2
保険期間 ………………………232
保険金 …………………………232
保険金額 ………………………233
保険契約者 ……………………233
保険契約準備金 ………………233
保険事故 ………………………233
保険種類の変更 …………………71
保険数学の記号 ………………223
保険設計 ………………………208
保険の目的 ……………………233
保険約款 ………………………233
保険料 …………………………234
保険料即収の原則 ……………234
保険料（率）の構成 ………………6
保険料率算定の方法 ……………7
保険料率の算出式 ………………7
母比率の検定 …………………148
母平均の検定 …………………148
母平均の推定 …………………141
ポリシー・イヤー・ベイシス ……9
ポリシー・イヤー・ベーシス
　ロスレシオ（P/Y）……………110

【マ】

満期返戻金 …………………234

【メ】

免責 …………………………234
免責金額 ……………………235

【モ】

元受保険 ……………………235

【ユ】

有期年金 ……………… 77、91

【ヨ】

養老保険 …………………… 37
予定死亡表 ………………… 23
予定社費率 ………………… 6
予定損害率 ………………… 6
予定代理店手数料 ………… 6
予定利潤率 ………………… 6
予定利率 …………………… 22

【ラ】

ラン・オフ三角形
　（Run off Triangle）の作成 …115

【リ】

利潤原価 …………………… 6
利潤率 ……………………… 8
リトン・ベイシス …………… 9
リトンベーシス・ロスレシオ（W/B）
　………………………………102
略算平均余命 ………………162
料率改定率 ………………… 11
料率の3原則 ……………… 3
利力 ………………………179

【レ】

連生保険 …………………… 21
連続型 ………………………176

【著者略歴】　小　暮　雅　一
　　　　　　　こ　ぐれ　まさ　かず

1962年3月	東京教育大学（現・筑波大学）理学部数学科卒業
1962年4月	三井生命保険相互会社（現・三井生命保険株式会社）入社 数理部に所属、日本アクチュアリー正会員資格試験に合格、生命保険協会の死亡率調査委員、災害特約調査委員を歴任
1972年2月	三井生命保険相互会社を退社
1972年3月	大東京火災海上保険株式会社（現・あいおいニッセイ同和損害保険株式会社）入社 総合企画室、調査室、火災新種部に所属
1975年7月	米国コネチカット州　ハートフォード社においてオペレーション・リサーチおよびビジネス・プランの研修を受ける
1984年2月	大東京火災海上保険株式会社を退社
現　在	コンサルタント・アクチュアリーとして独立

三井住友海上火災保険(本社)顧問、損害保険料率算定会（現・損害保険料率算出機構）顧問、大同火災海上保険(本社)顧問、国立琉球大学（現・国立大学法人琉球大学）大学院講師を歴任

〔著　書〕

『損保マンのための数理入門』（1988年3月　損害保険事業総合研究所）
『やさしい金利計算の基礎』（1991年6月　損害保険事業総合研究所）
『保険の数理』（1995年6月　損害保険事業総合研究所）
『やさしく説明した「確率」の解説書』（2000年11月　損害保険事業総合研究所）
『例題で学ぶ損害保険数理』（2003年5月　共立出版）
『例題で学ぶ統計学へようこそ！』（2003年10月　損害保険事業総合研究所）
『保険の数学－生保・損保・年金－』（2010年4月　保険毎日新聞社）

改装版 保険の数学 －生保・損保・年金－

初版年月日	2017年10月11日
著　　者	小暮　雅一
発　行　所	㈱保険毎日新聞社 〒101-0032　東京都千代田区岩本町1-4-7 TEL 03-3865-1401 / FAX 03-3865-1431 URL http://www.homai.co.jp
発　行　人	真鍋　幸充
編　　集	内田　弘毅
カバーデザイン	塚原　善亮
印刷・製本	山浦印刷株式会社

ISBN978-4-89293-288-5
©Masakazu KOGURE（2017）
Printed in Japan

本書の内容を著者、発行人に無断で転記・転載することを禁じます。
転記・転載の許諾については発行所までご連絡ください。
乱丁・落丁はお取り替えいたします。